古代寺院の土地領有と荘園図

三河雅弘　著

同成社

目 次

古代寺院の土地領有と荘園図

序章　研究史ならびに本書の論点

古代日本において土地はどのように領有されたのか。本書は、この問題について、空間的な側面に焦点をあて考察するものである。

古代日本の土地領有については、当時の社会構造を明らかにする上で、重要なテーマとして研究が行われてきた。ひと口に、土地領有の研究といっても、大宝律令施行以前の先駆形態であるミヤケ・タドコロを対象としたものから、荘園と呼ばれる、王臣家・寺社による領有を対象とするものなど、その内容は多岐にわたって進められてきている。

本書は、これらのうち、寺院による土地領有（以下、寺領と呼ぶ）の八世紀におけるあり方を中心に検討する。本書が八世紀の寺領を対象に定めたのは、同時期に作成された荘園図約三〇点が伝来しており、それらを理解するための関連史料にも恵まれているからである。こうした荘園図（以下、古代荘園図と呼ぶ）からは、作成当時における寺領の景観をうかがい知ることができ、国家によって、寺領がどのように位置づけられた存在であったのかを明らかにすることができる。

本書は、古代荘園図を分析の軸にすえ、八世紀における寺領のあり方について、歴史地理学的な視角や方法にもとづいて検討する。どのような特質が寺領のあり方をかたちづくり、そこからさらに展開していったのか。こうした問題意識のもとであらためて土地領有を考え、さらにはそれ以前の様相について見通しを得たい。

ここでは、本書の議論を進展させていくために必要な範囲で、寺領に関わる研究を整理しつつ、本書の問題設定や研究視角について示すことにしたい(1)。

一　古代荘園の研究史と寺領

本書が対象とする寺領は、古代日本における荘園の典型例の一つとして位置づけられている。まず、寺領を含む古代荘園研究の動向を整理することで、本書における問題設定を明確にしたい。

古代日本における荘園は、初期荘園という枠組みのもとに研究が進められていった(2)。初期荘園は、主に八・九世紀を中心として展開した、王臣家や寺社などによる土地領有を指し、中世荘園の前段階における土地領有の一形態を示すものとして用いられた語である。初期荘園については西岡虎之助によって、はやくよりその存在が注目されていたが、そこでは、ミヤケとの関係や中世荘園との連続性のなかでその存在を位置づけるにとどまっていた(3)。その後、初期荘園について本格的な研究を行ったのが藤間生大であった(4)。

藤間は、労働力編成の方法の違いから大きな地域差が生じ、そのことが初期荘園の分布や経営構造に影響を与えたとする。そして、初期荘園における類型として、奴隷制が貫徹していた畿内型・瀬戸内型と、奴隷制の発達が未熟であった北陸型・東海型・山陰型の二つがあることを示した。土地領有のあり方が単一ではなく、経営構造に違いが存在することを指摘した点は注目される。

その後の初期荘園研究は、藤間説の批判や修正などを通じて展開していくことになる。たとえば、荘園内の労働力編成については、公田賃租に類する形態であったことが示され、藤間説は否定されるに至っている(5)。しかし、その一方、藤間が示した二つの類型については、初期荘園の特質を考える上での指標として、その後の研究に影響を与え[6]、また、畿内政権論との関わりのなかで、畿内と畿外の地域差を示す特徴として位置づける研究も示されている[7]。

そうした初期の研究のなかで、中心的存在として位置づけられていたのが北陸地方に展開した墾田を軸とする東大寺領であった。そこでは、経営構造にくわえて当時の中央政界における寺院をめぐる政治動向の変化と関わる東大寺領のあり方が明らかにされ[8]、また、東大寺領が低湿地に多く立地すること[9]や微地形条件に規制された耕作地の分布であること[10]が明らかにされている。

ところで、古代日本の土地制度については、次に示すように考えられてきた。大化改新あるいは大宝律令施行によって、「私地私民制」から「公地公民制」へ転換して国家による一元的な土地支配体制が確立し、私有性の強い墾田を増加させた墾田永年私財法などが施行されて以降、「公地公民制」が崩れて「荘園制」が成立するというものである。初期の研究においても、こうした土地制度に関する理解のもとに、「公地公民制」を突き崩す要因の一つとして初期荘園の存在が注目されていた。

しかし、そうしたなかで、吉田孝は、墾田永年私財法の再検討を行い、同法がそれまで明確に位置づけられていなかった墾田を、律令田制のなかに位置づける政策であったとする説を示した[11]。また、吉村武彦は、「公地」の語が八世紀中頃以降の史料に登場することを指摘した上で、八世紀以前における「公地公民制」自体に疑問を提示し、国家による土地支配の画期を八世紀中頃に求めた[12]。そして、初期荘園に関する研究も進み、初期荘園が律令行政機構に依存しつつ成立・存在したものであり、律令体制内部に位置づけられるべき存在であったとの指摘も示されるようになっていった[13]。

ところで、初期荘園は、古代日本における大規模な土地領有（以下、大土地領有と呼ぶ）の存在を示すものと理解されてきたが、石上英一は、初期荘園だけではなく墾田成立以前にすでに存在していた寺領や王臣家領を含む大土地領有の存在を重視すべきという新たな問題提起を行った(14)。不輸租田である寺田については、はやくよりその存在が注目され、輸租田である墾田との性格の違いや成立時期に関する指摘がなされていた(15)。しかし、初期の研究が北陸に展開した墾田を軸とするものであったため、それらについては律令田制との関わりのなかで指摘されるにとどまっていた。石上は、荘園関係史料の詳細な検討を行い、弘福寺領などの七世紀に起源がさかのぼる寺領や田にとどまらない多様な土地利用を有する寺領の存在を指摘する。その上で、古代国家による土地支配に関する研究動向をふまえつつ、八世紀以前から存在した大土地領有を再評価し、それらを含む土地領有全般を「古代荘園」としてとらえ直すべきであるとしている。

一方で、吉田孝によって、経営拠点としてのヤケ（家・宅）の機能が指摘された。これにより、それまで大宝律令施行以降における土地領有と区別されて議論が展開していったミヤケ・タドコロと荘園内における荘所との関係が議論されるようになった(16)。そして、寺領に関しても、大宝律令施行以前からの土地領有との連続性を指摘する視角が提示されていった(17)。

また、こうした研究動向とあいまって、一九八〇年代後半に出土した長屋王家木簡からは、長屋王家が領有した「御田」「御薗」の存在が明らかになり、それ以降、王臣家による大土地領有の実態解明に関する研究が行われるようになっていった(18)。くわえて、同時期に刊行がはじまった東京大学史料編纂所編『日本荘園絵図聚影』(19)によって古代荘園図の良質な写真図版が利用できる環境が整備された。そして、これを受け、研究方法も深化していった。

鷺森浩幸は、八世紀作成の寺院伽藍縁起資財帳や古代荘園図などの古代荘園関連史料、そして出土文字資料をもとに、寺領をはじめとする大土地領有の成立・伝来を含めたあり方について検討し、七・八世紀における大土地領有の持続性・継続性について指摘した[20]。さらに近年、北村安裕は、大宝律令をはじめとする法制史料の検討を行い、七・八世紀における大土地領有を、律令田制のなかで位置づけ、その歴史的展開について考察している[21]。

考古学の分野においても、「庄」を記載した墨書土器などが出土する荘所関連遺構の報告がなされた。それにより、従来、断片的な史料などによりイメージされてきた荘園の内部構造や耕作地との関係などについても新たな知見がもたらされるようになってきている[22]。

このように古代日本における荘園に関する研究は、初期荘園を中心とする研究にはじまり、大宝律令以前からの土地領有との関係を想定する研究へと展開していった。また、考古学の発掘成果がもたされ、新たな局面を迎えている。しかし、本書で対象とする寺領に関しては課題も残されている。

寺領については、勅施入・買得・施入を契機として形成された寺領が存在することがはやくより指摘されてきた[23]。また、大宝律令以前の土地領有を起源とする寺領の存在も明らかにされている。

近年の研究においては、大土地領有としての共通性や連続性が強調されてきたが、そうした領有形態の質的な違いについてさらに検討する必要があるのではないかと考える。

この点については、弥永貞三による指摘が注目される[24]。弥永は、東大寺領について「開発が国家の手で、国家の負担の下で推進され、出来上ったものとして寺家に寄進された」ものと、「国司の立会の下で野地を占定し、（中略）開墾の主体はあくまでも寺院側であった」（カッコは筆者注）ものを対照的に位置づけている。また、買得や勅施入にもとづく寺領の違いについては藤井一二や西別府元日などによって、その後の寺領経営のあり方に反映するものであったことが指摘されている[25]。そして、歴史地理学においても高橋美久二によって、七世紀以来の寺領と八世紀以後の寺領における立地や開発状況の違いが示されている[26]。こうした寺領のタイプの違いに着目する研究は、古代日本における土地領有のあり方を考えていく上でも、重要な視点であり、批判的に継承していくべきであると考える。

くわえて、留意すべき点として、田以外の土地の領有がある。古代荘園図をはじめとする寺領関係史料には、田とともに畠・野が記載されており、寺院による領有の実態が存在した。従来までの研究においては、寺領内における不輸租田である寺田と輸租田である墾田といった田の領有の違いについて指摘がなされてきた(27)。また、鷺森浩幸は、寺田と墾田に対する国家による認定のあり方の違いについて指摘している(28)。そこでは、寺田が班田毎に中央政府によって認定されるのに対して、墾田が国郡司などによって認定されていることが示されている。

しかしその一方で、田以外の土地の領有については十分に検討されてこなかったといえる。そうしたなかで、北村安裕は、近年の出土文字資料をふまえた上で、田以外の土地の領有に着目している(29)。しかし、あくまでも律令田制との関わりのなかで検討するにとどまっているという課題が残る。

律令田制は田を中心とするものであったが、現実には田以外の土地の耕作もなされていた。そうした制度と実態を区別した上で、田以外の土地を含む領有の実態についてさらに検討を行う必要がある。

八世紀中頃の段階においては、様々なタイプの寺領が併存していたことが明らかにされている。そこで、この時期において、寺領がどのような領有形態であったのか、そしてどのように存在し続けたのかという問題、さらにはタイプの異なる寺領の相互関係について検討し、八世紀における土地領有の様相について考えてみたい。

その際に、注目したいのは国家による寺領の位置づけである。この点を考えていくためにも、節をあらためて、八世紀の国家による土地管理に関する研究についてみていくことにしたい。

二　条里制・条里プランと班田図

八世紀の国家による土地管理については、長らく条里制を基軸として理解されてきた。条里制は、条里呼称と条里地割から構成されるものであり、班田収授法を円滑に実施していくために施行されたとされる。すなわち、国家は、条里地割と呼ばれる整然とした碁盤目条の土地割を施工し、それらに条里呼称と呼ばれる地番を付し、土地の管理を行っていたとされていた。

条里制の概念については、明治期に本格的な古代日本の土地制度研究を行った堀田璋左右にまでさかのぼる。[30]その後、条里制と都城制との成立の前後関係をめぐる議論[31]や、「条里式村落」や「計画村落」の存在を想定する古代村落の研究[32]、長地型・半折型のどちらが先行するかという議論[33]などを経て、古代日本における土地制度を考える上で、条里制は前提とされていったと考えられる。[34]

しかし、条里制について岸俊男は、条里呼称が天平十五年（七四三）山背国久世郡弘福寺田数帳[35]を史料上の初見とすることから、その成立が班田収授法の施行にともなってなされたものではないことを指摘している。[36]その後、岸の指摘を受けて、服部昌之は、条里制が条里地番（条里呼称）と、それらと起源が異なる一町方格の阡陌地割（条里地割）からなることを史料の検討から指摘し、八世紀中頃に全国的な整備が進んだ国家的な土地の管理と支配を貫徹するための制度であったとする。[37]

また金田章裕は、条里呼称が墾田の増加をもたらした養老七年（七二三）の三世一身法や、天平十五年の墾田永年私財法の施行と関係するものであったことを指摘している。そして、班田収授法の施行との密接な関連を有している条里制の語に代わり、条里地割と条里呼称の両者からなる「条里プラン」という語を創出する。[38] さらに金田は、史料上に現れる地名（小字地名的名称）と四至の存在に注目し、それらが条里呼称成立以前の土地表記であったとする。四至は、養老二年に編纂された養老令の田令口分条に規定されている土地表記である。

このように、条里制については八世紀中頃以降に成立したとする指摘が示されており、土地表記についても、八世紀における段階的な変遷が想定されるようになっている。また、条里地割の施工そのものについては、一九八〇年代以降、考古学的な知見が多くもたらされるようになっている。それにより七・八世紀における広範な条里地割施工についても再検討の必要が生じている。

畿内地域においては、条里地割の施工時期が平安時代以降であったとする報告が奈良県内の発掘調査をはじめとして相次いで示されている。[39] 畿内地域の条里地割を広く概観した広瀬和雄は、条里地割の施工が十世紀末ないし十一世紀はじめ頃に広がりをみせ、さらに十三世紀以降に広範な施工へと向かっていったと指摘する。[40] その後、全国各地でも同様な条里地割施工時期に関する報告が示されるようになっている。[41] 条里地割に関しては、八世紀の遺構も確認されている。[42] しかし、これまで示されている全国的な発掘成果などをふまえるならば、条里地割の施工は八世紀までに広範になされたのではなく、時代が下るにつれて徐々に面的に拡大していったと理解するのが自然であるといえる。[43]

そうしたなかで、金田は上記の条里プランに修正をくわえている。そこでは条里地割の存在をともなわない一町方格と、それらを表示する条里呼称によって構成された条里プランが想定されている。[44]

養老田令をみると、田長条に「凡田、長卅歩、広十二歩為段、十段為町」とある。[45] この規定は、これまで条里地割の施工に関わる規定とされてきたが、「町」の区画を明示し、その面積測量に関して規定したものと理解すべきであろう。また、口分田条には、班田の結果を「町段」で記録することが規定されており、「町」が班田収授の際に用いられていたことがわかる。「町」に関する規定は、大宝令の注釈である『令集解』古記にも引用されていることから[46]、大宝二年（七〇二）年施行の大宝令においてすでに設けられていたといえる[47]。したがって、八世紀における国家による土地管理については、こうした一町方格の存在を前提としてあらためて検討する必要がある。

そこで注目されるのが班田図の存在である。班田図は、六年毎になされる班田収授の作業結果にもとづいて作成・更新され、国衙や民部省に保管されていた図である[48]。これらは、売買券といった券文を作成するにあたって基準とされ、国家による土地政策の基本台帳であったとされる[49]。また、八世紀中頃以降における寺田や墾田の認定においても、班田図の存在は不可欠なものであったことがすでに指摘されている[50]。

班田図は現存していないものの、八世紀中頃から九世紀初頭の班田図を原図として十三世紀頃に作成された大和国添下郡京北班田図[51]や九世紀初頭の班田図を原図として十二世紀頃に作成された山城国葛野郡班田図[52]が現存する。これらについては、岸俊男や宮本救などによって詳細な研究がなされており[53]、班田図の表現内容や形態を知ることができる。

班田図には、一町方格に相当する方格線が記載されている。こうした方格線については、これまで条里地割の存在を軸に考えられてきた。しかし、近年の考古学の成果をふまえるならば、一旦条里地割の存在を切り離して理解する必要がある。方格線とは、一町を単位とする方格の網であったと考えることができるであろう。前述したように、一町の方格網の起源は少なくとも八世紀初頭にまでさかのぼるものであり、班田収授と密接に関わるものであった。国家は、六年毎の班田収授に際して、一町の方格網という統一規格をもとに土地の調査を実施していったと考えられる[54]。一町の方格網は、田をはじめとする土地の面積を測量するための基準枠であるといえる[55]。

ところで、班田図の規定は大宝令や養老令になく、整備時期に関する史料も確認することができない。班田図の整備時期については、条里制との関わりから推定した岸俊男による研究がある。(56)岸は、天平十四年班田図がのちに永久保存の対象となった四証図の筆頭図とされることから、班田図の全国的整備が天平十四年以降であったと推定している。(57)また、大和国添下郡京北班田図などから復原できる班田図の形態が、条里呼称の条を単位にして一巻を構成し、各巻にはその条に属する六町一里の図が巻首から順次配列されていたことを指摘し、班田図の整備には条里呼称の成立が不可欠であったとする。

岸説は、現在でも定説として支持されており、(58)国家による土地支配が天平十五年の墾田永年私財法施行以降に深化していったとする見解などの傍証にもなっている。(59)また、金田章裕も、岸説を受けて条里プランによる土地表記を記録するための図として班田図が整備されたとしている。

しかし、上記の岸説については史料の解釈も含め再検討の余地が残されている。天平神護三年（七六七）二月二十八日民部省牒案(60)には「天平元年十一年合二歳図」が記載されている。岸は、これらを班田図としてはそれほど整ったものではないとしているが、班田図の整備時期や整備過程を検討するためには、こうした天平十四年以前における図の存在も含め検討していく必要がある。また、班田図整備の前提に条里呼称の成立が不可欠であったとする点についても、必ずしも証明されたわけではない。吉田敏弘が指摘しているように、岸説は、八世紀中頃における条里地割の広範な施工を前提として、条里呼称が条里地割という実在の景観に対して付与された地番であるとのイメージから導き出されたものであった。しかし、このイメージについては、近年の発掘成果を受けて修正する必要があり、班田図上における条里呼称の成立が想定されるのである。(61)班田図と条里呼称との関係については、前述した条里地割をともなわない一町の方格網の存在をふまえた上で、あらためて検討しなければならないと考える。(62)

以上みてきたように、条里制の理解には修正がなされており、八世紀の国家による土地管理については、一町の方格網を軸とする土地管理のあり方を想定する必要がある。また、そのなかで重要な存在になるのが班田図である。班田図がどのように整備され、どのような役割をはたしていたのかを検討することで、寺領のあり方についても新たな知見が得られると考える。

三　古代荘園図の研究視角

以上、八世紀の寺領研究の課題を示した。くわえてそれらを検討していく上で、一町の方格網および班田図にもとづく国家による土地管理のあり方を想定する必要性について示した。そこで本書が重要視するのが、八世紀作成の古代荘園図である。これらは、寺領を対象として作成されたものであり、一町の方格に相当する方格線が記載されたものである。

古代荘園図は、はやくより検討され、寺領経営の解明や寺領景観の復原に用いられてきた[63]。その後、服部昌之[64]や金田章裕[65]は古代荘園図の表現内容の検討を通じて、これまで一括して扱われていた班田図と古代荘園図の関係を再検討するとともに、古代荘園図の多様性についても指摘している[66]。そして、前述したように良質な写真図版が提供されたこともあり、古代荘園図の表現内容に関する研究はさらに進展していった。なかでも、金田は、古代荘園図における表現を方格線・文字表現・絵画的表現に大別した上で、それらの関係や相違を検討している。そこでは、古代荘園図が方格線・文字表現を主要な表現とするものであったことが指摘されている。また、方格の地片を対象とする当時の土地管理のあり方を強く反映したものであったとされる[67]。個別の古代荘園図に関しても、網羅的かつ体系的に研究がなされており、歴史学・歴史地理学・考古学による学際的な研究も行われている[68]。このように、古代荘園図研究は着実に進展しており、本書における考察もこうした研究の成果によるところが大きい。

現存する古代荘園図には、様々な型式のものが存在し、表現内容さらには作成契機にも違いがみられる。(69)この点については、すでに長岡篤が越前・越中国における東大寺領古代荘園図を軸に、中央政界における政治動向の変化や東大寺による寺領経営の側面から古代荘園図の作成契機を検討し、(70)藤井一二が、大治五年（一一三〇）東大寺諸荘文書并絵図等目録をはじめとする文書目録記載の八世紀中頃作成古代荘園図も含め、作成年代毎に東大寺領古代荘園図の概観を整理している。(71)また、金田章裕は、現存する古代荘園図全般を対象にして、条里プランとの関係を軸に検討している。(72)(73)

しかし、ここで留意したいのは、古代荘園図が記載対象とする寺領タイプに違いがみてとれるということである。(74)前述したように、八世紀中頃においては、様々なタイプの寺領が存在した。古代荘園図にも、そうしたタイプの異なる寺領が描かれている。これまでの研究によって、作成年や対象地域毎に古代荘園図の検討がなされ、そのまとまり毎に図の特徴が示されてきたが、古代荘園図については、寺領のタイプの違いを軸にさらに検討を行っていく必要があると考える。

古代荘園図の表現内容は、図によって異なりをみせる。もちろん、そのなかには作成者の個性・技術や対象地域の地勢などの違いに由来するものもある。(75)しかし、表現内容の多様性は、それだけでは必ずしも説明できない。図毎にみられる特徴は、寺領のタイプの違いと関わる。くわえて、古代荘園図の作成過程・作成契機についても、注目する必要がある。(76)これらの点をふまえて、古代荘園図をみていくことで、記載対象である寺領の領有形態についてもさらに理解が深められる。

そして、班田図と古代荘園図との関係である。現存する古代荘園図のほとんどは、八世紀中頃に作成されたものであり、全国的な班田図の整備以降のものであった。古代荘園図作成の要因の一つに班田図整備が関係していたことは間違いない。古代荘園図のなかにも、班田図を直接基図にして作成された図も存在するとされる(77)。ただし、班田図と古代荘園図では記載型式や表現内容に違いがある(78)。こうした違いがどのような要因で生じたのかについては、前節で指摘した、一町の方格網を軸とする土地管理のあり方を想定した上で、あらためて検討する必要がある。また、班田図と古代荘園図との関係を検討することで、古代荘園図作成の背景が明らかになるとともに、国家による寺領の位置づけも明確になると考える。

四　本書の構成

本書では、寺領のタイプの違いに着目し、それらの領有の実態や国家による位置づけについて検討していく。その際、現存する八世紀作成古代荘園図を主な分析対象とする。そして、この検討を通じて、八世紀における寺領のあり方の特質や歴史的展開を明らかにする。

現存する八世紀作成古代荘園図に描かれた寺領は、大きく二つにわけることができる。八世紀以前から存在する寺領と八世紀中頃以降に登場する寺領である。現存する約三〇点のうち、八世紀以前から存在する寺領を描いたものは、七世紀に起源がさかのぼる弘福寺領を描く天平七年（七三五）讃岐国山田郡田図(79)と、六世紀以来の額田部氏の土地領有を起源にもつ額田寺領を描く八世紀中頃作成の大和国平群郡額田寺伽藍並条里図(80)の二例である。残りは八世紀中頃以降に登場する東大寺領を描く八世紀中頃作成のものである。東大寺領に関しては、さらに性格の異なる二つのタイプが描かれている。

第一章「古代荘園図に描かれた東大寺領」では、現存する八世紀中頃作成東大寺領古代荘園図を、東大寺あるいは他者（貴族・豪族・百姓）による野地占定を前提とする寺領を描く野地占定系荘園図と、国家（国司・郡司）による占定・開発を前提とする寺領を描く非野地占定系荘園に分類し、それぞれの表現内容・作成過程・作成契機に焦点をあて、同時期における寺領のあり方について考察する。

第二章から第四章は、個別事例の検討を通じて、第一章で明らかにした点についてさらに理解を深めたものである。

第二章「越前国足羽郡糞置村開田地図における山の表現とその特質」では、二枚の図において山の表現に違いをみせる越前国足羽郡糞置村開田地図を検討し、野地占定系荘園図における表現内容・作成過程・作成契機の関係についてみていく。

第三章「阿波国名方郡東大寺領と国家による認定・把握」では、八世紀中頃における国家がどのように野地占定を前提とする寺領を認定し、把握していったのかについて検討する。

第四章「摂津国嶋上郡水成瀬絵図の機能」では、非野地占定系荘園図である水成瀬絵図の機能の検討をもとに、同図の特質について明らかにする。

第五章「八世紀中頃の古代荘園図作成と班田図」は、八世紀中頃の寺領に対する国家による位置づけを明らかにする目的のもとに、八世紀中頃の古代荘園図作成と国家による土地政策の基本台帳であった班田図との関係を検討するものである。

第六章「讃岐国山田郡弘福寺領の実態と国家」では、七世紀に起源がさかのぼる讃岐国山田郡弘福寺領が、八世紀初頭から中頃にかけてどのように国家によって把握されていったのかについて明らかにする。

第七章「班田図整備と土地表記」は、班田図の存在に焦点をあて、班田図の整備過程と土地表記との関係を明らかにし、八世紀における国家による土地管理システムやその成立過程について論じるものである。
最後に終章「結論ならびに見通し」として、各章の検討結果を整理し、そこから立脚できる八世紀における寺領のあり方についての本書における結論と見通しを述べる。

注

（1）八世紀における寺領研究を行っていく上で、古代における土地制度研究の現状も含め研究史を整理する必要があるが、近年までにおける研究動向については、すでに多くの研究者によって整理されており、それらに委ねることにしたい。古代日本の土地制度に関する研究史については、弥永貞三「律令制的土地所有」（『日本古代社会経済史研究』〈岩波書店、一九八〇年、初出一九六二年〉）。宮本救「律令制的土地制度」（『律令田制と班田図』〈吉川弘文館、一九九八年、初出一九七三年〉）。小口雅史「古代」（渡辺尚志・五味文彦編『新体系日本史 三　土地所有史』〈山川出版社、二〇〇二年〉）。服部一隆「班田制研究の課題」（『班田収授法の復原的研究』〈吉川弘文館、二〇一二年〉）。三谷芳幸「律令国家論と土地制度研究」（『律令国家と土地支配』〈吉川弘文館、二〇一三年〉）ほか参照。
（2）初期荘園の概念や研究史については以下の文献がある。坂本賞三『荘園制成立と王朝国家』（塙書房、一九八五年）。加藤友康「初期荘園」（朝尾直弘ほか編『岩波講座日本通史』五〈岩波書店、一九九五年〉）。小口雅史『日本古代土地経営関係史料集成』（同成社、一九九九年）ほか。
（3）西岡虎之助「荘園制の発達」「ミヤケより荘園への発展」（『荘園史の研究』上〈岩波書店、一九五三年、いずれも初出一九三三年〉）。
（4）藤間生大『日本庄園史』（近藤書店、一九四七年）。
（5）岸俊男「越前国東大寺領庄園の経営」（『日本古代政治史研究』〈塙書房、一九六六年、初出一九五二年〉）ほか。
（6）丸山幸彦『古代東大寺庄園の研究』（溪水社、二〇〇一年）ほか。

（7）吉田孝・小口雅史「律令国家と荘園」（網野善彦・石井進・稲垣泰彦・永原慶二編『講座日本荘園史』二〔吉川弘文館、一九九一年〕）。小口前掲注（2）書ほか参照。

（8）岸俊男「越前国東大寺庄園をめぐる政治的動向」（岸前掲注（5）書収録、初出一九五二年）。弥永貞三『奈良時代の貴族と農民』（至文堂、一九五六年）ほか。

（9）弥永前掲注（8）書。谷岡武雄『平野の開発』（古今書院、一九六四年）。

（10）金田章裕「奈良時代の開発と条里プラン」（『条里と村落の歴史地理学研究』〔大明堂、一九八五年、初出一九七八年〕）。浅香年木「北陸の庄田について」（『古代を考える』一六、一九七八年）ほか。

（11）吉田孝「墾田永年私財法の基礎的研究」（『律令国家と古代の社会』〔岩波書店、一九八三年、初出一九六七・一九七二年〕）ほか。

（12）吉村武彦「律令制国家と土地所有」（『日本古代の社会と国家』〔岩波書店、一九九六年、初出一九七五年〕）ほか。

（13）藤井一二『初期荘園史の研究』（塙書房、一九八六年）。吉田ほか前掲注（7）論文ほか。

（14）石上英一a「日本古代における所有の問題」（『律令国家と社会構造』〔名著刊行会、一九九六年、初出一九八八年〕）。同b「古代荘園図」（木下正史・石上英一編『新版・古代の日本』一〇〔角川書店、一九九三年〕）ほか。

（15）竹内理三a「奈良朝時代に於ける寺院経済の研究」「奈良朝時代に於ける寺田に就いて」（『竹内理三著作集』一〔角川書店、一九九八年、初出一九三二・一九三三年〕）。同b「荘園不輸性の根源」（『竹内理三著作集』七〔角川書店、一九九八年、初出一九五二年〕）。水野柳太郎「大安寺伽藍縁起并資財帳」（『日本古代の寺院と史料』〔吉川弘文館、一九九三年、初出一九五五・一九五七年〕）ほか。

（16）吉田孝「イエとヤケ」（吉田前掲注（11）書収録、初出一九七六・一九七八年）。吉田ほか前掲注（7）論文。小口雅史「荘所の形態と在地支配をめぐる諸問題」（佐藤信・五味文彦編『土地と在地の世界をめぐる』〔山川出版社、一九九六年〕）ほか。

（17）仁藤敦史「『斑鳩宮』の経済的基盤」（『古代王権と都城』〔吉川弘文館、一九九八年、初出一九八七年〕）。田中史生「七世紀の寺と『家』」（『国史学』一六九、一九九九年）。三谷芳幸「神田と寺田」（三谷前掲注（1）書収録）。

(18) 長屋王家木簡については、森公章『長屋王家木簡の基礎的研究』(吉川弘文館、二〇〇〇年)ほか参照。
(19) 東京大学史料編纂所編『日本荘園絵図聚影』一上(東京大学出版会、一九八八年)ほか。なお、これ以前にも、原本写真を収めた東京大学史料編纂所編『東大寺開田図』(一九六六年)。西岡虎之助編『日本荘園絵図集成』上・下(東京堂出版、一九七六・一九七七年)などがある。
(20) 鷺森浩幸 a『日本古代の王家・寺院と所領』(塙書房、二〇〇一年)。同 b「八世紀の荘園と国家の土地支配」(『条里制・古代都市研究』一八、二〇〇二年)。
(21) 北村安裕『日本古代の大土地経営と社会』(同成社、二〇一五年)。
(22) 宇野隆夫『荘園の考古学』(青木書店、二〇〇一年)。北野博司「初期荘園と在地社会」(『条里制・古代都市研究』一八、二〇〇二年)ほか。
(23) 竹内前掲注(15)a論文。藤間前掲注(4)書。
(24) 弥永前掲注(8)書、七〇・七一頁。
(25) 藤井前掲注(13)書。西別府元日「墾田法と初期荘園」(『日本古代地域研究序説』思文閣出版、二〇〇三年、初出一九八六年)ほか。
(26) 高橋美久二「近江国甲賀郡条里と弘福寺領蔵部荘」(『歴史地理学』二一八、二〇〇四年)。高橋美久二は、それらについて「草創期荘園」と「初期荘園」という分類をしている。
(27) 竹内前掲注(15)a論文ほか。
(28) 鷺森浩幸「八世紀における寺院の所領とその認定」(鷺森前掲注(20)a書収録、初出一九九五年)。
(29) 北村前掲注(21)書。
(30) 堀田璋左右「條里の制」(『史学雑誌』一二―一一・一二、一九〇一年)。
(31) 関野貞「平城京及大内裏考」(『東京帝国大学紀要工科』三、一九〇七年)。喜田貞吉「平城京の四至を論ず」(『歴史地理』八―二～九、一九〇一年)。藤田元春『尺度綜考』(刀江書院、一九二九年)ほか。

(32) 米倉二郎a「農村計画としての条里制」(『東亜の集落』大明堂、一九六〇年、初出一九三二年)。同b「律令時代初期の村落」(『地理論叢』二、一九三三年)。直木孝次郎「古代国家と村落」(『奈良時代史の諸問題』〈塙書房、一九六八年、初出一九六五年〉)ほか。

(33) 一町の方格地割内部の耕地割について米倉二郎は半折型先行を唱え、それに対して竹内理三は長地型が先行したとする。米倉前掲注(32)a論文。竹内理三「中世荘園に於ける古代的遺制」(『竹内理三著作集』六〈角川書店、一九九九年、初出一九四九年〉)。同「条里制の起源」(『竹内理三著作集』四〈角川書店、二〇〇〇年、初出一九五〇年〉)ほか。こうした長地型・半折型論争については弥永貞三「半折考」(弥永前掲注(1)書収録、初出一九六七年)ほか参照。

(34) 弥永貞三「条里制の諸問題」(弥永前掲注(1)書収録、初出一九六七年)。なお、条里制に関しては以下の文献がある。落合重信『条里制』(吉川弘文館、一九六七年)。渡辺久雄『条里制の研究』(創元社、一九六八年)。水野時二『条里制の歴史地理学的研究』(大明堂、一九七一年)ほか。

(35) 『大日本古文書』編年二、三三五〜三三七頁。同史料については、天平十四年の寺田籍の一部であることが鎌田元一によって指摘されている。鎌田元一「律令制的土地制度と田籍・田図」(『律令公民制の研究』〈塙書房、二〇〇一年、初出一九九六年〉)参照。

(36) 岸俊男「班田図と条里制」(『日本古代籍帳の研究』〈塙書房、一九七三年、初出一九五九年〉)。

(37) 服部昌之「条里の分布・構成の基礎」(『律令国家の歴史地理学的研究』〈大明堂、一九八三年、初出一九八二年〉)。

(38) 金田章裕「条里プランの完成・定着・崩壊プロセス」(『条里と村落の歴史地理学研究』〈大明堂、一九八五年、初出一九八〇年・一九八二年〉)。

(39) 中井一夫「地域研究」(奈良国立文化財研究所編『条里制の諸問題』Ⅰ〈一九八一年〉)。中井一夫・伊藤勇輔「稗田・若槻遺跡」(『奈良県遺跡調査概報(第二分冊)一九八〇年度』〈奈良県立橿原考古学研究所、一九八二年〉)。寺沢薫「奈良県多遺跡の条里遺構と二・三の問題」(『条里制研究』三、一九八七年)。寺沢薫編「多遺跡　第一〇次」(『奈良県遺跡調査概報(第二分冊)一九八六年度』〈奈良県立橿原考古学研究所、一九八九年〉)ほか。

(40)　広瀬和雄「畿内の条里地割」(『考古学ジャーナル』三一〇、一九八九年)。
(41)　発掘調査の成果をもとに条里地割の施工時期の整理を行っているものとして、山川均「条里制と村落」(『歴史評論』五三八、一九九五年)。金田章裕「条里地割の形態と重層性」(『古代景観史の探究』〈吉川弘文館、二〇〇二年、初出一九九五年〉)。宇野隆夫「古代荘園図研究と考古学」(金田章裕・石上英一・鎌田元一・栄原永遠男編『日本古代荘園図』〈東京大学出版会、一九九六年〉)などがある。
(42)　長宗繁一「乙訓郡羽束師の条里地割遺構」(『条里制研究』四、一九八八年)。木原克司「長原遺跡の調査からみた河内平野南部の条里地割施行期」(『条里制研究』五、一九八九年)、矢田勝「駿河国中西部における古代東海道」(本多隆成編『東海道交通史の研究』〈清文堂、一九九六年〉)ほか。
(43)　井上和人は、平城京を挟んで奈良盆地に展開する京北条里と京東・京南条里の里区画が連続する同一規格であったと指摘し、三つの条里区域が本来一体の連続するものであったとする。そして、平城京との関係から、それらの設定・施工時期を七世紀後半頃と推定している。井上和人「条里制地割施工年代考」(『古代都城制条里制の実証的研究』〈学生社、二〇〇四年、初出一九九四年〉)ほか。しかし、金田章裕や山本崇が指摘しているように、井上説は十分な考古学的裏付けがなく、七世紀後半に条里地割が広範にあったとする理解には問題がある。金田前掲注(41)論文。山本崇「書評　井上和人著『古代都城制条里制の実証的研究』」(『条里制・古代都市研究』二〇、二〇〇四年)。平城京と周辺条里地割については、二〇〇五年・二〇〇七年に発掘された京南辺条里との関係や本書で示す国家による土地管理のあり方との関係を含めて再検討する必要があると考える。京南辺条里については山川均・佐藤亜聖「下三橋遺跡第二次調査について」(『都城制研究』三〈奈良女子大学COEプログラム古代日本形成の特質解明の研究教育拠点〉二〇〇九年)ほか参照。なお近年、岸本直文が、井上説や和泉国の事例などをふまえて七世紀後半頃に条里地割が施工されたとする説を示している。岸本直文「七世紀後半の条里施工と郷域」(『条里制・古代都市研究』三〇、二〇一五年)ほか。
(44)　金田章裕a「条里プランの形成」(『古代日本の景観』〈吉川弘文館、一九九三年〉)。このほか条里プランについては同b「古代日本の景観研究と歴史地理学」(金田前掲注(41)書収録、初出一九九三年)ほか参照。本書で用いる「条里プラン」の語は、金田章裕が再定義したものを用いる。
(45) 養老田令の本文は、井上光貞・関晃・土田直鎮・青木和夫校注『律令』(岩波書店、一九七六年)を参照した。
(46) 『新訂増補国史大系』。
(47) 古記については、井上光貞「日本律令の成立とその注釈書」(井上ほか前掲注(45)書収録)ほか参照。
(48) 弘仁十一年(八二〇)十二月二十六日太政官符(『類聚三代格』一五)ほか参照。
(49) 山本行彦a「日本古代における国家的土地支配の特質」(田名網宏編『古代国家の支配と構造』(東京堂出版、一九八六年))。同b「国家的土地支配の特質と展開」(『歴史学研究』五七三、一九八七年)ほか。
(50) 鎌田前掲注(35)論文。鷺森前掲注(28)論文ほか。
(51) 東京大学史料編纂所編『日本荘園絵図聚影』三(東京大学出版会、一九八八年)収録。
(52) 東京大学史料編纂所編a『日本荘園絵図聚影』二(東京大学出版会、一九九二年)および同b『日本荘園絵図聚影』五下(東京大学出版会、二〇〇二年)収録。
(53) 岸前掲注(36)論文。宮本救a「山城国葛野郡班田図」(『律令国家と班田図』(吉川弘文館、一九九七年、初出一九五六年・一九八一年・一九八二年))。同b「『山城国葛野郡班田図』補説」(『日本歴史』六一一、一九九九年)。弥永貞三「班田手続と校班田図」(『日本古代の政治と史料』(高科書店、一九八八年、初出一九七九年))ほか。
(54) 測量などの作業は縄張りなどにより行われた可能性が考えられる。宇野隆夫「考古学からみた日本生産流通史」(『日本史研究』三八〇、一九九四年)ほか。
(55) 一町の方格網の設定基準は、直線国郡境や直線官道、あるいは越前国のように独自の基準線をもとに設定された場合もあった。越前国における条里プランの基準線については、福井県編『福井県史』資料編一六下(福井県、一九九二年)参照。国家が京域内の土地さらに山や海などを一町の方格網によって調査したとは考えられない。それらについては別途検討しなければならない。
(56) 岸前掲注(36)論文。

(57)　前掲注（48）。
(58)　吉田前掲注（11）論文ほか。
(59)　金田章裕「律令の条里プランと荘園図」（『古代荘園図と景観』〈東京大学出版会、一九九八年、初出一九九六年〉）。
(60)　『大日本古文書』東南院文書二、三五七―三六〇頁。
(61)　吉田敏弘「田図と条里呼称法」（『國學院大學大學院紀要』三六、二〇〇五年）。
(62)　岸自身もこの点については、古代荘園図記載の地目などの検討から、方格線が条里地割を示したものではないとする見解に修正している。岸俊男「条里制に関する若干の提説」（『日本古代宮都の研究』〈岩波書店、一九八八年、初出一九八五年〉）。
(63)　先駆的な研究としては、歴史学の立場から弥永前掲注（8）書。福尾猛市郎「『讃岐国山田郡弘福寺領田図』考」（福尾猛市郎先生古稀記念会『日本史選集』〈一九七九年、初出一九五七年〉）ほかがある。また、歴史地理学の立場から米倉二郎「庄園図の歴史地理的考察」（『広島大学文学部紀要』一二、一九五七年）。谷岡武雄『平野の開発』（古今書院、一九六四年）。高重進『古代・中世の耕地と村落』（大明堂、一九七五年）ほかがある。
(64)　服部昌之a「条里の図的研究」（水津一朗先生退官記念事業会編『人文地理学の視圏』〈大明堂、一九八六年〉）。同b「『条里の図的研究』補説」（『人文研究』三八―七、一九八六年）。
(65)　金田章裕「田図・古代荘園図における条里プランの表現」（金田前掲注（44）a書収録、初出一九八六年）ほか。
(66)　このほか、図に記載された方格と絵画的表現の存在に注目した谷岡武雄による研究もある。谷岡武雄「荘園絵図からみた中世の世界」（『岩波講座日本歴史』月報七、一九七五年）。
(67)　金田前掲注（59）書ほか。
(68)　近年の古代荘園図に関する代表的な研究成果として金田ほか編前掲注（41）書がある。また、古代荘園図の史料学的な検討や現地比地など行った石上英一による研究も示されている。石上英一『古代荘園史料の基礎的研究』上・下（塙書房、一九九七年）。近年では、飯田剛彦『正倉院の地図』（至文堂、二〇〇九年）もある。学際的な研究として、高松市教育委員会編a『讃岐国弘福寺領の調査』（一九九二年）。同b『讃岐国弘福寺領の調査Ⅱ』（一九九九年）。仁藤敦史編「古代荘園絵図と在地社会についての史的研究」(『国立歴史民俗博物館研究報告』八八、二〇〇一年)などがある。なお、古代荘園図には、条坊区画を描いた天平勝宝九歳(七五七)正月四日平城京葛木寺東所地四坊図や、直線的な方格を描かない大和国観音寺領絵図なども含まれる。いずれも東京大学史料編纂所編前掲注(51)書収録。本書ではひとまず検討対象から除外する。一町に相当する方格線を記載した図を検討した上で、それらを位置づけていきたい。

(69) 金田章裕「古代荘園図の表現法とその特性」(金田前掲注(59)書収録、初出一九九六年)ほか。

(70) 長岡篤「奈良時代における東大寺領絵図」(同編著『日本古代社会と荘園図』〔東京堂出版、二〇〇一年、初出一九七三年〕)。

(71) 『平安遺文』二一五六。

(72) 藤井一二「東大寺開田図の系譜と構成」(『東大寺開田図の研究』〔塙書房、一九九七年、初出一九八八年〕)。

(73) 金田前掲注(59)論文。

(74) 服部前掲注(64)a・b論文。金田前掲注(59)論文。

(75) この点については、亀田隆之「奈良時代の算師」(『日本古代制度史論』〔吉川弘文館、一九八〇年、初出一九五八年〕)。原秀三郎「八世紀における開発について」(『日本史研究』六一、一九六二年)。藤井一二「古代における荘園絵図の描写と絵師」(藤井前掲注(72)書収録、初出一九九三年)ほか。

(75) 長岡前掲注(70)論文ほか。

(76) 岸前掲注(36)論文ほか。

(78) 服部前掲注(64)a・b論文。金田前掲注(59)論文。

(79) 東京大学史料編纂所編『日本荘園絵図聚影』五上(東京大学出版会、二〇〇一年)収録。

(80) 東京大学史料編纂所編前掲注(51)書収録。

第一章　古代荘園図に描かれた東大寺領

平安期に東大寺が作成した文書目録には、東大寺領を描いた古代荘園図が数多く記載されている[1]。そのなかで、八世紀中頃作成の古代荘園図は、他の時期に比べて圧倒的な数を占める。現在する約三〇点の古代荘園図についても、その大多数は東大寺領を対象とした図であり、八世紀中頃に作成された図が中心である。現在そのほとんどは御物となっているが、いずれもかつては東大寺の印蔵に伝来したものである[2]。

ところで、現存する東大寺領古代荘園図には、様々な型式のものが存在し、表現内容・作成過程・作成契機にも違いがみられる[3]。この点については、当時の中央政界における政治動向の変化や作成年そして対象地域毎の特徴に着目した整理がなされている[4]。

しかし、ここで留意したいのは、古代荘園図が記載対象とする東大寺領にタイプの違いをみてとれることである。これまでの研究では、この点を軸にした検討が十分になされてこなかったといえる[5]。多様な古代荘園図のあり方は、記載対象である東大寺領のタイプ毎の違いが反映されていると考えられる。

本章は、図の表現内容や作成過程そして作成契機に焦点をあてることで、古代荘園図に描かれた寺領のあり方の違いについて考えていくことにしたい。現存する東大寺領古代荘園図には、異なる二つのタイプの寺領が描かれている。一つは、東大寺あるいは他者（貴族・豪族・百姓）による野地占定を前提とする寺領であり、もう一つは、国家（国

表1　東大寺領古代荘園図の分類

分類		名称	作成年	素材	出典
A	1	阿波国名方郡新嶋荘図	天平宝字二年（七五八）	紙	『聚影』5上
		越前国足羽郡糞置村開田地図	天平宝字三年（七五九）	布	『聚影』1上
		越中国砺波郡伊加流伎開田地図	天平宝字三年（七五九）	布	『聚影』1上
		越中国射水郡須加開田地図	天平宝字三年（七五九）	布	『聚影』1上
		越中国射水郡鳴戸開田地図	天平宝字三年（七五九）	布	『聚影』1上
		越中国射水郡楔田開田地図	天平宝字三年（七五九）	布	『聚影』1上
		越中国新川郡丈部開田地図	天平宝字三年（七五九）	布	『聚影』1上
		越中国新川郡大薮開田地図	天平宝字三年（七五九）	布	『聚影』1上
		越中国砺波郡石粟村官施入田地図	天平宝字三年（七五九）	紙	『聚影』1上
	2	越前国足羽郡糞置村開田地図	天平神護二年（七六六）	布	『聚影』1下
		越前国足羽郡道守村開田地図	天平神護二年（七六六）	布	『聚影』1下
		越前国坂井郡高串村東大寺大修多羅供分田地図	天平神護二年（七六六）	紙	『聚影』1下
	3	越中国砺波郡井山村墾田地図	神護景雲元年（七六七）	布	『聚影』1上
		越中国砺波郡伊加留岐村墾田地図	神護景雲元年（七六七）	布	『聚影』1上
		越中国砺波郡杵名蛭村墾田地図	神護景雲元年（七六七）	布	『聚影』1上
		越中国射水郡須加村墾田地図	神護景雲元年（七六七）	布	『聚影』1上
		越中国射水郡鳴戸村墾田地図	神護景雲元年（七六七）	布	『聚影』1上
		越中国射水郡鹿田村墾田地図	神護景雲元年（七六七）	布	『聚影』1上
		越中国新川郡大荊村墾田地図	神護景雲元年（七六七）	布	『聚影』1上
		越中国射水郡鳴戸村墾田地図（断簡）	神護景雲元年（七六七）（推定）	紙	『聚影』1上
		越中国射水郡鹿田村墾田地図（断簡）	神護景雲元年（七六七）（推定）	紙	『聚影』1上
		越中国砺波郡石粟村官施入田地図（断簡）	神護景雲元年（七六七）（推定）	紙	『聚影』1上
	4	阿波国名方郡大豆処図	作成年不詳（八世紀中頃）	紙	『聚影』5上
B		近江国犬上郡水沼村墾田地図	天平勝宝三年（七五一）	布	『聚影』1下
		近江国犬上郡・愛智郡覇流村墾田地図	天平勝宝三年（七五一）	布	『聚影』1下
		摂津国嶋上郡水成瀬絵図	天平勝宝八歳（七五六）	紙	『聚影』4

『聚影』：東京大学史料編纂所編『日本荘園絵図聚影』、東京大学出版会の略。

1上、一九九五年。1下、一九九六年。3、一九八八年。4、一九九九年。5上、二〇〇一年。

司・郡司）による占定・開発を前提とする寺領である。それぞれの寺領のタイプを描いた古代荘園図を野地占定系荘園図と非野地占定系園図と呼ぶことにしたい。表1には分類毎に現存図の一覧を示した(6)（以下、本章では古代荘園図名の引用に際して略称を用いる。史料名については表1を参照されたい）。

現存図については、個別の図の検討を含め多くの研究蓄積がある(7)。そこでまず、それらの成果をふまえつつ、必要な点について、図の表現内容や作成過程そして作成契機を中心に現存図の概要を確認することからはじめたい。

一　東大寺領古代荘園図の諸類型

A　野地占定系荘園図

野地占定系荘園図は、現存図のほとんどを占めている。その対象地域は越前国・越中国を中心とする。これらについては、校田年と班田年との関わりから次のグループにわかれる。

A1　天平宝字二年（七五八）図・天平宝字三年図

……校田年や班田年のいずれにも該当しない年に作成された図

A2　天平神護二年（七六六）図……校田年に作成された図

A3　神護景雲元年（七六七）図……班田年に作成された図

A4　その他……作成年不詳図

まずA1として、天平宝字二年図が一点と天平宝字三年作成図の八点がある。

天平宝字二年作成の阿波国新嶋荘図は、天平二十一年（七四九）四月一日の詔いわゆる寺院墾田地許可(8)を契機とする阿波国名方郡東大寺領のうち、枚方地区を描いた紙製図である。(9) 阿波国新嶋荘図には署名や押印がみられない。同図については、占地計画図（草案）とする見解(10)や改修計画図とする見解(11)などが示されている。

端書き部分には、寺領の総面積とともに「天平宝字二年六月廿八日造国司図案」の記載があり、阿波国新嶋荘図が「国司図」と称される図を写した案文であることがわかる。この「国司図」については、国司が作成した図であると考えられている。(12)

阿波国名方郡東大寺領では、他国における東大寺領が野地占定後に墾田の開発を行っていたのとは異なり、その大部分が畠の開発であった。これは、阿波国が地形条件の制約から水田耕作が困難な国であったことに起因するものであったと考えられる。(13) 阿波国新嶋荘図には、そうした新規に開発された畠が「圃」として記載されている。図部分には方格線と条里呼称が記載されており、(14) 方格毎に「圃」の面積のほかに「圭」「野」「神社」の面積が記載されている。また、寺領の範囲は境界線によって示され、境界線には「公地与寺地堺」「地堺」「堺堀城」「堺堀溝」などの文字が付されている。このほか、川・入江や道の絵画的表現もみられる。

一方、天平宝字三年図は、越前国および越中国の東大寺領を描いた図である。越中国石粟村図が紙製図であり、他の図が布製図である。(15) 石粟村図に関しては、橘奈良麻呂が占定・開墾した墾田地が没官地となり、天平宝字元年十二月十八日の勅旨を受けて東大寺に施入された寺領が描かれている。(16) 他の七点には、天平二十一年の寺院墾田地許可を契機とする野地占定にもとづく東大寺領が描かれている。

越中国石粟村図を除く各図では、端書きに面積（総面積と見開・未開）と四至が記載されており、図部分に「堺」の文字をともなった朱線による境界線が示されている。また、すべてが野地であった越中国伊加流伎図と同国大藪図を除いて、方格毎に条里呼称が付されている。寺領に関わる地目の記載は田と野地が中心である。方格毎にそれらの面積が記載されている。石粟村図における野地の記載に関しては、方格内に寺田が存在する場合、野地の面積が省略され、寺田が存在しない場合、単に「野」と記載されている。寺領以外の地目に関しては、「公田」「神田」などの文字記載が確認される。文字表現のほかに河川・溝・道といった絵画的表現がある。

また図によっては山麓線や山稜線の描写もある。山麓線は越前国糞置村図、越中国須加図、同国伊加流伎図にみられ、山稜線は糞置村図にみられる。なお、天平宝字三年図に関しては、図部分に修正がみられることも特徴である。たとえば、須加図においては溝や田に関する修正がなされており、糞置村図でも、境界線の修正が確認できる。

署名部分をみると、東大寺関係者がまず署名し、当該国司が署名をする型式になっている。また、それぞれの当該国の国印が捺されている。こうした型式からは、東大寺関係者によって作成され、国衙へ提出されたのち、国司署名や国印押捺がなされ、東大寺へと給付されたことがわかる。

越中国東大寺領を描く図については、越中国石粟村図を除く六図に関して、年月日と署名が同じである東大寺越中国諸郡荘園総券と呼ばれる券文が現存する[17]。この六図が対象とする東大寺領は、天平二十一年の寺院墾田地許可を契機とするものであることから、越中国諸郡荘園総券は、同じ起源をもつ東大寺領に関しての券文であることが指摘されている[18]。越中国石粟村図や越前国糞置村図に関しては現存しておらず、文書目録にも記載されていない[19]。

A1に関しては、境界線の明示という共通性がある。天平宝字二年の阿波国新嶋荘図では、境界線に「公地与寺地堺」などの文字記載がともなっており、天平宝字三年図でも、「堺」の文字記載をともなった朱線によって境界線が示されている。境界線は他のグループの古代荘園図にも確認できるものであるが、こうした文字をともなう境界線はA1のみにみられる。天平宝字三年図については、天平宝字四年の校田に備えて、寺領の確立を目的としたものであり、立券に関わるものであったと指摘されている[20]。「堺」の文字記載はそうした作成契機と関わっていたといえる。阿波国新嶋荘図についても校田との関係が想定される。

次に、A2についてみていきたい。これらは、校田年である天平神護二年に作成された図であり、いずれも越前国の東大寺領を対象としたものである。糞置村図および道守村図の記載対象は、天平二十一年の寺院墾田地許可を契機とする寺領であるが、糞置村図には買得した墾田も含まれている。道守村図には、買得・相替にくわえて生江臣東人などからの施入による寺領や翌天平神護三年に施入されることになる田辺来女の没官地（墾田および野地）なども境界線の外側に描かれている。(21) 一方、高串村図には、間人宿祢鷹養の墾田地を天平宝字八年に東大寺が買得した寺領が描かれている。

糞置村図と高串村図は、越前国司、東大寺関係者の順で署名がなされている。道守村図の署名部分については欠損が多く、一部のみが確認できるにすぎないが、二図と同じ署名および署名順であったと推定される。こうした署名の記載順は国司主体あるいは東大寺関係者とが共同で図を作成したことを示している。また、同じ署名であり、同年月日に作成された越前国司解が存在しており、(22) 三点の図がそれらとセットになって太政官に進上され、そのあとに東大寺へ給付されたことが指摘されている。(23)

越前国司解には、天平宝字四年の校田時に校出された東大寺田が翌年の班田時に口分田などとして班給され、その後東大寺の主張を受けて天平神護二年の校田時に改正がなされていた過程が記載されている。(24) 糞置村図や道守村図は、そうした改正結果にくわえて買得・相替した寺田が示されている。一方、天平宝字四年以後の買得を契機とする寺領を描く高串村図には、記載に問題があった天平宝字五年作成班田図・班田籍を改正した結果が示されている。(25)

端書き部分には面積（総面積と見開・未開）や四至が記載されている。図部分には、方格内毎に条里呼称が記載され、地目やその面積が記載されている。くわえて、口分田や乗田から改正された寺田に関する情報のほか、東大寺が買得・相替した寺田や野地の情報が記載されている。ただし、道守村図には、寺領以外の田や野地そして百姓畠・家などの記載もある。寺領の境界線は朱線によって示されており、道守村図には、占定地と施入地との間に「占野堺」との文字記載が確認できる。

絵画的表現としては、山稜線の表現があり、溝・川・沼・道・岩といった表現もみられる。Ａ２は、方格内の文字情報も詳細であり、図の表現内容もＡ１・Ａ３と比べても表現は豊かである。Ａ２については、校田図との関係が指摘されている。(26)

越中国でも、越前国同様に天平宝字四年の校田時に寺田が校出されるという事態が生じていた。(27) Ａ３は、それらの改正を行った天平神護三年の班田に作成された図であり、同年の班田結果を示すものである。(28) Ａ３には布製図である七点がある。これらは、個別に作成された図であるが、作成後に一続きにまとめられている。このほかに同年作成と推定される紙製図の断簡が三点ある。このうち鳴戸村図と鹿田村図は布製図と同内容である。(29) 石粟村図に関しては布製図が現存していないが、大治五年（一一三〇）三月十三日東大寺諸荘文書并絵図等目録に神護景雲元年作成の布製図の存在が確認できる。このことから、その案文の部分図であったと推定されている。(30)

井山村図には、利波臣志留志から施入された墾田地からなる寺領が描かれ、石粟村図には前述のように橘奈良麻呂の没官地が東大寺に施入された寺領が描かれている。(31) 杵名蛭村図が対象とする寺領に関しては、天平感宝元年（七四九）閏五月二十日の詔を得て、他者の占定した土地を施入あるいは買得で得た寺領であるとされる。(32) そのほかの図は、天平二十一年の寺院墾田地許可を契機とする寺領が描かれている。

面積（総面積と見開・未開）と四至がそれぞれの図の端書き部分に記載されている。図部分には、方格内に条里呼称が記載され、方格毎に田と野地などの面積が示されている。田に関しては「定」「荒」の別などの詳細な記載もみられる。ただし、野地に関しては記載に省略もみられる。ほとんどの図には朱線による境界線をともなって寺領の範囲が示されている。

Ａ３は、他の古代荘園図に比べて極端に絵画的表現が少ない。河・溝や道は記載されているものの、山などの表現はみられない。また、Ａ３には各種の誤りが存在している。この点については、Ａ３の作成方法によるものであったことが指摘されている。例えば、鳴戸村図には寺領範囲の描写に誤りがあるが、この誤りは、図作成にあたって基図とした班田図の並べ方に起因するものである。[33]また、その他の誤りなどについても、機械的な作業によって、班田図の情報を抜き出し、若干の修正をくわえて作成されたためであったとされている。[34]

署名に関しては、図毎に東大寺僧、当該郡司、専当国司などの署名がある。ただし、メンバーはかならずしも同じではなく、図によって差異がみられる。そして、全体の最後に越中国司が署名をくわえている。また、図には越中国印が捺されている。同図群に関しては同年の越中国司解が存在する。[35]これらは作成後に太政官へ提出され、最終的に東大寺へ給付されたことが指摘されている。[36]

最後に、Ａ４として、八世紀中頃（天平勝宝～天平宝字年間）作成と推定される阿波国大豆処図がある。同図は、東大寺の野地占定にもとづいた阿波国名方郡東大寺領の大豆地区を描いた図である。端書き部分には総面積とその内訳（「畠」と「川成」）が記載されている。図部分には、方格を単位として「畠」や「川成」の面積記載がある。条里呼称の記載はなく、寺領の境界線も引かれていない。図の中央には「大川」が記載されているのが印象的な図である。このほか、道の表現もみられ、「川渡船津」「板野郡与名方郡堺」といった文字記載が確認できる。くわえて、「大川」の流路変更やそれにともなう畠と川成に関して修正箇所の存在も確認されている。[37]大豆処図には署名や押印がない。このことから東大寺によって作成されたと考えられている。同図の用途については不明な点が多く、阿波国新嶋荘図と同じ案とする見解[38]や改修計画図[39]といった見解が示されている。

B　非野地占定系荘園図

Bとして、天平勝宝三年（七五一）作成の近江国水沼村および同国覇流村図と天平勝宝八歳作成の摂津国水成瀬絵図がある。これらは施入時あるいは施入前に作成された図である。いずれも校田年や班田年に該当しない年に作成されている。

水沼村および覇流村図は近江国司解の一部を構成する図であり、作成主体は近江国司である。本文および図部分には近江国印が捺されている。作成後に国衙から太政官へ進上され、その後に東大寺へと給付されたと推定される。

両図に描かれた水沼村および覇流村については、施入時期や施入目的が不明であり、様々な見解が出されている。天平勝宝三年に施入されたとする説[40]、天平勝宝三年以後に施入されたとする説[41]、天平二十一年（七四九）の寺院墾田地許可あるいは天平感宝元年（七四九）閏五月二十日の詔[42]を契機とする説[43]が示されており、定説をみていない。

近江国司解の文中には、勅を受けて近江国司が墾田一〇〇町を開発した旨が記載されており、水沼村と覇流村における田の面積と四至が記載されている。図部分には、方格毎に田の名称と面積のみが記載されている。ただし、方格内に記載された田の面積が一町に満たないものが確認できることから、田以外にも畠・野などの地目の存在も想定される[44]。方格には条里呼称が付されている。方格に関しては、本来正方形であるはずの一町方格が長方形で示されている点で他の古代荘園図と異なっている。施入地の範囲を示す境界線は朱線によって示されている。周辺情報および施設の記載としては、河川・溝にくわえて山の表現が記載されている。水沼村図には池（「大門池」）の表現もある。また、両図は、水沼村図には「家」「柴原」などの隣接する方格内に文字記載があり、覇流村図にも「口分田」「県犬養宿祢八重墾田」などの文字記載がある。

水成瀬絵図は、天平勝宝八歳五月二十五日の勅を受けて、東大寺へ施入する土地（摂津国嶋上郡水成瀬）を描いた図である。なお、同じ経緯で作成された図の後世の写しとして、天平勝宝八歳十二月十七日摂津国河辺郡猪名所地図写と天平勝宝九歳正月四日平城京葛木寺東所地四坊図が現存する。(45)(46)

図部分には、方格線が記載されているものの、条里呼称の記載はない。方格内には田の名称や「畠」の文字が記載されている。畠部分には黄土による薄黄色が施されている。また、畠部分には□囲みをともなう「屋」「倉」の文字が確認できる。田に関しては面積、「荒」「定」の文字が記載されているが、畠に関しては面積などの記載はない。(47)絵画的表現としては山や川の表現などがある。

郡司、摂津職大夫・少属の順で署名がなされており、図には摂津国印が捺されている。水成瀬絵図は郡司によって作成されたのち、国司（摂津職大夫など）署名と国印押捺がくわえられ、東大寺へ給付されたことがわかる。

二　寺領の領有形態

以上、現存する東大寺領古代荘園図を野地占定系と非野地占定系に分類し、この分類毎に図の概要を示したが、両者の間には表現内容・作成過程・作成契機に違いが存在していることがわかる。

まず、注目したいのは、田以外の地目に対する表記の違いである。野地占定系荘園図では、一部の図に省略がみられるものの、ほとんどの図において田だけではなく野地や川成などに関する面積が記載されている。とくに野地に関しては、寺田の改正結果を示したＡ２・Ａ３においても、位置や面積が詳細に記載されていた。

しかし、非野地占定系荘園図である水沼村・覇流村図では田以外の地目の表記はみられない。前述したように、両図においては、境界線で囲まれた範囲のなかに田以外の地目が存在していた。こうした田以外の地目に関しては、施入時において田と同じく施入されたのではないかと考えられる。このことは、天暦四年（九五〇）十一月二十日東大寺封戸荘園並寺用雑物目録(48)の記載から推定される。同史料における水沼村と覇流村の面積を示した項目をみると、「犬上郡覇流庄百十二町七段卅六歩」とあり、墾田一〇〇町よりも多い面積が記載されている。平安期の史料であるが、この面積は水沼村・覇流村図において省略された地目の面積を含むものであったといえる(49)。田以外の地目の省略は、両図が墾田の位置や面積を明記するという目的のもとに作成されたことにくわえて、施入地において田以外の地目が田に付属するものとして位置づけられていたことを示していると考えられる。

また、水成瀬絵図に関しても、「畠」という表記があるものの面積は記載されていない。これは水成瀬絵図に限ったものではなく、天平勝宝八歳（七五六）に勅施入された際に作成された図に共通するものであったといえる。後世の写しであるが、平城京葛木寺東所地四坊図の端書き部分には総面積の記載があるものの、田以外の地目に関する記載はない。この点は図部分も同様である。また、摂津国河辺郡猪名所地図写に関しても、田以外の地目に関する省略が確認される。端書き部分をみると、総面積の内訳には、田や宮宅所の面積が記載されているものの、それ以外の地目に関する面積の情報はない。

野地占定系荘園図と非野地占定系荘園図においてみられる、田以外の地目に関する表記の違いは、それぞれが対象とする寺領の領有形態が質的に異なっていたことを示していると考えられる。すなわち、国家（国司・郡司）による占定・開発を前提とする東大寺領では、田以外の地目が田と一体となって施入され、それらの領有が確保されていた(50)。それに対して、野地占定を前提とする寺領では、野地があくまでも開発予定地としての領有が認められていたにすぎず、東大寺は野地を図に明記することで領有を確保しようとしたといえる。

こうした領有形態の違いは、古代荘園図の作成契機においても現れている。非野地占定系荘園図は、施入時あるいは施入前に作成されていた。しかし、野地占定系荘園図は、いずれも占定や施入以後に作成されたものであり、さらに、同じ寺領を対象とした図が異なる年次で作成されていた。

野地占定系荘園図をみると、同じ寺領に関してA1が作成されたあとに、A2あるいはA3が作成されている例を確認できる。越前国糞置村、越中国伊加流伎（伊加留岐村）[51]、同国大藪（大荊村）、同国須加（須加村）、同国鳴戸（鳴戸村）、同国石粟村である。さらに、平安期作成の文書目録に記載されているかつて存在した図を含めると、ほとんどの場合で、A1とA2・A3の図が存在していたことがわかる。阿波国新嶋荘図に関しても同図が案文であった点は留意される。こうした複数年次における図の作成は、野地占定を前提とする寺領の特徴であると考えられる。

A1に関しては、とくに天平宝字三年（七五九）図の存在が注目される。天平宝字三年図は東大寺関係者が主体であった。そして、作成後に国衙へ提出されたのち、国司署名や国印押捺がなされ東大寺へと給付されたものであった。案文である阿波国新嶋荘図に関してはさらに検討する必要があり、また、すべての対象に当てはまると断定できないが、こうした天平宝字三年図のあり方は、野地占定を前提とする寺領における古代荘園図作成の一つのモデルといえるであろう[52]。

留意したいのは、天平宝字三年図において「堺」の文字をともなった境界線が明示されている点である。これは、野地占定を前提とした寺領において領域性が確保されていなかったことを示すものではないか。

この背景には、前述した野地の領有に関する特異性があったといえる。野地と墾田は、史料上、「墾田地」「開田地」として一括してされるものの、野地部分に関しては、東大寺による領有が必ずしも強固なものではなかったといえる。

そのため、寺院は、占定範囲や野地に関する情報を記載した券文や図を国衙へ提出し、それらに国司署名や国印押捺を得ることで、領域性の確保を図ったのではないか。券文である東大寺越中国諸郡荘園総券には、各寺領の面積（総面積と見開・未開）や四至が記載されているものの、田に関してのみ条里呼称毎に面積が記載されていた。図の存在は、券文では表現できない、領域性を具体的に主張するためには不可欠な存在であったといえる。(53)

しかし、依然として占定範囲内には、「公田」や他者の墾田などが存在し、また、A２・A３の作成理由であった天平宝字四年の校出からも明らかなように、領域性は国司の権限や政治動向の変化に左右されるものであった。それに対して、A２・A３は、校田年と班田年にそれぞれ作成されたものであり、国司が主体ないし責任のもとに作成されたものであった。当時の政治動向を留意する必要があるが、こうしたA２・A３の作成は、不安定な領有であった、野地占定を前提とする寺領の実態を国司主導の下に改善するものでもあったといえる。

校田年に作成された越前国の諸図には、校田作業を通じた領域性確保の過程が記載されている。そこでは、占定や施入を含む寺領の範囲が確認されているだけではなく、改正・相替・買得などによって寺領の一円化が図られていた。また道守村図には、前述したように、没官地を含む寺領の再編予定が示されていた。

一方の越中国諸図に関しては、班田年に作成されたものであり、そうした過程を経た結果が示されていた。天平宝字三年段階において、占定範囲内に存在した「公田」や他者の墾田などが解消されていた状況を読み取ることができる。

このように野地占定を前提とする寺領においては、図の作成を通じて、領域性の確保が図られていた。また、そうした領域性の確保が、段階を経てなされていたことがわかる。この点は、当初より、領域性が確保されていた、国家（国司・郡司）による占定・開発を前提とする寺領とは明らかに異なる点であった。

以上みてきたように、野地占定系荘園図と非野地占定系荘園図との比較からは、それぞれの記載対象とする寺領の領有形態が領有性という点において質的に異なっていたことが想定される。次章以降では、現存する古代荘園図の分析を中心とした検討を通じて、さらに八世紀中頃における寺領のあり方についてみていくことにしたい。

注

(1) 大治五年(一一三〇)三月一三日東大寺諸荘文書并絵図等目録(『平安遺文』二一五六)ほか。文書目録に記載された古代荘園図については栄原永遠男の検討がある。栄原永遠男「古代荘図の作成と機能」(金田章裕・石上英一・鎌田元一・栄原永遠男編『日本古代荘園図』〔東京大学出版会、一九九六年〕)。

(2) 飯田剛彦『正倉院の地図』(『日本の美術』五二一〔至文堂、二〇〇九年〕)ほか参照。

(3) 金田章裕「古代荘園図の表現法とその特性」(『古代荘園図と景観』〔東京大学出版会、一九九八年、初出一九九六年〕)ほか。

(4) 長岡篤「奈良時代における東大寺領絵図」(同編著『日本古代社会と荘園図』〔東京堂出版、二〇〇一年、初出一九七三年〕)。藤井一二「東大寺開田図の系譜と構成」(『東大寺開田図の研究』〔塙書房、一九九七年、初出一九八八年〕)。金田章裕「律令の条里プランと荘園図」(金田前掲注(3)書収録、初出一九九六年)ほか。

(5) 弥永貞三『奈良時代の貴族と農民』(至文堂、一九六六年)、七〇・七一頁。弥永貞三は、天平勝宝三年(七五一)近江国犬上郡水沼村および犬上郡・愛智郡覇流村墾田地図と天平神護二年(七六六)越前国足羽郡道守村開田地図(収録文献は後掲表1参照)を事例として取り上げ、前者が「開発が国家の手で、国家の負担の下で推進され、出来上つたものとして寺家に寄進された」寺領を描いた図であり、後者が「国司の立会の下で野地を占定し、(中略)開墾の主体はあくまでも寺院側であった」(カッコは筆者注)寺領を描いた図であるとし、両者を対照的に位置づけている。

(6) このほか、条坊地割を描いた天平勝宝九歳(七五七)正月四日平城京葛木寺東所地四坊図や、直線的な方格を描かない大和国観音寺領絵図などもある。また、東大寺寺地を描く天平勝宝八歳六月九日東大寺山堺四至図がある。東京大学史料編纂所編『日本荘園絵図聚影』三（東京大学出版会、一九八八年）収録。本章では、一町方格を描く図を対象とし、これらの図に関しては検討対象から除外した。

（7）個別の古代荘園図に関する代表的な研究成果として金田ほか前掲注（1）書がある。同書では、研究史や表現内容の整理そして現地比定の成果などが示されている。

（8）『続日本紀』天平勝宝元年四月甲午条。

（9）丸山幸彦「東大寺領庄園の変遷」（八木充編『古代の地方史』第二巻〔朝倉書店、一九七七年〕）。

（10）東京大学史料編纂所「東大寺開田図の調査」（『東京大学史料編纂所報』一四～一七、一九七九～一九八一年）。

（11）丸山幸彦「大河川下流域における開発と交易の進展」（『古代東大寺庄園の研究』〔溪水社、二〇〇一年、初出一九八九年〕）参照。

（12）藤井前掲注（4）論文ほか。金田章裕は、後述するように同図における条里呼称記載が追筆であることから、「国司図」もまた、条里呼称が記載されていない図であったと推定する。そして、八世紀中頃以降の班田図に条里呼称が記載されていることを考慮し、「国司図」を班田図整備以前において国司が作成に関与した図とする。金田章裕「阿波国東大寺荘園図の成立とその機能」（金田前掲注（3）書収録、初出一九九五年）ほか。

（13）阿波国と山城国において陸田（畠）は、田とともに百姓へ班給され、田に準ずる扱いを受けていたことが知られる。『続日本紀』天平元年（七二九）十一月癸巳条には「阿波国山背国陸田者、不問高下、皆悉環公、則給当土」とある。また、『延喜式』巻二二民部上には「凡山城阿波両国班田者、陸田水田相交授之」とある。

（14）ただし、条里呼称の記載は追筆である。新嶋荘図の原本調査の成果は、東京大学史料編纂所前掲注（10）論文を参照した。条里呼称の記載時期については、枚方地区の坪付である阿波国新嶋荘坪付注文（『大日本古文書』東南院文書二、二六四～二六六頁）が作成された九世紀中頃であるとの推定がなされている。金田前掲注（12）論文。

（15）布製図と紙製図の違いについては栄原前掲注（1）論文参照。

(16) 田島公「天平宝字元年の勅旨と越中国砺波郡の戒本師田」(『砺波散村地域研究所研究紀要』一〇、一九九二年)。
(17) 『大日本古文書』東南院文書二、三一三〜三二〇頁。
(18) 藤井前掲注(4)論文。
(19) 天平宝字三年作成図においては石粟村図の特異性が際立っている。石粟村に関しては、A3においても、寺院墾田地許可を契機とする寺領を描く図と別に作成されている。これは、勅旨を契機とする寺領であるという点が考慮されたものであるといえる。藤井前掲注(4)論文。石粟村図記載の東大寺田について鷺森浩幸は、石粟村図の特異性や石粟村が勅旨にもとづく寺領であることから、他図記載の輸租田である墾田とは異なり、不輸租田であったとする。鷺森浩幸「八世紀における寺院の所領とその認定」(『日本古代の王家・寺院と所領』〈塙書房、二〇〇一年、初出一九九五年〉)。しかし、天平神護三年五月七日の越中国司解(『大日本古文書』東南院文書二、三二一〜三二五頁)などにおいて、寺院墾田地許可を契機とする寺領と同じく「墾田地」として記載されていることからも、石粟村の東大寺田は、輸租田である墾田とみなすべきであろう。なお、後述する杵名蛭村の東大寺田についても、鷺森は不輸租田としているが、石粟村と同様の理由から輸租田である墾田であったと考える。
(20) 弥永貞三・亀田隆之・新井喜久夫「越中国東大寺領庄園絵図について」(『続日本紀研究』五〇、一九五八年)。長岡前掲注(4)論文。藤井前掲注(4)論文。丸山幸彦「天平勝宝八年六月勅施入庄・所群の性格と機能」(丸山前掲注(11)書収録)。
(21) 田辺来女の没官地などの性格については藤井一二「東大寺領越前国道守荘の形成」(『初期荘園史の研究』〈塙書房、一九八六年、初出一九八〇年〉)ほか参照。
(22) 『大日本古文書』東南院文書二、一八六〜二四四頁。
(23) 栄原前掲注(1)論文。
(24) 藤井前掲注(4)論文ほか。
(25) 天平神護二年の越前国司解によれば、東大寺が買得した田および野地は、間人宿祢鷹養が高椅連縄麻呂から天平勝宝九歳に買得したものであったが、その買得結果が班田図・班田籍に反映されておらず、さらに東大寺の買得時に作成された天平宝字八年二月九日越前国公験（『大日本古文書』東南院文書二、一六五〜一六七頁）においても「坊」（坪）の位置が異なっていたことがわかる。

(26) 金田前掲注（4）論文。
(27) 天平神護三年二月十一日東大寺諸荘文書案（『大日本古文書』東南院文書二、三五〇〜三五五頁）。
(28) 藤井前掲注（4）論文ほか。
(29) 前掲注（1）。
(30) 栄原前掲注（1）論文。
(31) 図右上の「花厳供□」（後筆）の記載から、天平感宝元年（七四九）閏五月二十日に施入された花厳供田（『続日本紀』天平勝宝元年閏五月癸丑条）であると推定されている。弥永ほか前掲注（20）論文。
(32) 藤井一二「八世紀における非占定荘園の特質」（藤井前掲注（4）書収録、初出一九八一年）。
(33) 岸俊男「班田図と条里制」（『日本古代籍帳の研究』塙書房、一九七三年、初出一九五九年）。金田前掲注（4）論文ほか。
(34) 金田前掲注（4）論文。
(35) 神護景雲元年十一月十六日越中国司解（『大日本古文書』東南院文書二、三一三〜三二〇頁）。
(36) 栄原前掲注（1）論文。
(37) 原本調査の成果は、東京大学史料編纂所前掲注（10）論文を参照した。
(38) 東京大学史料編纂所前掲注（10）論文。
(39) 丸山前掲注（11）論文。
(40) 弥永貞三は千灯会料田を想定している。弥永前掲注（5）書。
(41) 長岡前掲注（4）論文。河内祥輔「勅旨田について」（土田直鎮先生還暦記念会編『奈良平安時代史論集』下〈吉川弘文館、一九八四年〉）。鷺森前掲注（19）論文。
(42) 前掲注（31）。

(43) 藤井一二「初期庄園の開発と労働力編成」（藤井前掲注（21）書収録、初出一九八四年）。佐藤泰弘は、藤井説を発展させ、天平感宝元年閏五月二十日の詔による施入とする。佐藤泰弘「近江国水沼村墾田地図」（金田ほか編前掲注（1）書収録）。
(44) 金田前掲注（4）論文。たとえば、水沼村図の一一条二里二一坪や同二七坪では、一町のうち、それぞれ二段と四段の田のみが記載されているにすぎない。
(45) 東京大学史料編纂所編『日本荘園絵図聚影』四（東京大学出版会、一九九九年）収録。同図は十二世紀初頭から中頃にかけて作成されたと推定されるものであり、図部分には後世の加筆がみられる。鷺森浩幸「摂津職河辺郡猪名所地図」（鷺森前掲注（19）書収録、初出一九九六年）ほか。
(46) 東京大学史料編纂所編前掲注（6）書収録。
(47) このうち「荒」に関しては、一字だけが別筆であることが指摘されている。原本調査の成果は、東京大学史料編纂所前掲注（10）論文。
(48) 『大日本古文書』東南院文書二、三三七〜三四七頁。
(49) なお、長徳四年（九九八）の諸国諸荘田地目録（筒井英俊編纂・校訂『東大寺要録』（国書刊行会、一九七一年））には、「犬上郡覇流庄百十三町七段卌六歩」とある。東大寺封戸荘園並寺用雑物目録と比べて一町の差があるものの、一〇〇町を超える面積が記載されている。この点について佐藤泰弘は、施入以後の開発・買得を想定している。佐藤前掲注（43）論文。
(50) 水沼村図や水成瀬絵図に記載された寺領について石上英一は、図に描かれた用水施設に注目し、八世紀前半にさかのぼる経営体の存在を指摘している。石上英一「日本古代における所有の問題」（『律令国家と社会構造』〔名著刊行会、一九九六年、初出一九八八年〕）ほか。
(51) 大治五年の文書目録（前掲注（1））および仁平三年（一一五三）四月二十九日東大寺諸荘園文書目録（『平安遺文』二七八三）。
(52) 藤井前掲注（4）論文ほか。
(53) 天平神護二年の越前国司解（前掲注（22））によれば、東大寺は、閏五月に越前国や越中国に野占使を派遣して占定が行われたことが知られる。しかし、その際に、券文が作成されていた記録は確認できず、文書目録にもそうした記載はない。この点は他者からの施入においても同様であったと考えられる。また、買得によって得た寺領に関しても、券文のみが作成されていた。高串村では、券文と班田図との間で登録の不備が問題となっていたが、これは、券文のもつ限界性を示すものといえる。

第二章　越前国足羽郡糞置村開田地図における山の表現とその特質

古代荘園図の表現には、面積一町を示す方格線[1]、地目・面積・位置表示などといった土地状況を示す文字表現、地形や土地利用などを示す絵画的表現がある[2]。こうした表現について金田章裕[3]は、方格線と文字表現が、国家による土地政策の基本台帳であった班田図にも記載されているものであり[4]、方格をもとにした土地管理のコンテクストに由来し、古代荘園図においても主要な表現であったとする。一方で絵画的表現については、方格線・文字表現とは異なった景観表現のコンテクストに由来するものであったとする。そして、絵画的表現が地勢を比較的正しく示しているものの、方格線や文字表現にもとづく位置や面積に比べると齟齬や矛盾などを含むものであるとする。

しかし、ここで問題にしたいのは、方格線・文字表現と絵画的表現との関係である。金田は、上記の点をふまえて、両者が古代荘園図上において相克・併存した関係であると評価しているが[5]、この点については、さらに検討する必要があると考える。

検討にあたり、次の点が留意される。まず方格線についてである。これまで方格線は、七・八世紀までに条里地割の広範な施工があったとする想定のもとに、条里地割との関係が強く意識されてきた。しかし、現在までの発掘成果によって、条里地割の多くは、十〜十二世紀以降に施工されたことが示されるに至っている[6]。また、古代荘園図の記載地域は、多くが未開発地であった。これらのことをふまえると、図の方格線すべてが条里地割を示しているとは考えられない。方格線については、条里地割の存在を前提とするのではなく、それらから一旦切り離して理解する必要がある。

次に、古代荘園図の性格に関する理解である。古代荘園図は、実に様々な用途のために作成されており、作成主体も同一ではなかった。そのため、古代荘園図の性格も多様であったといえる。

くわえて、記載対象である寺領に関しても異なるタイプのものが存在した。これらは、表現内容に影響を与えるものであると考える。

本章は、これらの点をふまえた上で、越前国足羽郡糞置村開田地図の検討を行うものである。越前国足羽郡糞置村開田地図は二枚現存する。それらは、年紀を異にしているが同じ対象を描いたものである。しかし、両図にはいくつかの差異がみられる。そのうちの一つが山の絵画的表現である。本章では、山の表現に差異があらわれた背景の検討を軸に、方格線と文字表現そして絵画的表現の関係についてをあらためてみていきたい。

一　越前国足羽郡糞置村開田地図と先行研究

1　二枚の図の概要

越前国足羽郡糞置村開田地図（以下、糞置村図と呼ぶ）は、はやくよりその存在が注目され、八世紀中頃の寺領を対象とする研究において利用されてきた(7)。糞置村は、天平二十一年（七四九）四月一日の寺院墾田地許可を契機とした野地占定を前提とする東大寺領である(8)。糞置村の位置は現在の福井県福井市二上町・帆谷町付近に比定でき、寺領域は文殊山の北麓にある二つの谷を中心に展開している。

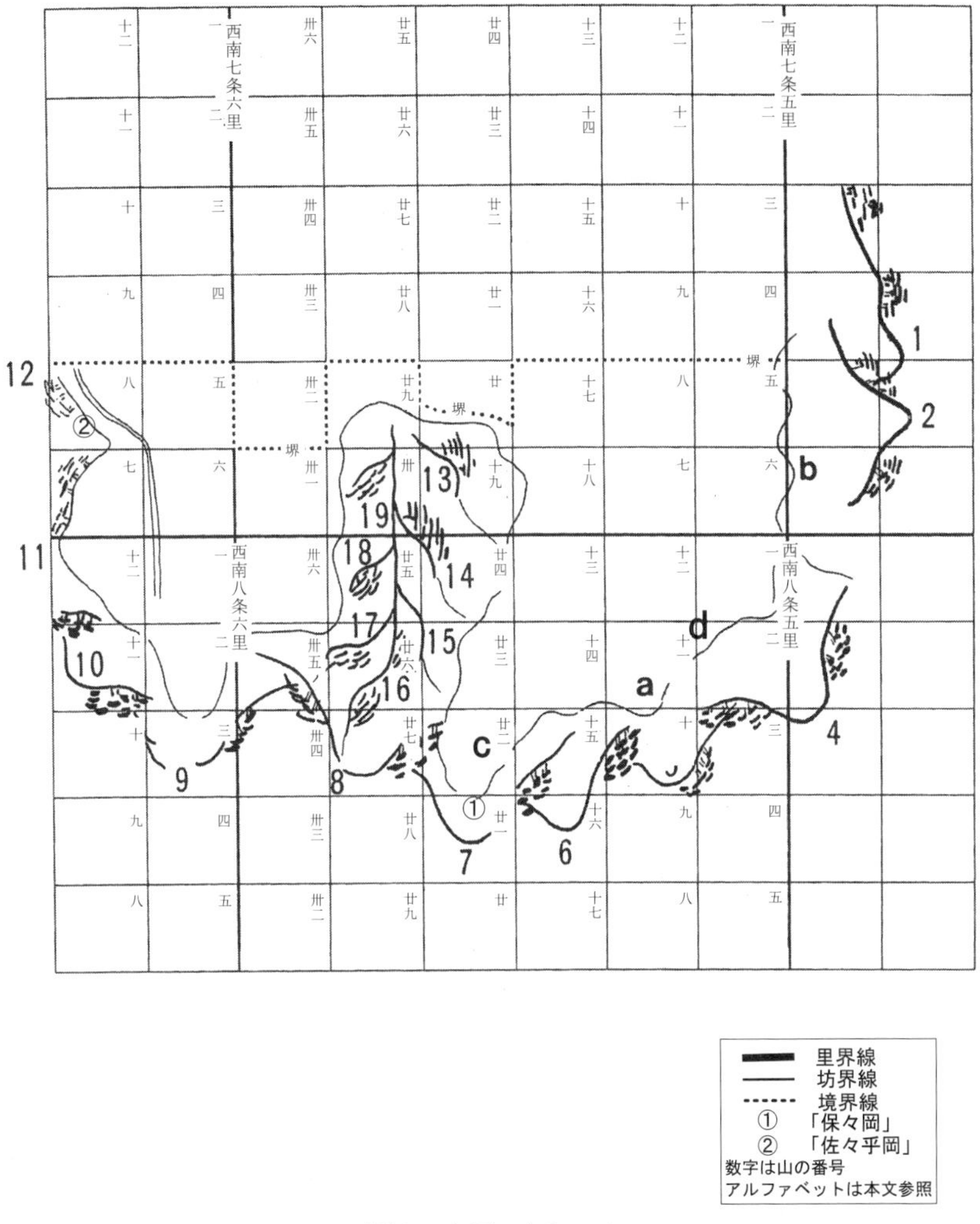
西南七条六里
西南七条五里
西南八条六里
西南八条五里
堺
里界線
坊界線
境界線
①　「保々岡」
②　「佐々平岡」
数字は山の番号
アルファベットは本文参照

図1　A図のトレース

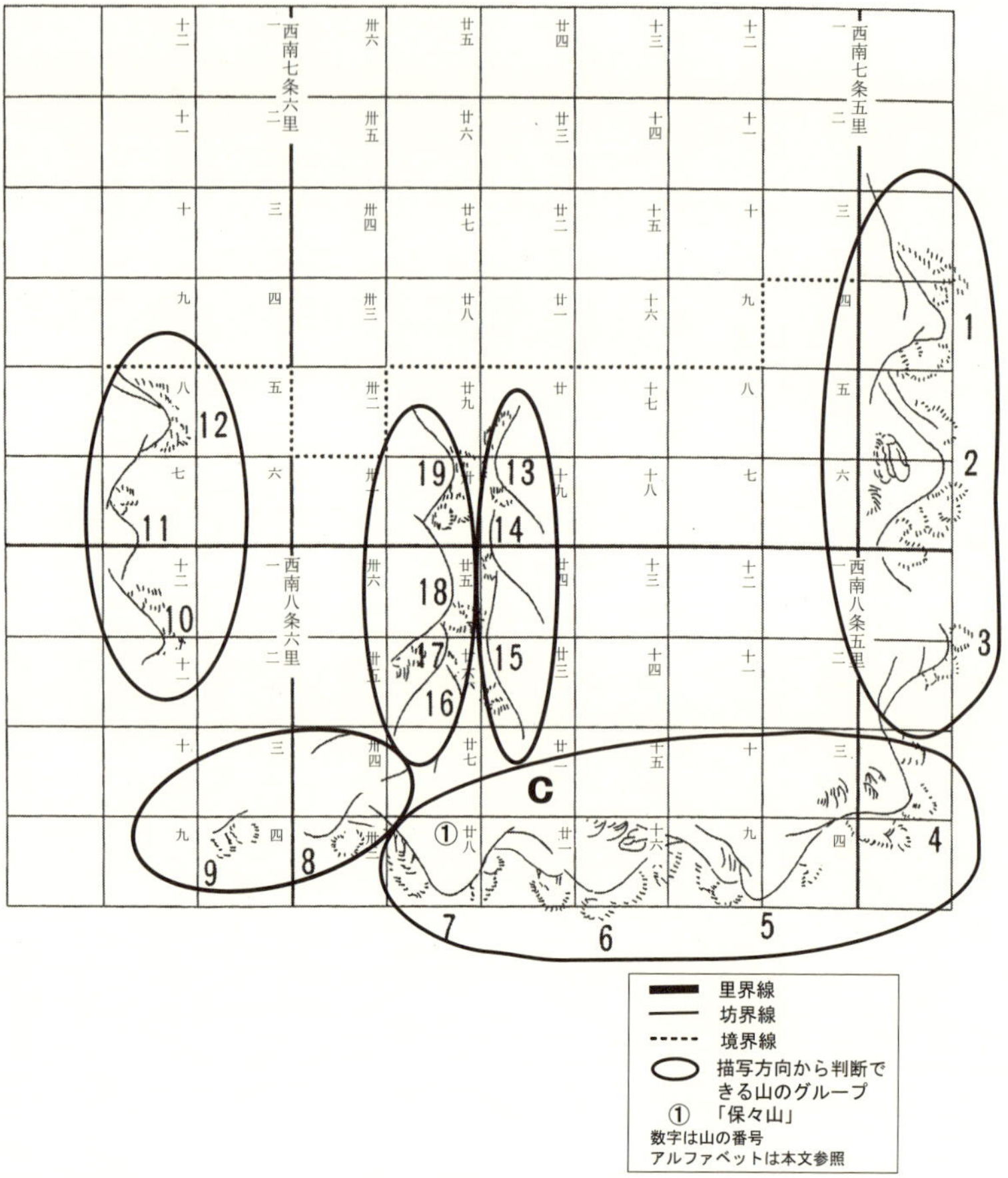

図2　B図のトレース

前に述べたように、糞置村図は、年紀を異にする二枚の布製図が存在する。正倉院所蔵の天平宝字三年（七五九）十二月三日に作成された図（以下、A図と呼ぶ）と天平神護二年（七六六）十月二十一日に作成された図（以下、B図と呼ぶ）である。[9] 図1と図2には両図のトレースを示した。[10] 先行研究によれば、[11] A図は天平宝字四年の校田に備えて寺領確認のために作成されたとされる。一方で、B図は天平宝字四年の校田の際に国司らによって寺田が校出され、翌五年に口分田として百姓に班給された寺田の改正との関係が指摘されている。

両図には、それぞれ中央部に図部分があり、右端には糞置村の総面積や四至がある。また、左端には作成年月日と国司および東大寺関係者の署名などがある。図部分は、方格線、文字表現、絵画的表現からなる。方格線は、両図ともに図の中央部にほぼ等間隔で記載されている。文字表現は、そうした方格線によって構成されている坊毎の面積や地目などである。[12]このほかに山などの地名もみられる。絵画的表現は、A図に山稜線と山麓線がある。山麓線は細い墨線によって示され、山稜線は樹木をともなう太い墨線によって示されている。一方、B図は、岩や草と思われる表現と山の表現がある。山の表現は、墨線により山稜線が描かれている。山肌や葉は緑青による彩色もしくは無彩色、幹は代赭で彩色されている。このほか、両図には、寺領の境界線が朱線によって示されている。A図には、そうした境界線に「堺」の文字が確認でき、溝と思われる表現もある。そして、図部分を中心に「越前国印」が捺されている。[13]

2　先行研究による現地比定と問題の所在

糞置村図の現地比定に関しては、図に記載された方格線をどのように比定するかという点が課題となっている。これまでの研究においては、二枚の図に記載された方格線が同一の条里地割を表現していたとする見解が示されてきた。そこでは、現地に遺存した条里地割との対比をもとに検討が行われてきた。近年では、明治期作成の地籍図に記載されている条里地割を検討した栄原永遠男の研究がある。[14]

そうしたなかで、両図記載の方格線の位置を異なるものとする金田章裕の研究が示されている。[15]金田は、条里地割とそれらに付された条里呼称によって構成された実体を「条里プラン」と呼び、[16]A図には糞置村の北方の条里地割から復原できる正方位の条里プランが表現されているとした。一方でB図には現地に遺存した条里地割に依拠した西偏

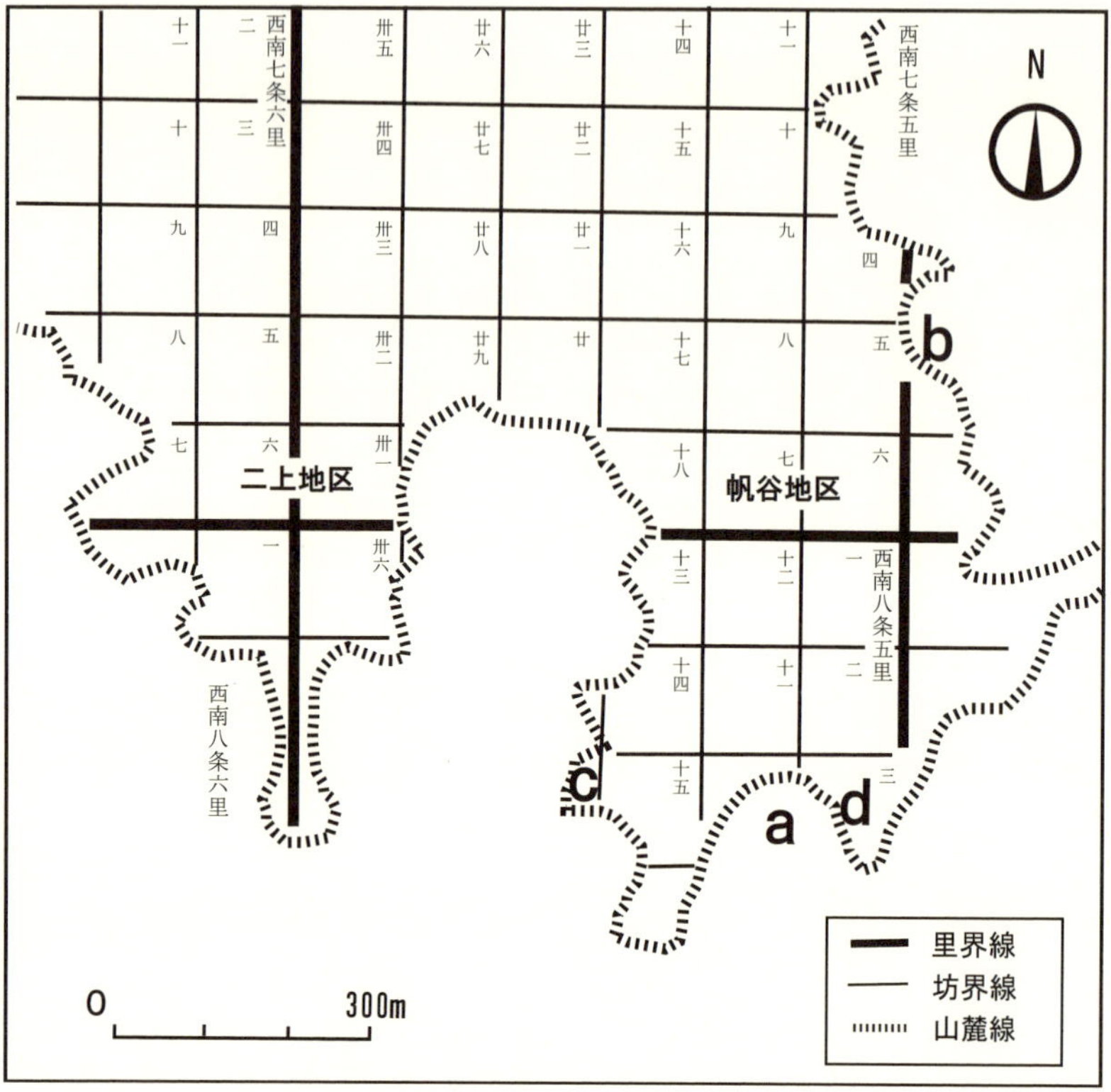

図3　A図の現地比定（金田説）

※注（15）論文の掲載図から条里プラン復原部分を抜粋して作成。

の条里プランが表現されているとした。図3と図4には、金田によるA図とB図の現地比定案を示した。

金田が注目したのは両図に記載されている内容の違いである。まず、面積の違いが挙げられる。B図の面積はA図と比較すると坊毎に田や野に大きな増減がみられる。さらに、山の位置の違いである。両図には同じ山が描かれているが、それにもかかわらず記載位置は異なっている。

金田は、こうした違いが両図の表現している条里プランが異なっていたために生じたと指摘した。そして、B図作成の契機となった寺田校出の原因についても、藤原仲麻呂政権における寺院勢力[17]抑圧政策とする従来の説明とは異なり、現地の問題

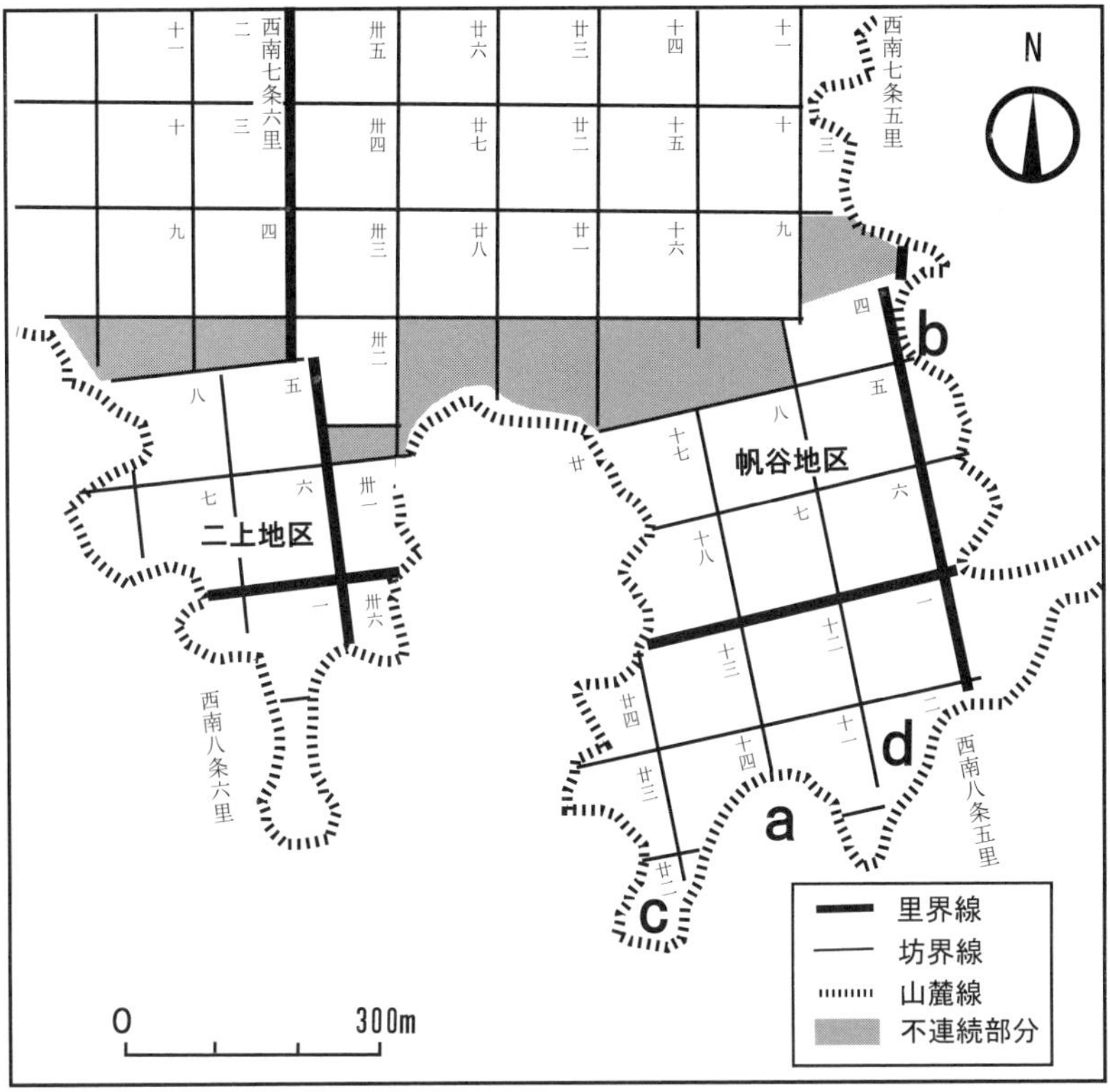

図4　B図の現地比定（金田説）

※注（15）論文の掲載図から条里プラン復原部分を抜粋して作成。

として説明できるとする。すなわち、寺田校出は、両図間において変更を必要とするような条里プランの不徹底さが原因であったとする。

両図における面積や山の位置の違いは、両図の現地比定を行う上でも考慮しなければならない重要な点である。しかし、金田による現地比定案には、図に記載された内容と現地との間における齟齬を含めて疑問点を指摘できる。

まず、A図記載の山麓線と現地の景観要素との対応関係である。たとえば、谷を表現したと思われるａ（図1）は、図3では舌状部（丘）に比定されている。また、四里と五里の里界線にあたる部分に山麓線ｂが記載されているが、図3では山麓線より半町ほど西に里界線がくる。くわえて、八条五里二坊（d）は平地部をわずかしかもたない坊として示されているが、図3では一町の土地が存在することになっている。

一方で、B図では、図4に示したような寺領域と周辺条里プランとの間に不連続部分を想定している点が疑問である。[18] この不連続部分によって、方格の重複や消失が起こり、二重登記や未把握の土地の出現という問題が生じている。[19] 墾田が律令田制の範疇内で把握されている当時の実情からすると、[20] 方格の不連続を肯定することはできない。[21] 墾田の位置は、既存の足羽郡の主要条里プランの連続のなかで位置づけられていたと考えるべきである。重複や消失を引き起こす不連続の方格を想定するよりも、地形に応じて変形した連続する一町の方格網を想定する方が現実的であると考える。

そもそも、金田は両図の条里プランを異なるものとしているが、この理解については再検討の余地がある。[22] 天平神護二年十月二十一日越前国司解には、B図を含む天平神護二年図の作成に至るまでの過程が記されている。ここには「望請、依前図券、勘定虚実、若有誤給伯姓、更収返入寺家、改正図籍、並充溝堰、永得无損者」とあり、東大寺が「前図券」にもとづいて天平宝字五年の班田図籍の改正を要求し、その結果、B図が作成されていたことがわかる。この「前図券」は、前後の文脈から判断して班田図であるとは考えられず、天平宝字三年作成図と券文を示していると判断できる。つまり、B図は天平宝字三年のA図記載の寺田の位置などを参照にして作成されていたと考えられるのである。しかし、金田による現地比定案では、B図の作成者がA図を参照したとすることには問題が多い。たとえば、八条五里二二坊（c）が別々の谷に存在した坊になっている例など、同じ坊が両図において異なった場所になる箇所が存在する。越前国司解の記述にもとづくならば、B図記載の条里プランは、むしろA図のそれと同一であったとみるべきであると考える。[23]

金田を含めた先行研究は、現地比定において昭和四〇年代まで現地に遺存した条里地割との関係を重視してきた。しかし、前述したように、八世紀中頃における広範な条里地割の施工を想定することは難しい。また、糞置村図をみてもわかるように、糞置村は未開発地を含んだ低湿な地域が大部分を占めており、(24)図作成当時、条里地割が広範に施工されていたとは考えられない。くわえて、天暦五年（九五一）十月二十三日越前国足羽郡庁牒(25)によれば、糞置村は十世紀中頃までに荒廃していたとみられる。(26)二上地区・帆谷地区において近年まで遺存していた条里地割の多くは、あるいは十世紀以降に施工されたのではないか。これらのことをふまえるならば、図の現地比定については遺存した条里地割を指標としない方法で行う必要がある。

そこで注目したいのが、絵画的表現とくに山の表現の存在である。次節においては、両図に記載された山の表現を用いて図の現地比定を行うことにしたい。

二　図と現地との対応関係

糞置村図の山の表現には、A図に山稜線と山麓線があり、B図に山稜線がある。なかでも注目するのはB図の山稜線である。図2をみてわかるように、B図では、山稜線のピークや二つのピークで示される谷が、方格線の線上に記載されている箇所を複数確認できる。同様な記載はA図にはほとんど確認することができない。B図における山稜線と方格線の関係は、現地に設定された一町の方格網の位置を図上において示すためのものであったと考えることができる。

そこで、山稜線を主な指標として糞置村における条里プランの復原を行った。まず正方位である足羽郡主要条里プランを寺領域に延長することからはじめた。[27] 次に、それら延長した条里プランとB図上で記載位置が方格線上にくる山などを整合的に位置づける作業を行った。たとえば、B図上の山5が方格線上に位置する例や同一の方格線上に山2と山13が位置する例などを、復原した条里プランにおいても同様な位置関係になるように一町の方格網を設定した。[28] また、その際条里プランが連続する一町の方格網であることに留意した。そして、こうした作業によって復原した条里プランが図5である。

この復原試案はB図の耕地分布などの記載と整合するとともに、A図記載の耕地分布とも整合し、さらに山麓線記載と現地の景観要素も対応する。

ところで、前述したように、糞置村においては、天平宝字三年（七五九）から天平神護二年（七六六）にかけて面積に変化があった。この点について金田[29]は、A図における溝を表現したと思われる二本線を挟んで、二上地区の田の面積が西側では減少し東側では増加していることに注目している。そして、この田の面積増減を糞置村の条里プランが両図間において変化したために起きた現象であるとする。すなわち、両図における条里プランを正方位から西偏へと変更したために、同一の場所を表現しているにもかかわらず、面積が変化したかのように表現されたと考えている。また、A図には記載があった七条五里二〇、二九坊の野の面積が、B図では無記載になっていることも、条里プランの変更にともなって図4の条里プランが施行されたために生じたとしている。

しかし、ここでまず問題となるのは帆谷地区の面積である。表2は両図に記載された田と野の面積をまとめたものである。金田による説明では帆谷地区の田の面積が増加していることを理解することができない。また、七条五里二〇、二九坊における野の面積の無記載に関しても、栄原が指摘[30]しているように、同坊の面積は図冒頭の記載計には組み込まれており、単に図上に記載がなかったためと考えられる。

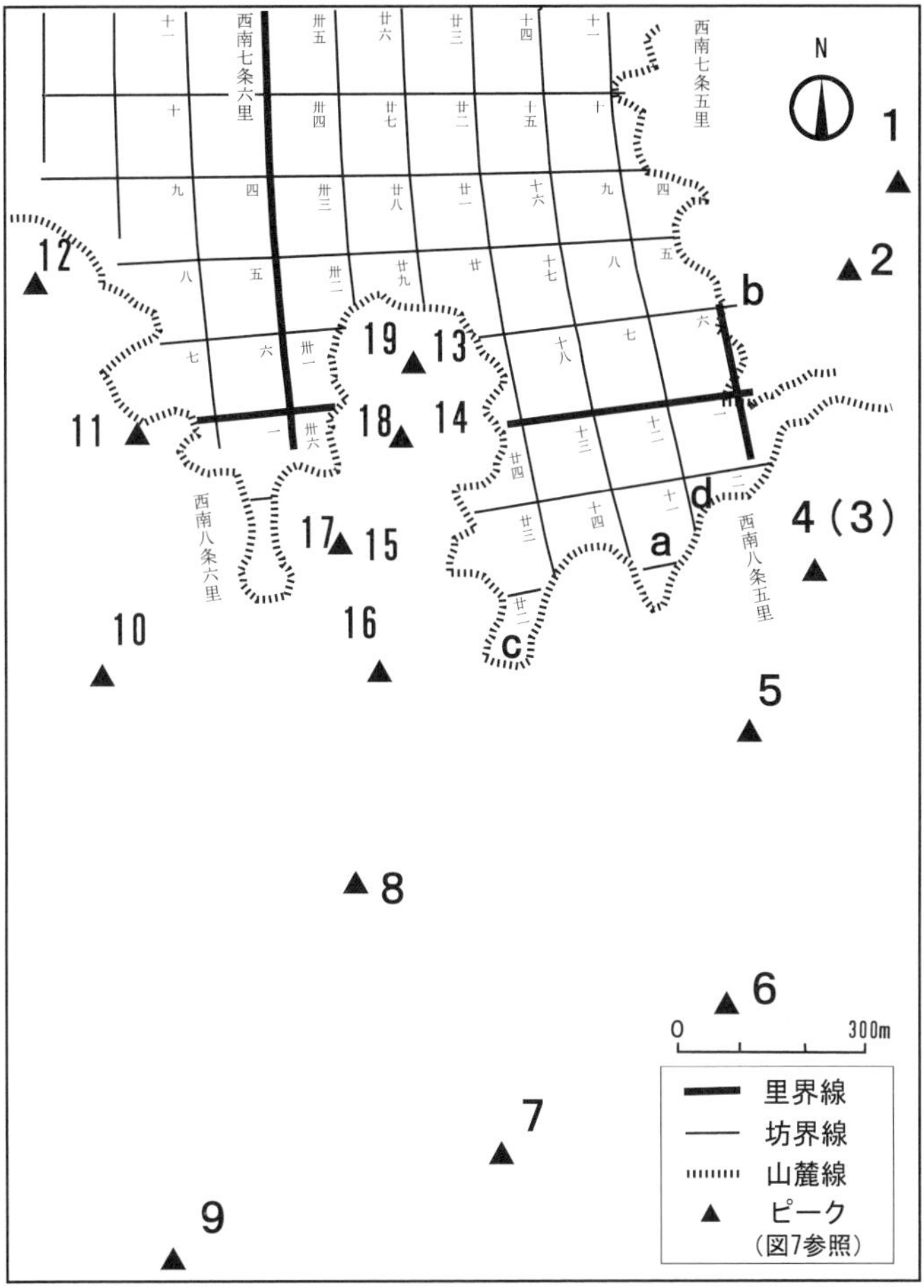

図 5　糞置村図の現地比定試案
※ベースマップは昭和三十八年測量二千五百分の一福井県基本図を利用。

	相替買得	天平宝字三年から天平神護二年にかけての増減		
田＋野		田	野	田＋野
4段	相替	4段△	—	4段△
2段		—	2段▼	2段▼
3段		—	2段▼	2段▼
1町		—	0	0
1町		—	0	0
1町		—	0	0
7段		—	0	0
（±？）	買得ヵ	—	（±？）	（±？）
3段（±？）＊	改正	2段216歩△	3段▼（±？）	144歩▼（±？）
3段	改正	3段△	—	3段△
5段＋2段	買得	5段△	2段△	5段＋2段△
1町24歩	改正	2段160歩△	2段136歩▼	24歩△（±？）
9段245歩	改正	1段245歩△	2段▼	115歩▼
7段	改正	1段△	1段▼	0
2段110歩	改正	110歩△	—	110歩△
（±？）		—	3段▼（±？）	3段▼（±？）
8町8段19歩±		2町11歩△	1町3段136歩▼±	6段235歩△±
7町9段19歩±		1町1段11歩△	1町3段136歩▼±	2段125歩▼±
8町8段163歩		1町1段11歩△	3段352歩▼	7段19歩△
6段	改正	1段100歩▼	—	1段100歩▼
1町		72歩▼	72歩△	0
8段216歩		1段144歩▼	0	1段144歩▼
5段168歩	改正	2段168歩△	6段▼	3段192歩▼
6段		—	0	0
1町	改正	4段▼	4段△	0
2段72歩	改正	288歩▼	—	288歩▼
2段120歩	改正	1段120歩△	1段▼	120歩△
（±？）		—	3段▼（±？）	3段▼（±？）
（±？）＊		—	1町▼（±？）	1町▼（±？）
5町216歩±		3段316歩▼	1町5段288歩▼±	1町9段244歩▼±
6町7段48歩		3段316歩▼	264歩△	3段52歩▼
13町8段235歩±		1町6段55歩△	2町9段64歩▼±	1町3段9歩▼±
12町9段235歩±		7段55歩△	2町9段64歩▼±	2町2段9歩▼±
15町5段211歩		7段55歩△	3段88歩▼	3段327歩△
15町8段268歩		1町6段55歩△	9段31歩▼	7段24歩△

表 2　糞置村の面積変化

地区	条	里	坪付	天平宝字三年（759）			天平神護二年（766）	
				田	野	田＋野	田	野
帆谷	7	5	4	—	—	—	4 段	—
帆谷	7	5	5	—	4 段	4 段	—	2 段
帆谷	7	5	6	—	5 段	5 段	—	3 段
帆谷	7	5	7	—	1 町	1 町	—	1 町
帆谷	7	5	8	—	1 町	1 町	—	1 町
帆谷	7	5	17	—	1 町	1 町	—	1 町
帆谷	7	5	18	—	7 段	7 段	—	7 段
帆谷	7	5	20	—	（6 段）抹消	（6 段）抹消	—	（±？）
帆谷	8	5	1	144 歩	3 段	3 段 144 歩	3 段	（±？）＊
帆谷	8	5	2	—	—	—	3 段	—
帆谷	8	5	11	5 段（百姓本開）	—	5 段（百姓本開）	5 段	2 段
帆谷	8	5	12	—	1 町	1 町	2 段 160 歩	7 段 224 歩
帆谷	8	5	13	—	1 町	1 町	1 段 245 歩	8 段
帆谷	8	5	14	1 段	6 段	7 段	2 段	5 段
帆谷	8	5	22	2 段	—	2 段	2 段 110 歩	—
帆谷	8	5	23	—	3 段	3 段	—	（±？）
小計				3 段 144 歩	7 町 8 段	8 町 1 段 144 歩	2 町 3 段 155 歩	6 町 4 段224歩±
相替・買得を除く				3 段 144 歩	7 町 8 段	8 町 1 段 144 歩	1 町 4 段 155 歩	6 町 4 段224歩±
（±？）＊を想定した小計				3 段 144 歩	7 町 8 段	8 町 1 段 144 歩	1 町 4 段 155 歩	7 町 4 段 8 歩
二上	8	5	36	2 段 100 歩	5 段	7 段 100 歩	1 段	5 段
二上	7	6	5	72 歩	9 段 288 歩	1 町	—	1 町
二上	7	6	6	3 段	7 段	1 町	1 段 216 歩	7 段
二上	7	6	7	3 段	6 段	9 段	5 段 168 歩	（±？）
二上	7	6	8	—	6 段	6 段	—	6 段
二上	8	6	1	1 町	—	1 町	6 段	4 段
二上	8	6	2	3 段	—	3 段	2 段 72 歩	—
二上	8	6	12	1 段	1 段	2 段	2 段 120 歩	—
二上	7	5	29	—	3 段	3 段	—	（±？）
二上	7	5	31	—	1 町	1 町	—	（±？）＊
小計				2 町 2 段 172 歩	4 町 7 段 288 歩	7 町 100 歩	1 町 8 段 216 歩	3 町 2 段±
（±？）＊を想定した小計				2 町 2 段 172 歩	4 町 7 段 288 歩	7 町 100 歩	1 町 8 段 216 歩	4 町 8 段 192 歩
計				2 町 5 段 316 歩	12 町 5 段 288 歩	15 町 1 段 244 歩	4 町 2 段 11 歩	9 町 6 段224歩±
相替・買得を除く				2 町 5 段 316 歩	12 町 5 段 288 歩	14 町 1 段 244 歩	3 町 3 段 11 歩	9 町 6 段224歩±
（±？）＊を想定した計				2 町 5 段 316 歩	12 町 5 段 288 歩	15 町 1 段 244 歩	3 町 3 段 11 歩	12 町 2 段 200 歩
地図の記載計				2 町 5 段 316 歩	12 町 5 段 288 歩	15 町 1 段 244 歩	4 町 2 段 11 歩	11 町 6 段 257 歩

＊は欠損部分に記載があったと考えられる部分
網かけは相替・買得・百姓墾田記載
△は増　▼は減
（±？）は記載・増減の可能性アリ（天平宝字三年図記載面積から想定）

糞置村の面積変化については、条里プランの変化を想定する必要はないのではないか。そこで、あらためて糞置村の面積変化についてみていくことにしたい。

両図の冒頭記載計によると糞置村の総面積は、A図では一五町一段二四四歩、B図では一五町八段二六八歩である。天平宝字三年から天平神護二年にかけて約七段増加していることがわかる。ただし、表1に示したように相替や買得による増加が約一町五段であることを考えると、相替・買得を除いた糞置村の総面積は実際のところ八段ほど減少していることになる。この減少は、野の面積減少数が田の面積増加数よりも多いことから、野の面積であったことがわかる。以上のことから、全体として糞置村の面積で田の面積が七段ほど増加していることがわかる。その内訳は二上地区が約四段の減少であり、帆谷地区は約一町一段の増加である。

図6は両図間における田の面積変化のタイプを、増加と減少に分けてそれらの分布を示したものである。二上地区において田の面積が減少した坊は、七条六里五坊、同里六坊と八条五里三六坊、同条六里一坊、同里二坊である。現在、これらの坊に相当する田はいずれも谷川用水と呼ばれる潅漑水路から受水している。この状況は土地改良以前も同様である(31)。A図には谷川用水の原型と考えられる溝が同じ位置に記載されており、これらの坊は、糞置村図の作成段階においても同一系統の用水に依拠していた可能性が高い。これらの坊における田の面積の減少は、連動して起きたと考えることも可能である(32)。

一方、二上地区の田の面積が増加した坊は、七条六里七坊と八条六里一二坊である。七条六里七坊は、ほとんどの田品記載が下田である糞置村のなかで、唯一の中田となっている。これらの坊は湧水や小規模の谷水に近接しており、安定的な田であったと考えられる(33)。

次に帆谷地区をみると、田の面積は増加のみである。同地区はA図段階ではほとんどが野であり、八条五里一四、二二坊のように小規模な田しか存在しなかった。そのほかの坊はB図作成までの間に開発された田であり、いずれも百姓墾田である八条五里一一坊に隣接する。同坊は現在でも帆谷地区の中心的な用水の最上流部に位置している。東大寺が百姓墾田をA図作成からB図作成までの間に買得していることをふまえると、八条五里一一坊よりも地形的に低い位置にある坊の田の面積増加は、この百姓墾田の買得による用水の確保が関係していると考えられる。

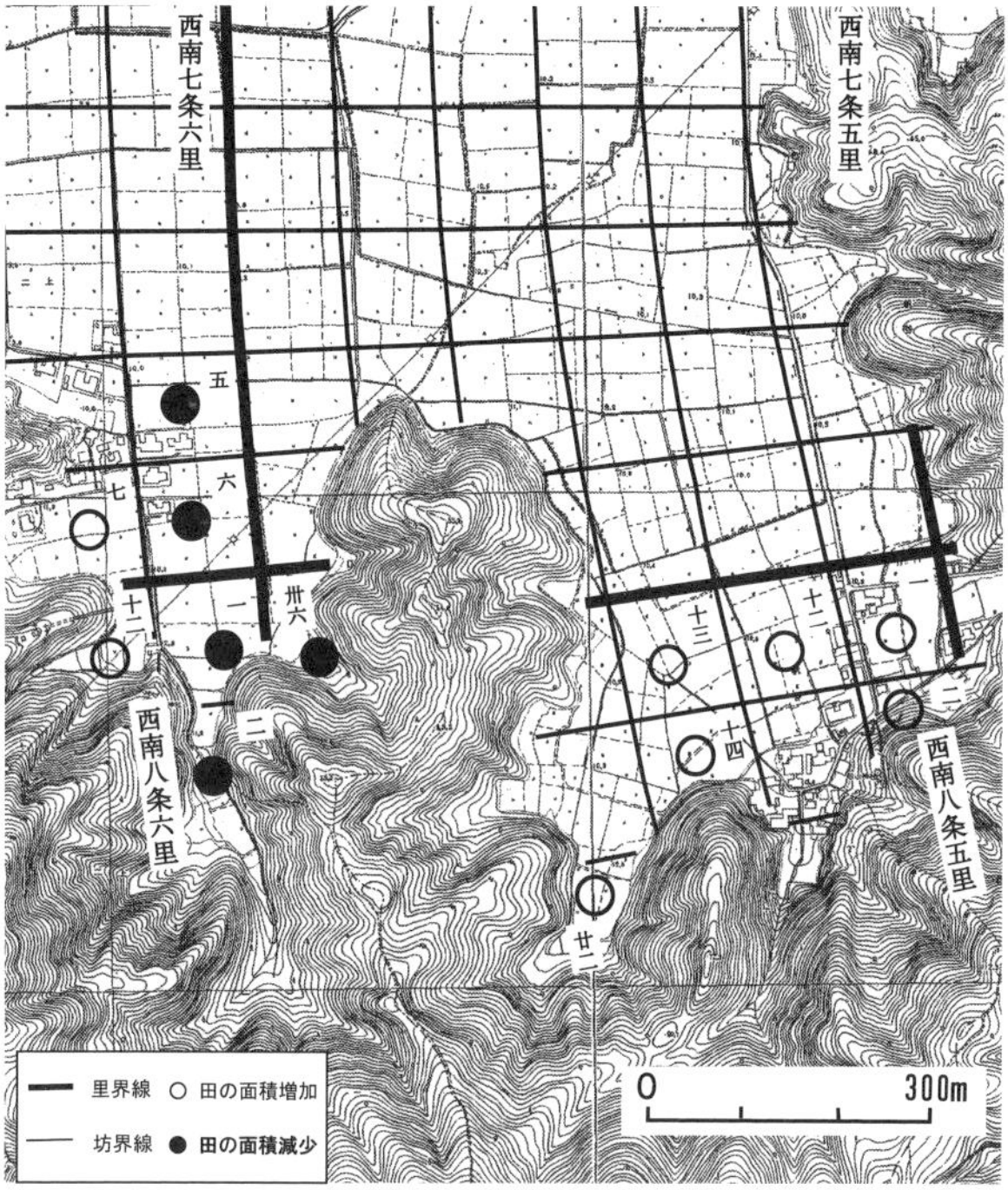

図6　両図間における田の面積変化
※ベースマップは昭和三十八年測量二千五百分の一福井県基本図を利用。

これらのことは、あくまでも近世期から現代にかけての潅漑状況を復原した上での推定であり、また、野の増加などの課題は残されているが、両図に表現された条里プランを同一と考えた場合でも、一定程度両図間に起きた面積変化の問題は説明できるのではないかと考える(34)。

そこで次に問題となるのは、両図における山の位置の違いである。これは、山の表現方法が両図において異なっていたことが関係しているといえる。B図では、図上の山や谷と方格線が対応することで、現地における一町の方格網の設定状況を示していた。しかし、A図においては、そうした山の表現と方格線との対応関係はみられない。次節では、この点についてみていくことにしたい。

三　山の表現と図の性格

1　山稜線

両図の山稜線は山の名称記載や相互の位置関係などから、図1・2に付した番号のように同じ山を対象として描かれていることがわかる。ところが、同じ山を対象としているにもかかわらず、両図に描かれる山稜線の位置は異なっている。たとえば、B図の山7（保々岡）は、A図の山7（保々山）に比べて一坊分西に位置している。金田は、この点について、山をみる方向が異なったために生じた現象であると理解し、とくに山7のずれはB図作成者が現地の西偏地割を正確にとらえたことにより生じたとした。(35) そこで、両図における山稜線の性格を考えるために、それらがどこの視座から望まれていたものであるかについてみていくことにしたい。

A図における山稜線の向きすなわち描写方向に注目すると、ほとんどの場合が谷の方から望んだように描かれていることがわかる。そうしたなかで、中央付近に張り出した山（山13〜山19、以下「中央丘陵」と呼ぶ）を描いた山稜線のみは異なる。これらは同一の丘陵をそれぞれ北西と南西からみたように描かれている。しかし、ここで留意したいのは、「中央丘陵」の東側を示している山13〜15の描写方向が、二上地区の南西からみたように描かれており、現実的なものではないということである。「中央丘陵」の樹木図像は、他の図像が通常短い樹葉に二本の樹幹をともなっているのに対して、長い樹葉に樹幹を一本ともなうかもしくは樹幹をともなっていない。これらのことを考慮すると、「中央丘陵」の樹木図像は周辺と異なった図像群であると判断される。「中央丘陵」部分の山稜線は例外的なものと考えることができる。[36]

A図の山稜線の描き方は、「中央丘陵」と後述する山11・12を除けば半円を描くように図上に配置されている。また、これによってA図の山々は一続きの山のような表現になっている。

そこで、これらの山のなかからいくつかの山稜線の視線方向を推定することからはじめる。まず注目したのが図の中央に配置されている山7である。小文珠山（三〇二メートル）に比定できる山7の視線方向を求めると、図上において山7が北向きに描かれていることから、同山を描くにあたっては北から南への視線方向によって望まれていたと推定できる。同様にA図の山々の東端である山1・2の視線方向は西から東へのものであると推定できる。[37]

この二つの視線方向をもとに、大縮尺地形図や実際の観測により山1・2、山7を描くにあたっての視座を推定すると、×付近であったのではないかと考えられる。図7は、A図の山々が×点付近から望まれたと仮定し、山稜線を描くための視線方向や描かれた山を比定したものである。これはあくまでも二つの視線方向により推定したものであるが、図におけるその他の山稜線の描かれる位置や向きなどは整合的である。とくに、それぞれ北西や北東からの視線方向を示す山4や山10などは、×点付近からみた山並みが描かれた山稜線と近似する。視座を断定することは難しいが、いずれにしてもA図の山稜線が単一の視座からみて描かれたものであったといえる。

また、このように考えると、「中央丘陵」が例外的な描き方になっていることも理解できる。こうした描き方になったのは、「中央丘陵」を南から北に向かって単一の視座で望むことによって、山々が重なったため一つの尾根筋にみえたからではないか。つまり、山13〜19は当初それぞれピークが存在する山として描かれていなかった。[38]新たに山を描くにあたって実際の観測によらず太い墨線や樹木図像を付けくわえたために、「中央丘陵」の山稜線は非現実的な描写方向になったと考えられる。[39]

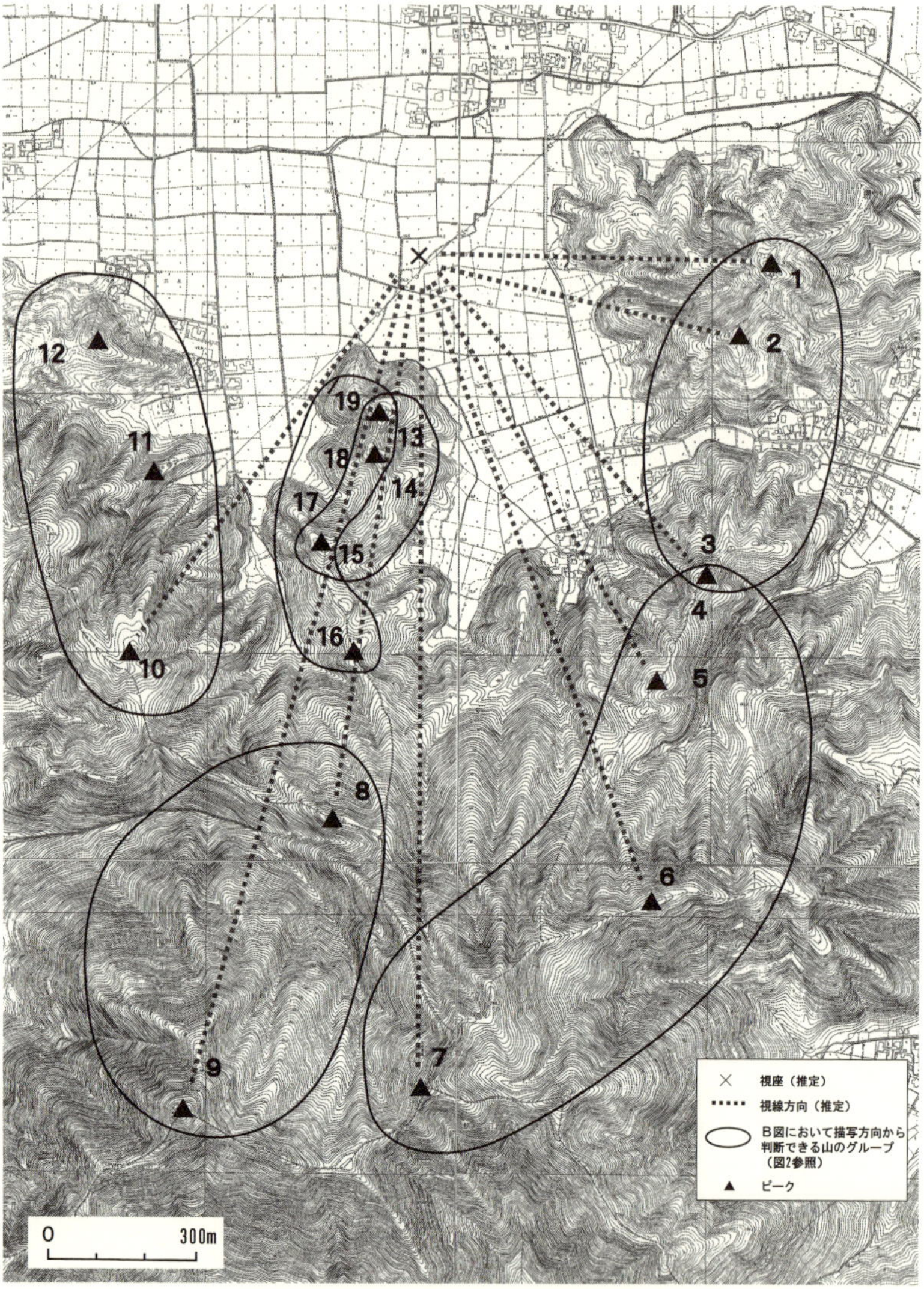

図７　描かれた山と視座

※ベースマップは昭和三十八年測量二千五百分の一福井県基本図を利用。

一方、B図の山稜線は描写方向から判断すると、図2に示したように、いくつかのグループにわけることができる。(40)たとえば、「中央丘陵」部分は二上・帆谷地区の双方からみたように描かれており、少なくとも二つの視座が存在したことを想定させる。このことは図上の方格線と山稜線の対応関係が明確であり、それらをもとに糞置村の条里プランの復原が可能であることと関係する。B図作成者は、一つの視座でとらえる山の数を少なくし、方格と現実の地物（山や谷）の位置関係を確認していたと考えられる。(41)図7にはB図における山のグループを特定したものを示した。

以上みてきたように、両図では山並みを描くにあたっての視座の位置や数に違いがあった。こうした視座の違いが両図間における山稜線の位置にずれを生じさせる要因となっていたと考えられる。

2　山麓線

B図においては、山稜線と図上の方格線を対応させることで現地との対応関係が保たれていた。それではA図においてはどのような方法でそれがなされていたのであろうか。注目したいのはA図における山麓線の存在である。山麓線は糞置村のような谷が入り組んだ地形的特徴を示すとともに、図1のaやdなどのように実際の耕地分布や寺領域を示すためにも必要な表現であった。

このことを明瞭に示すのがA図の西側部分である。同部分の山11・12は、山稜線には樹木図像がともなうといったA図の原則によれば、山稜線を示している山の表現である。しかし、ここで留意したいのは、他の山稜線では山のラインに太い墨線が用いられているのに対して、山麓線と同じ細い墨線であるという点である。これは、このラインが当初、山麓線であったことを示している。また、「佐々乎岡」と記載があることも山麓線であったことを裏付ける。「○岡」という地名は、A図においては山麓線に付されているのである。つまり、西側部分では山の表現の変更があったといえる。こうした山の表現の変更は、山麓線記載が現地の景観要素との対応関係に齟齬をきたしたためであると推定される。(42)

また、山稜線についても、こうした山麓線の修正と関わっていたと考えられる。後述するように、A図については、作成年と東大寺関係者の署名が同一である越中国の図が存在する。そこには山稜線がみられず、山麓線が確認できるのみである。(43)このことを考慮すると、同年図における山の表現は当初山麓線のみであったといえる。ところで、西側部分の山の表現はB図においても例外的な表現となっている。B図の西側部分のみが谷の外側からみて描かれた山として記載されている。こうした表現の存在はA図の山稜線がはたしたもう一つの役割と密接に関係している。

両図に共通する例外的な表現について栄原は、B図がA図を参照して作成されたからではないかと推定している。(44)また金田は、両図において西側部分の山のラインが一致していることから、B図作成においてラインが踏襲されていたことを指摘している。(45)

栄原や金田が指摘するように、B図における西側部分の例外的な表現は、B図作成に際してA図を参照したために生じたと考えられる。このことを示すのがB図の山11の存在である。山11はA図にはなくB図のみに記載された山である。山11の追加は、西側部分の山稜線を現地と対応させるためのものであった。B図作成者は、A図の西側部分の山の向きを、谷の外側からの描写方向と判断したと考えられる。しかし、実際は谷の内側からの描写方向であり、図1・2に示したように両図の表現しているピークの位置は異なってしまう。そのために山11は追加されていたと考えられる。

B図作成者がA図の西側部分の山の向きを谷の外側からのものと判断したのは、A図の西側部分のみに山麓線の記載がともなっていないことが要因であったのではないか。他の部分では山稜線と山麓線の組み合わせによって明確に判断できる山の向きが、この部分では山の表現の変更をともなったため不分明であった。

Ｂ図作成者がＡ図記載の山稜線を参照しなければならなかった理由については定かではない。あるいは図上に山稜線を記載するにあたっての目安のためであったのかもしれない。Ｂ図の山稜線は西側部分以外において面積記載のある方格の外側に位置づけられている。このような記載が可能であったのは、Ａ図において山麓線が山地と平地の境を示していたからであったと考えられる。ところが、西側部分ではＡ図に山麓線が記載されていなかった。そのため、Ｂ図作成者は山稜線を参照せざるをえなかったのではないか。しかし、その際に、山の向きを誤って判断したために、山11の追加や面積記載と山稜線記載が同一方格内に共存するといった事態を生じさせたのであろう。

3　山の表現の違いと図の作成背景

それでは、山の表現方法の違いにはどのような背景があったのであろうか。

このことを考える上でまず注目したいのは両図の作成期間である。Ａ図の場合、同じ作成グループがＡ図作成の前月の二十一日に越中国諸図を作成していたことから[46]、作成期間は半月であったことがわかる。くわえて、越前国では、天平宝字三年（七五九）において糞置村以外の寺領を対象とした図が作成されていた。仁平三年（一一五三）四月二十九日東大寺諸荘園文書目録には、現存しないものの、坂井郡小榛を描いた図などが記載されている[47]。したがって、一枚の図の作成は短期間でなされた可能性が想定される。それに対して、Ｂ図の場合、作成年が校田年であり、翌年の神護景雲元年（七六七）十一月十六日に作成される越中国諸図と別年であった。また、作成グループも異なっていた。作成期間に関しては、Ａ図と比べてある程度の時間的なゆとりがあったといえる。

さらに、注目したいのは作成主体を含む作成過程である。署名部分をみると、両図では作成主体が異なっていることがわかる。以下、両図の署名部分を示した。

（A）

天平宝字三年十二月三日使算師散位正八位下小橋公「石正」

造寺判官外従五位下上毛野公「真人」

知墾田地道僧「承天」

（中略）

国司

守従五位下藤原恵美朝臣〈朝集使〉　従六位下行掾平朝臣「虫麻呂」

正六位上行阿倍朝臣「広人」　従七位上大目阿倍朝臣〈入部内〉

（以下省略）

（B）

天平神護二年十月廿一日従七位行大目大宅朝臣

国司

参議従四位下守右大弁兼行藤原朝臣〈在京〉正六位上行掾佐味朝臣「吉備麻呂」

（中略）

検田使

少寺主伝灯進守法師「承天」　少都維那僧「慚教」

知田事伝灯進守住位僧「勝位」

（以下省略）

（史料凡例は以下の通りである。〈 〉は細字。「 」は別筆。（ ）は筆者注。）

A図の署名は右から東大寺関係者、越前国司の順であった。こうした署名順は、東大寺関係者側によって作成され、その後に、国司によって署名されたことを示している。また、A図には図部分を中心に越前国印が捺されているが、国印の押捺は、国衙においてなされたものであるといえる。A図は、東大寺関係者が主体になり作成された上で国衙へ提出され、国司による署名・国印押捺がくわえられたのちに、東大寺へ給付されたと推定することができる。

それに対して、B図ではA図と逆の署名順になっている。これは図が国司主体もしくは東大寺関係者の立合のもとに作成されたことを示している。B図に関しては、同じ年月日と署名である越前国司解がセットになっている。このことから、図が国司などを中心に作成された後に、太政官へ提出され、その後、東大寺へ給付されたものであったと推測される(48)。

このように、両図には作成期間や作成過程の点で違いがあったことがわかる。

A図に関しては、天平宝字四年の校田に備えて寺領確認のために作成されたものであることがすでに指摘されている。そして、A図には、「堺」文字をともなった境界線が示されていた。「堺」の文字は、占定範囲を含む寺領域を主張するものであったといえる。A図における山の表現は、寺領域を明示するためのものとして機能していたと考えることが可能である。つまり、占定範囲や地勢の表示に重点が置かれるものであった。しかし、図は短期間で作成されたものであり、詳細な現地調査が行われなかった可能性がある。A図の作成にあたっては、国衙に保管されていた、前回の班田結果を示した天平勝宝七歳（七五五）班田図が基図として用いられたのではないかと考えられる。A図の山の表現に誤りや混乱が生じていたのも、こうした作成過程と関係しているといえる。

一方、B図は前回の校田の際に校出された寺田を改正するという目的のもとに、国衙関係者主導による詳細な校田調査の結果が反映されていた。(49) B図において視座が寺領内に複数存在し、同図の山稜線と図上の方格線によって方格の位置が示されていたのも、A図において不明確であった山の表現と方格線との関係を修正するために、土地調査のために校田時に現地に設定された一町の方格網を明示するためであったと考えられる。

注

（1）田令田長条によれば、一町は一辺六〇歩（約一〇六メートル）の方格である。
（2）このほか、図名、面積、四至、署名などといった図部分の前後に記載された文書的表現がある。なお、古代荘園図と呼ばれる図のなかには、平城京内の条坊を記載した天平勝宝九歳（七五七）正月四日平城京葛木寺東所地四坊図などがある。また、方格線を記載していない大和国観音寺領絵図などもある。いずれも東京大学史料編纂所編『日本荘園絵図聚影』三（東京大学出版会、一九八八年）収録。
（3）金田章裕a「古代荘園図の表現の特性」（『古代日本の景観』〈吉川弘文館、一九九三年〉）および同b「古代荘園図の表現法とその特性」（『古代荘園図と景観』〈東京大学出版会、一九九八年、初出一九九六年〉）ほか。
（4）班田図自体は現存していないものの、八世紀中頃から九世紀初頭の班田図を原図として十三世紀頃に作成された大和国添下郡京北班田図が存在している。それによれば、班田図の図部分には面積の単位である一町方格を示す方格線と文字表現があり、それ以外に道や水系などを示した線が記載されていたにすぎなかった。東京大学史料編纂所編前掲注（2）書収録。このほか九世紀初頭の班田図を原図として十二世紀頃に作成された山城国葛野郡班田図もある。東京大学史料編纂所編a『日本荘園絵図聚影』二（東京大学出版会、一九九二年）および同b『日本荘園絵図聚影』五下（東京大学出版会、二〇〇二年）収録。班田図の形態や記載内容については岸俊男「班田図と条里制」（『日本古代籍帳の研究』〈塙書房、一九七三年、初出一九五九年〉）。宮本救ａ「山城国葛野郡班田図」（『律令田制と班田図』〈吉川弘文館、一九九八年、初出一九五六年・一九八一年・一九八二年〉）。同ｂ「『山城国葛野郡班田図』補説」（『日本歴史』六一一、一九九九年）ほかがある。

（5）金田前掲注（3）ａ・ｂ論文。

（6）中井一夫「地域研究」（『条里制の諸問題』Ｉ〈奈良国立文化財研究所、一九八一年〉）。広瀬和雄「畿内の条里地割」（『考古学ジャーナル』三一〇、一九八九年）。山川均「条里制と村落」（『歴史評論』五三八、一九九五年）ほか。

（7）はやくは蘆田伊人による研究がある。蘆田伊人「越前国足羽郡東大寺田図考」（『歴史地理』一四―一、一九〇九年）ほか。

（8）『続日本紀』天平勝宝元年四月甲午条。

（9）東京大学史料編纂所編『日本荘園絵図聚影』一下（東京大学出版会、一九九六年）収録。糞置村図の法量（縦×横）は、Ａ図が八一・九センチ×一一〇・一センチ、Ｂ図が六九センチ×一一三・一センチである。

（10）糞置村図の写真図版やトレース図作成は東京大学史料編纂所編前掲注（9）書収録の写真図版を利用した。

（11）長岡篤「奈良時代における東大寺領絵図」（同編著『日本古代社会と荘園図』〈東京堂出版、二〇〇一年、初出一九七三年〉）。藤井一二「東大寺開田図の系譜と構成」（『東大寺開田図の研究』〈塙書房、一九九七年、初出一九八八年〉）ほか。

（12）越前国においては、条里呼称の坪呼称を「坊」と記載する。金田章裕「条里プランの完成・定着・崩壊プロセス」（『条里と村落の歴史地理学研究』〈大明堂、一九八五年、初出一九八〇年・一九八二年〉）。伊藤寿和「近江国の『町』地名をめぐって」（『歴史地理学紀要』三一、一九八九年）ほか。

（13）東京大学史料編纂所編『日本荘園絵図聚影』釈文編一古代（東京大学出版会、二〇〇七年）ほか参照。

（14）栄原永遠男ａ「越前国糞置庄と条里地割」（『条里制の諸問題』Ⅱ〈奈良国立文化財研究所、一九八三年〉）。同ｂ「越前国足羽郡糞置村開田地図」（金田章裕・石上英一・鎌田元一・栄原永遠男編『日本古代荘園図』〈東京大学出版会、一九九六年〉）。

（15）金田章裕「越前国足羽郡糞置村開田地図」（金田前掲注（3）ａ書収録、初出一九九一年）。このほか両図が表現している条里プランを異なるものとする田中禎昭「東大寺領越前国足羽郡糞置村開田地図の再検討」（奥野中彦編『荘園絵図研究の視座』（東京堂出版、二〇〇〇年））がある。田中は、帆谷地区の条里プランは両図とも共通しているが、二上地区の条里プランは両図において異っていたとする。

(16) 本章で用いる条里プランの定義については金田章裕a「条里プランの形成」（金田前掲注（3）a書収録）および同b「古代日本の景観研究と歴史地理学」（『古代景観史の探究』〈吉川弘文館、二〇〇二年、初出一九九三年〉）による。

(17) 藤井一二「初期荘園の耕地と農民」（『初期荘園史の研究』〈塙書房、一九八六年、初出一九八三年〉）。

(18) 金田章裕はこの不連続部分がB図の図上で解消されていたと説明する。金田前掲注（15）論文。

(19) 不連続部分の引き起こす坊の重複や消失の問題については、事例が異なるものの服部伊久男による指摘がある。服部伊久男「額田寺と条里」（『条里制研究』一〇、一九九四年）。

(20) 吉田孝『律令国家と古代社会』（岩波書店、一九八三年）ほか。

(21) 条里プランの接合部分は、河川や山塊などの地形的障害や先行する方格地割が存在した場合、不連続になる事態が想定できる。また、条里プランの設定基準が異なる国郡界付近も同様である。しかし、糞置村と足羽郡の主要条里プランとの間に、そのような不連続を生じさせる要因は確認できない。

(22) 『大日本古文書』東南院文書二、一八六～二四四頁。

(23) 同様な指摘は小口雅史もしている。小口雅史「福井平野の古代東大寺荘園」（福井市編『福井市史』通史編一〈福井市、一九九七年〉）。

(24) 二上地区・帆谷地区は近年まで低湿な地域であった。また、湿地帯を示す通称地名や小字地名が残っており、貞享二年（一六八五）『越前地理便覧』には、二上と帆谷が「深田」（湿田）であったことが記述される。発掘によれば、この状況は古代までさかのぼるという。太田山古墳群調査団編『太田山古墳と糞置庄』（福井県郷土史懇談会、一九七六年）ほか。なお、発掘成果を集成したものとして、近年、『糞置荘・二上遺跡の研究』（古代学協会、二〇一五年）が刊行されている。

(25) 『大日本古文書』東南院文書二、二五七～二五八頁。

(26) この点は栄原永遠男も留意している。栄原前掲注（14）a・b論文。なお、越前国の条里地割については岸俊男による指摘がある。岸俊男「条里制に関する若干の提説」（『日本古代宮都の研究』〈岩波書店、一九八八年、初出一九八五年〉）。条里地割施工の問題は、古代・中世以降の開発状況や水利系統の検討が必要であると考える。

(27) 足羽郡主要条里プランの復原は福井県編『福井県史』資料編一六下（福井県、一九九二年）によった。

(28) 栄原永遠男は遺存地割と糞置村図の関係を検討する際、山の表現と図の方格線の関係を考慮している。本章における山の表現を指標とする復原手法はこれを参考としている。栄原前掲注（14）a・b論文。

(29) 金田前掲注（15）論文。

(30) 栄原前掲注（14）a・b論文。B図における坊毎の野面積の総計は九町六段二二四歩であり、冒頭記載の野総計とは二町ほど隔たりがある。この隔たりは野の部分の欠損がある七条五里三一坊、八条五里一坊とA図に記載はあるもののB図では無記載の七条五里二〇坊、二九坊の四カ坊の野二町弱によって解消される。

(31) 二上・帆谷地区の水利系統の現況については村岡薫による研究がある。村岡薫「糞置荘の開発と現地」（荘園絵図研究会編『絵引荘園絵図』〈東京堂出版、一九九一年〉）。なお、本章の検討に用いた土地改良以前の水利系統は、両地区の土地改良の際に作成された現況計画平面図をもとに、近世の関連文書・明治期作成地籍図・聞き取り調査から今回新たに復原を行った。

(32) 村岡薫はB図に溝が記載されていないことについて、天平神護二年の越前国司解（前掲注（22））記載の郡司らによる塞溝との関係を指摘する。村岡前掲注（31）論文。

(33) 村岡前掲注（31）論文。

(34) 両図における面積変化について田中禎昭は、当時の土地法との関係を想定している。田中前掲注（15）論文。

(35) 金田前掲注（15）論文。

(36) 樹木図像を含む描写手順については今後の詳細な原本調査の成果を待ちたい。

(37) 現在、山1・2に比定できる山は、近年の削平によりその姿をみることはできない。そのため、視線方向は昭和三十八年（一九六三）測量の二千五百分の一福井県基本図により推定した。

(38) このように考えると、A図の山8は「中央丘陵」を示している可能性も想定されよう。

(39) 金田章裕は「中央丘陵」部分の描写方向がいずれも二上地区を向いていることについて、A図段階の東大寺田が同地区に集中していることと関係するのではないかと指摘する。金田前掲注(15)論文。

(40) これらのグループが、必ずしも一つの視座によりとらえられていたわけではないと考えている。たとえば、山1~3のグループは、山2のみが直行する方格線と対応関係にあることから山2を中心とした一つの視座であったと考えられる。これに対して、山4~7や山13~15のグループなどは、いくつかの山がそれぞれ方格線と対応関係をもち、くわえて、山稜線と山稜線によって構成される谷に関しても方格線と対応する例もある。

(41) B図には山3が新たに付け加わっている。これは実際には山4と同じ山を示していると考えられる。図作成に際して視座を複数用いた結果、一つの山があたかも二つ存在するかのようになってしまった可能性が想定される。また、同様な例は、「中央丘陵」部分(山13と山19など)で確認できる。

(42) 栄原前掲注(14)a・b論文。金田前掲注(15)論文。

(43) 山麓線の記載は天平宝字三年の越中国砺波郡伊加流伎開田地図および越中国射水郡須加開田地図に確認できる。東京大学史料編纂所編『日本荘園絵図聚影』一上(東京大学出版会、一九九五年)収録。

(44) 栄原永遠男は、A図の山の表現を谷の外側からの描写方向である山稜線と判断している。そして、この背景をA図の記載対象範囲が西側に余裕をもたなかったためとする。栄原前掲注(14)a・b論文。

(45) 金田章裕はA図西側の山の表現について、図3の正方位条里プランとの整合性から山麓線であると判断した上で、本来山麓線である表現が作図上のミスにより樹木が記載されたとする。金田前掲注(15)論文。

(46) 東京大学史料編纂所編前掲注(43)書収録。

(47) 仁平三年(一一五三)四月二十九日東大寺諸荘園文書目録(『平安遺文』二七八三)には、坂井郡小榛荘などでも図の存在が記載されている。

(48) 栄原永遠男「古代荘園の作成と機能」(金田ほか編前掲注(14)書収録)。

(49) このほかB図のみに田品記載がある。田品記載も、B図作成と校田作業との関係を示している。

第三章　阿波国名方郡東大寺領と国家による認定・把握

古代日本における寺領については、これまで経営構造や中央政界における政治動向の変化などについて検討が進められており、多くの研究蓄積がある。(1)そこでは、寺領が律令体制の枠組みのなかに位置づけられた存在であったことなどが指摘されている。(2)

そうしたなかで、近年では、鷺森浩幸によって、寺院伽藍縁起資財帳や文書目録そして券文・古代荘園図などをもとにした国家による寺領の認定方法に関する研究が示されている。(3)それによれば、勅施入などによって成立した寺田については、中央政府によって認定され、寺田を記した田記や田籍（田図）が発給される。一方、寺院が野地占定を前提として開発した墾田については、一般的な墾田と同じく、国郡司（中央政府が関与する場合もある）によって認定されたとする。

鷺森による研究は、これまで観念的にとらえられてきた国家による寺領の認定方法に言及し、その上で、寺領のなかで同一視されがちであった寺田と墾田の性格の違いを認定方法という側面から検討している点で重要な成果といえる。

しかし、寺領の認定についてはさらに検討する課題が残されていると考える。それは、寺院によって占定された野地の問題である。野地占定は開発を前提になされるものであり、墾田と不可分に関わる存在であった。また、寺院伽藍縁起資財帳や文書目録からは、寺院が野地を領有していたことが確認できる。さらに、それらは売買の対象にもなっていた(4)。また、史料上、「墾田地」「開田地」とも称され、墾田と一体となって位置づけられる場合が多く確認できる(5)。八世紀中頃における寺領のあり方を明らかにするためにも、こうした野地占定を前提とする寺領が国家によってどのように認定され、またどのように把握されていたかを検討する必要がある。本章は、阿波国名方郡東大寺領を事例として取り上げ、この点を検討していく。

ここで簡単に阿波国名方郡東大寺領について説明しておきたい。当時一般的にみられた、野地占定後に田が開発された寺領とは異なり、主に畠（陸田）が開発された寺領である。これは阿波国が山城国とともに地形条件の制約から水田耕作の困難な国であったことが関係している。両国において畠は、田とともに百姓へ班給され、班田図にも面積などの情報が記載されており、田に準ずる扱いを受けていた(6)。阿波国名方郡東大寺領は、主に畠が開発されるという違いはあるものの、他の事例と同じく野地占定を前提とする寺領として位置づけることができる。

阿波国名方郡東大寺領に関しては、荘券（券文）や古代荘園図といった八世紀中頃段階の状況を示す史料が現存し、また、九世紀中頃の坪付帳なども現存する。さらに最近、これまで存在が知られていなかった九世紀中頃作成の図などが紹介された。八世紀中頃に占定された寺領の九世紀中頃に至るまでの状況を知ることができる貴重な事例といえる。

そこで本章は、阿波国名方郡東大寺領に関する、八世紀中頃の荘券や古代荘園図さらには九世紀中頃の坪付帳などをもとに、野地占定を前提とする寺領の認定手続きを検討していく。そして、この検討を通じて、八世紀中頃における野地占定を前提とする寺領の実態、さらにはそうした寺領に対する国家による把握についてみていくことにしたい。

一　阿波国名方郡東大寺領の関連史料

ここでは、阿波国名方郡東大寺領の関連史料についてみておきたい。すでに主要な史料は、先行研究によって紹介・整理されているが、前述した新出史料の紹介や本章において必要な点を指摘しておきたい。(7)

八世紀中頃から九世紀中頃にかけての阿波国名方郡東大寺領の史料は、次に示すものが知られる。(8)

・天平勝宝八歳（七五六）十一月五日阿波国名方郡新嶋荘券(9)
・天平宝字二年（七五八）六月二十八日阿波国名方郡新嶋荘図(10)
・年不詳阿波国名方郡大豆処図(11)
・承和七年（八四〇）六月二十五日阿波国司解(12)
・承和十一年（八四四）十月十一日阿波国牒(13)
・嘉祥三年（八五〇）十二月十日阿波国新嶋荘長家部財麻呂解(14)
・年不詳阿波国新嶋荘坪付注文(15)

これらの史料は、端裏に本文の筆とは異なる筆によって「東大寺阿波国新嶋庄券」との表題が記載され、一括して正倉院に保管されている。ただし、八世紀中頃段階において「新嶋庄」とする史料表記は確認できない。「新嶋庄」という表記は、後世のある段階において付されたものであるとされる。(16)

ところで、阿波国名方郡東大寺領については、長らく、二つの地区からなると考えられてきた。(17)これは、阿波国名方郡新嶋荘券記載の面積が、阿波国名方郡新嶋荘図および阿波国名方郡大豆処図記載の合計値とほぼ同一であることから推定されてきたものである。しかし、そうした見解に対して、丸山幸彦は、それぞれの史料に現れる新嶋・枚方・大豆という名称が、のちの史料においても、別個のものとして扱われていること、新嶋荘券・新嶋荘図・大豆処図記載の面積が長徳四年（九九八）頃の東大寺封戸荘園并寺用雑物目録案の「阿波国名方郡新嶋庄八十四町七段七十五歩」[18]とほぼ一致することを示し、新嶋・枚方・大豆の三地区からなる東大寺領であったとの見解を示している。[19]本章でもこの見解に従い、論を進めていくことにしたい。[20]

1　八世紀中頃の荘券と古代荘園図

天平勝宝八歳（七五六）の新嶋荘券は、三地区のうち新嶋地区を対象としたものである。

史料一

（表題）「阿波国名方郡新嶋庄券第一　〈寺牒　国判「印」勝宝八年　「東大寺」〉」

東大寺墾田并陸田惣肆拾弐町捌段壱伯陸拾弐歩〈阿波国名方郡新嶋地、有東南河、西江、北錦部志止祢陸田〉

墾田一町五段一百五十歩

陸田卌一町三段十二歩

且開廿八町八段一百七十二歩

未開十二町四段二百歩

以前、以去天平勝宝元年所占野内、且開田并陸田及未開地如前

天平勝宝八歳十二月五日　検使算師散位従六位下王「国益」

律師法師「慶俊」　　佐官兼上座法師「平栄」

造寺司判官正六位上上毛野君「真人」
見水道散位従七位上日下部忌寸「万麻呂」
国司外従五位下行上上毛野君〈朝集使〉　正六位上行掾三国真人「百足」

（史料凡例は以下の通りである。〈　〉は細字。「　」は別筆。□は欠損。（　）は翻刻者・筆者注。）

同史料によれば、新嶋地区は天平勝宝元年における野地占定を契機としていたことがわかる。四至は「東南河西江北錦部志止祢陸田」であり、総面積は「肆拾弐町捌段伯陸拾弐歩」であった。このうち「墾田一町五段一百五十歩」と「陸田卌一町三段十二歩」が存在していた(21)。また、陸田の内訳は「且開廿八町八段一百七十二歩」「未開十二町四段二百歩」であった。

新嶋荘券の署名部分をみると、東大寺関係者(22)、国司の順で署名がなされている。また、全面に阿波国印が捺されている。東大寺関係者が主体となって作成し、まず東大寺関係者が署名し、その後に国司の署名や国印押捺がなされた上で、東大寺へ返された文書であることがわかる。新嶋荘券について丸山幸彦は、新嶋地区に関する立券文であると指摘している(23)。

次に新嶋荘図と呼ばれている図は、阿波国名方郡東大寺領の枚方地区を示したものである。図8に示したように、枚方地区は、阿波国名方郡の二〇条一〇枚方里を中心に展開し、畠である「圃」と「野」などによって構成される寺領である。同図については、便宜的に枚方地図と呼ぶことにしたい(24)。

ところで、枚方地図の端書きには、図部分の面積記載と同筆である「天平宝字二年六月廿八日造国司図案」と記載されている。このことから、枚方地図は「国司図」の案文であったことがわかる。

図には署名はみられないが、枚方地図の作成すなわち「国司図」の案文作成は、東大寺によってなされたと考えら

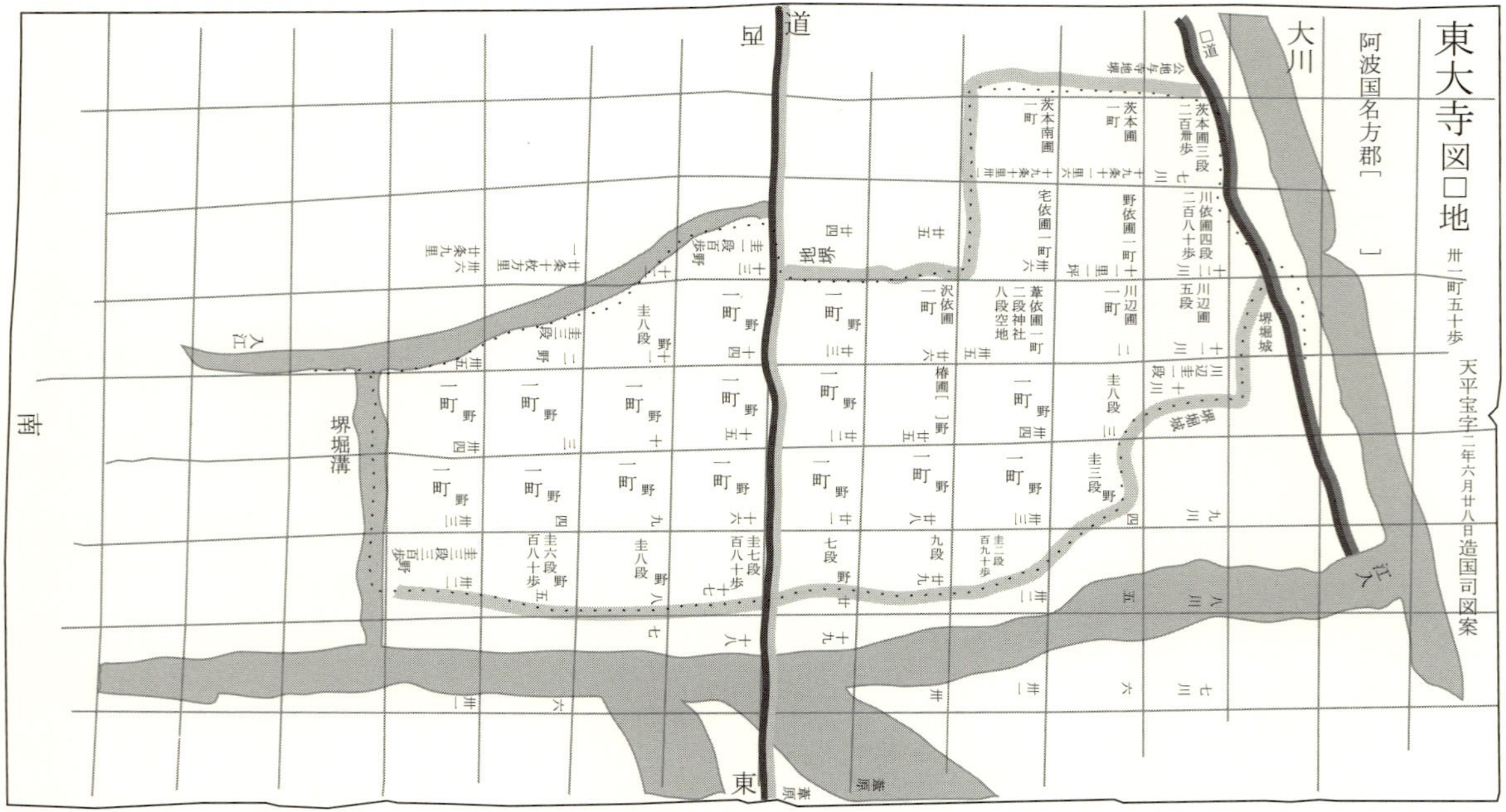

図8　枚方地図のトレース

※［　］は欠損。東京大学史料編纂所の原本調査による（注（24）論文）。トレース原図は注（10）書収録写真を利用。

れる。「国司図」については、「国司」とあることからも、図の作成に国司が関わっていたと考えられている。(25)
ただし、枚方地図自体については不明な点が多い。丸山は後述する大豆処図とともに改修計画図として作成されたとする。(26) また枚方地図を占定計画図（草案）とする見解(27)なども示されている。

図部分には、方格線、文字表現、道路などの線表現、絵画的表現がある。ただし、文字情報の記載には二段階の工程がある。まず「東大寺図□地卅一町五十歩」や図中の文字情報などが記載され、のちに坪付のみが追加記載されている。坪付の記載時期については、同図の記載範囲が九世紀中頃作成と推定される阿波国新嶋荘坪付注文の記載範囲と一致することから、新嶋荘坪付注文の作成時期とほぼ同時期に、坪付が記載されたと指摘されている。(28)

図9に示した大豆処図は、大豆地区を描いた図である。なお、後述する新出史料の出現により、大豆処図は、大豆地区のなかの畠や川成のみを示した図であったことがわかる。

大豆処図には年紀が記されていないが、枚方地図と同じく

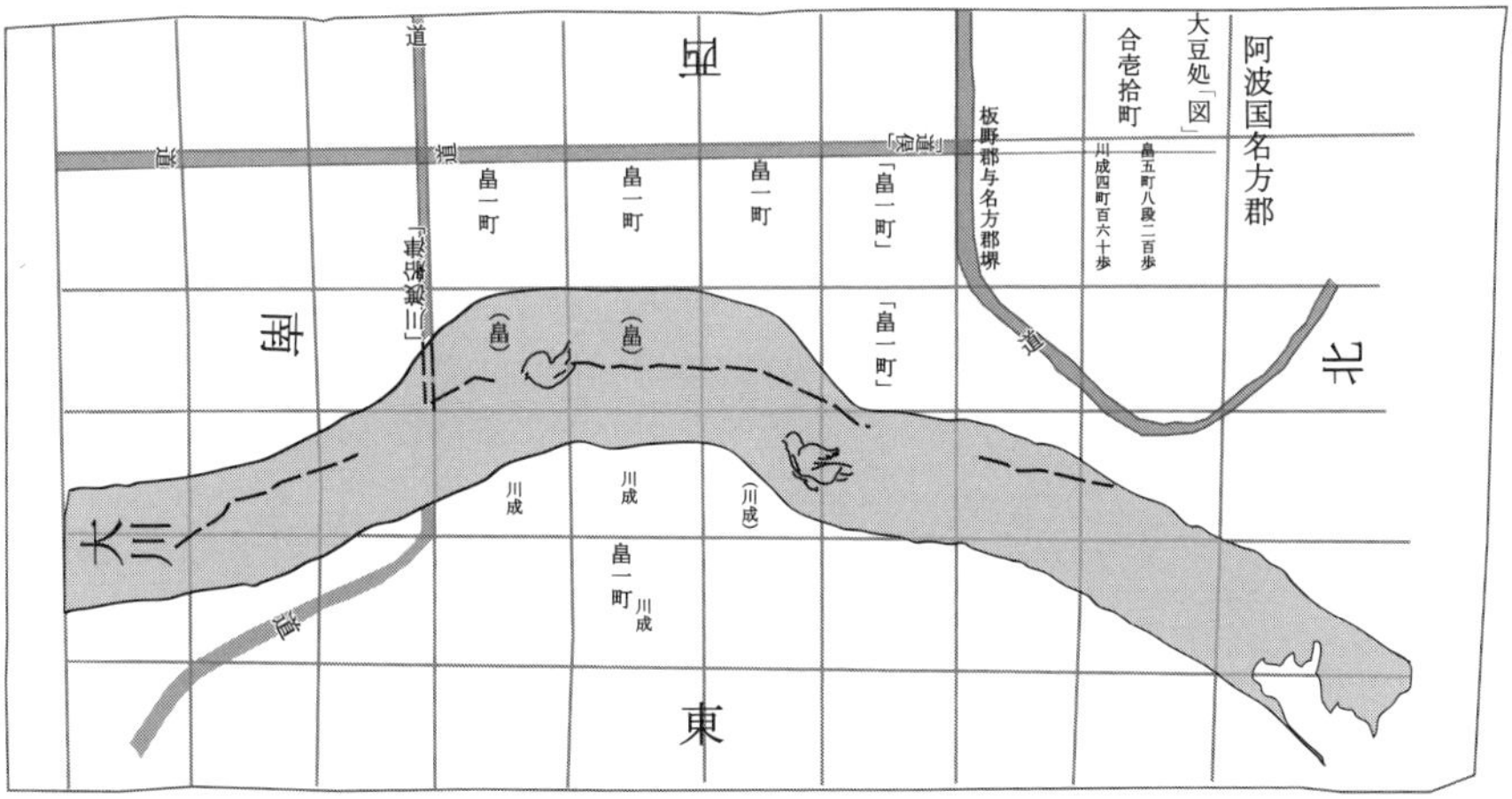

図9　大豆処図のトレース

※「　」は加筆。(　) は抹消。破線は抹消ライン。いずれも東京大学史料編纂所の原本調査による（注（24）論文)。トレース原図は注（10）書収録写真を利用。

案であり、八世紀中頃（天平勝宝～天平宝字年間）に作成されたと推定されている。[29] 図部分には、枚方地図と同じく方格線や文字表現および絵画的表現がある。

同図にはいくつかの修正箇所が確認されている。「大川」はまず細い墨線で記載され、その後、その墨線の上に現状の河川が描かれている。また、「大川」の修正にともなった文字の修正がある。図9に示したように、一旦記載された「畠」「川成」の記載が抹消され、その上に絵画的表現がなされている。そして、修正にともない消滅した「畠」の記載に代わって、新たに別の場所に「畠一町」が二個所記載されている。その際「川渡船津」も書きくわえられたとされる。さらに、「大豆処図」の「図（啚）」部分にも修正が確認されている。同部分には当初クニガマエが記載されたのち抹消され、別筆で「啚」の文字が記載されている。こうした修正は、修正後の文字が他の文字と同筆であることから、図作成における一連の作業過程のなかでなされたと推定されている。

大豆処図には署名・押印がなく、また、上記のような修正がみられることから、同図は、国衙などへ提出された公式な図ではなく、東大寺によって作成された図であったと考えられる。

このように、八世紀中頃作成の史料は、阿波国名方郡東大寺領における三地区についてそれぞれ記載している。これらの成立時期は、新嶋荘券の本文から新嶋地区のみが明らかである。ただし、阿波国名方郡東大寺領と同じく野地占定を前提とし、複数の地区からなる因幡国高草郡東大寺領が、一括して同じ時期に占定されていることを考慮するならば、枚方地区や大豆地区の占定時期も、新嶋地区と同じく天平勝宝元年（七四九）であったと推測される。[30]

以上、八世紀中頃に作成された三点の史料についてみてきたが、いずれも東大寺関係者が主体となって作成したものである点に注目したい。また、新嶋荘券はもとより、枚方地図に関しても、原図である「国司図」の作成過程において国衙が関与していたことが想定される。これらの史料を検討することによって、八世紀中頃における東大寺が行った寺領認定のための国衙への申請手続きの内容を明らかにすることができると考える。

2　九世紀中頃の史料群と新出史料

前掲史料のうち、承和七年（八四〇）阿波国司解以下の四点は、三地区の九世紀中頃における動向を示す史料である。すでに指摘されているように[31]、九世紀中頃において、東大寺領内に公田畠や王臣家田畠などが設定されていた。この事態に対して東大寺は、調査ならびに寺田畠への改正を太政官へ要求し、それを受けて太政官は、実録調査を実施していた[32]。

承和七年阿波国司解は、阿波国司が太政官から派遣された寺使石川真主とともに阿波国内の東大寺領を実録調査する旨を記した解状である。承和十一年阿波国牒は、実録調査を受けて国衙から東大寺へ出された牒である。同牒には名方郡の新嶋地区・大豆地区や勝浦郡に所在した東大寺畠に関する東大寺の訴えやそれを受けた国衙による裁定が記されている。

嘉祥三年（八五〇）新嶋荘長家部財麻呂解（以降、新嶋荘長解と呼ぶ）は、承和の実録調査後に東大寺によって作成された、新嶋地区の坪付である。新嶋荘長解には、「庄地中在公地」とあり、調査後においても寺領内に依然として公畠が存在していたことがわかる。

年不詳新嶋荘坪付注文（以降、新嶋荘坪付と呼ぶ）は、枚方地区のなかの「被輸公」を示した坪付である。新嶋荘坪付について丸山幸彦は、同じく実録調査が行われた因幡国高草郡高庭荘における承和九年七月二十四日因幡国司解[33]との類似性が確認できることから、承和七年の実録調査に関わるものであると推定している[34]。同史料には、宝亀四年（七七三）と弘仁三年（八一二）において「東大寺地」のなかに設定された「被輸公」畠の所在が記載されている。「被

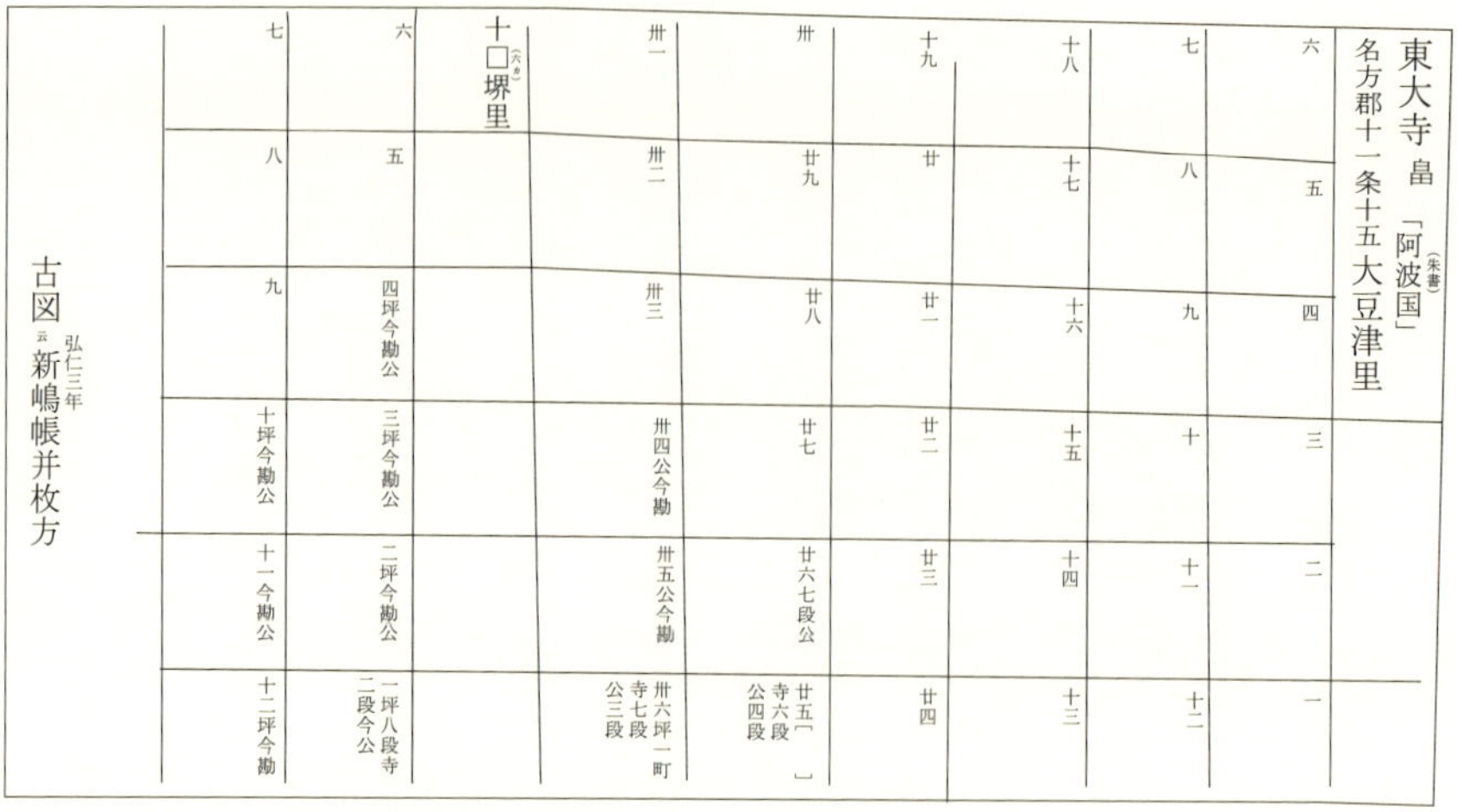

図10　阿波国名方郡坪付図のトレース
※トレース原図は注（35）書収録写真を利用。

輸公」畠は、そのなかに「粟凡直穎治」の墾畠も含まれることからも、寺畠ではなく、寺畠以外の畠とみられる。図10には、枚方地図と新嶋荘坪付の比較を示した。

承和十二年正月五日高倉祖嗣奏状と年不詳阿波国名方郡坪付図は、最近紹介された、九世紀中頃の阿波国名方郡東大寺領に関する新出史料である。(35)

史料二

東大寺

在阿□（波カ）国名方郡

被妨取寺圃廿二町七段二百歩

右件圃去天平勝宝八九両年天平宝字二年或施入或買地也図券分明□□寺家而至弘仁十二年故従三位藤原朝臣□□（産子カ）称己地妨取□其時三綱□略登□不弁申今遣寺使検国図天平以降図有無国庫唯有宝亀五年延暦五七廿二并三箇年大同二年天長四年図□載東大寺地又検民部省図無天平以往図唯天長元年図注同寺地而□長十年承和三年

両度図注産子地謹検格又天□《平カ》十四年勝
宝七歳宝亀四年延暦五年四箇年図為証
□□□明載証図而産子家不因証図□□
□穏□請□□

承和十二年正月五日別当正六位上行河内介高倉朝臣祖嗣

史料二に示した高倉祖嗣奏状は、阿波国名方郡所在の東大寺畠「廿二町七段二百歩」が、藤原産子の畠とされたことについての高倉祖嗣による調査結果を示した奏状である。高倉祖嗣は、承和五年八月三日造東大寺司所記文案に、阿波国司解記載の石川真主とともに別当内竪として記載されており、阿波国における東大寺領の実録調査を行った人物であったと推定できる。(36)(37)

高倉祖嗣奏状には名方郡以外の地名記載はなく、寺畠が天平勝宝八歳（七五六）から天平宝字二年（七五八）にかけて施入・買得によって成立したとの記載のみである。そのため、寺畠の具体的な所在については不明である。しかし、阿波国名方郡には、前述の新嶋・枚方・大豆地区以外の東大寺領が確認できないこと、東大寺領関係史料を列記した仁平三年（一一五三）四月二十九日東大寺諸荘園文書目録には高倉祖嗣奏状と内容が関連し、さらに同じ年紀である「承和十二年被妨取圃寺牒」が記載されていることから、高倉祖嗣奏状が新嶋・枚方・大豆地区に所在した寺畠に関係する文書であったと考えられる。(38)

高倉祖嗣奏状には、これまで知られていなかった、九世紀中頃までの間に阿波国名方郡東大寺領内における寺畠の一部が藤原産子畠とされていた事実や、さらに、それに対する承和年間の実録調査の具体的な内容が記載されている点で注目される。

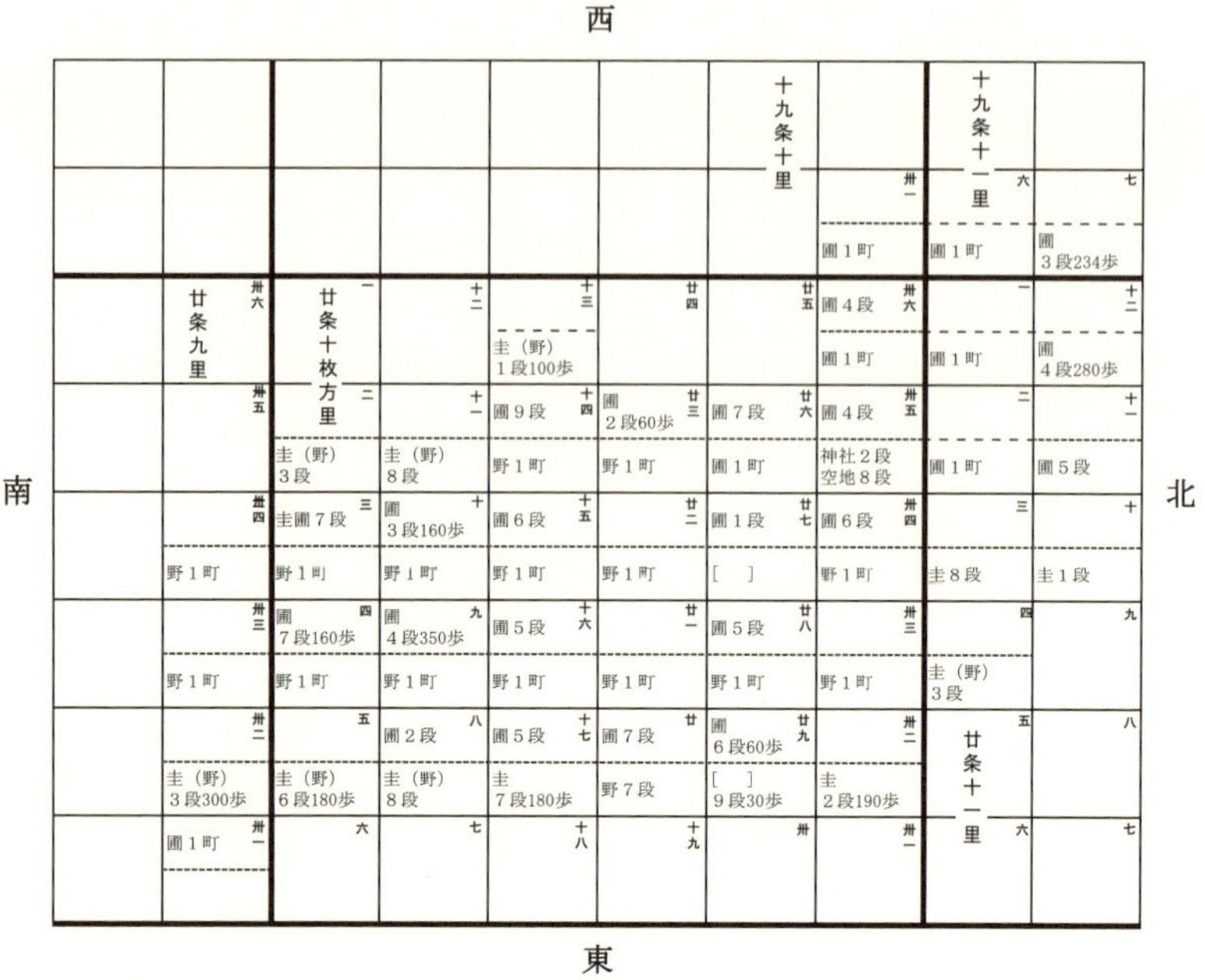

図 11　枚方地図と新嶋荘坪付の比較
上段：新嶋荘坪付　下段：枚方地図

図11に示した阿波国名方郡坪付図は、阿波国名方郡一一条一五大豆津里と同条一六堺里に存在した公畠と東大寺畠を記した図である。坪付図には年紀が記されておらず、作成年は不明である。ただし、阿波国名方郡東大寺領では、新嶋荘長解などのように九世紀中頃に坪付帳が作成されていることを考慮すると、坪付図作成もまた九世紀中頃の実録調査と関わったものであったと推定される。

坪付図の記載内容で注目されるのは、「大豆津里」と「堺里」である。「大豆津里」は大豆処図記載の「大豆」や阿波国牒記載の「大豆津圃」と関係し、「堺里」は大豆処図記載の「板野郡与名方郡堺」と関係する里名である。両図の畠の分布状況を示した図12をみると、坪付図の記載範囲は大豆処図の記載範囲と重複しており、坪付図が大豆地区内の畠を検注した図であったことがわかる。大豆処図は畠と川成のみを示していたが、それよりも広い範囲を記載する坪付図は、八世紀中頃に占定された大豆地区の範囲を示している。これまで、大豆地区の位置については、大豆処図に条里呼称の記載がなく、関連史料もないことから不明であったが、坪付図が新たに紹介されたことによって名方郡一一条一五大豆津里と同条一六堺里であったことが明らかとなる。

本章では、こうした九世紀中頃における史料もふまえた上で、寺領の実態や寺領に対する国家による認定・把握のあり方をみていきたい。そこで、まず新出史料である阿波国名方郡坪付図をもとに条里プランの復原を行い、阿波国名方郡東大寺領がどのような場所に立地し、またどのように開発されていったのかについてみておきたい。

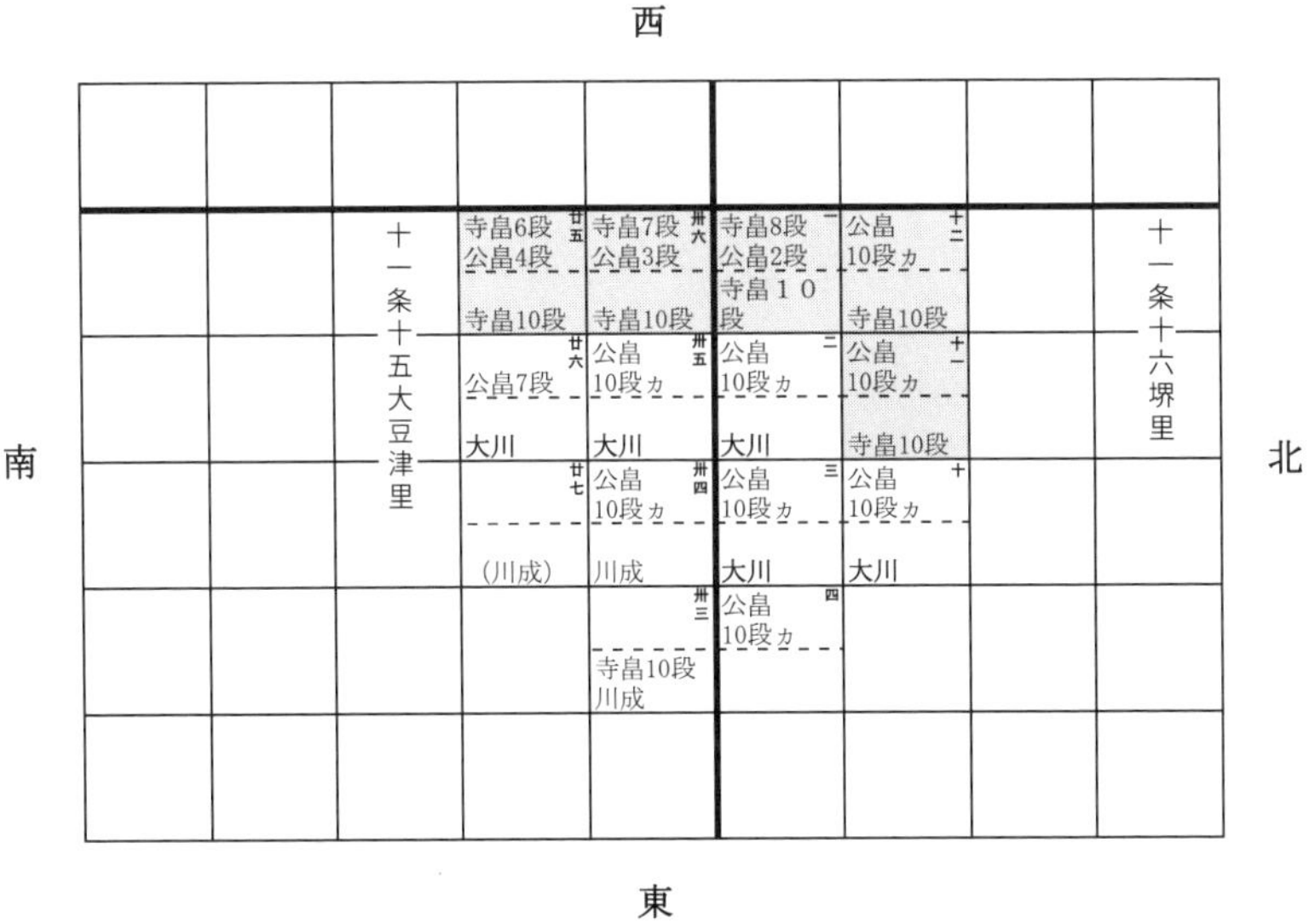

図 12　大豆処図と阿波国名方郡坪付図の比較

上段：阿波国名方郡坪付図　下段：大豆処図。※網かけは、寺畠（下段）から公畠（上段）への変更箇所。天地は大豆処図に合わせた。

二　阿波国名方郡東大寺領の開発状況

1　寺領の現地比定

阿波国名方郡東大寺領の現地比定については、これまで確定的な説は示されてこなかった[39]。その理由としては、現地に数詞をともなう地名がわずかであり、現地比定の前提となる名方郡条里プランの復原が困難であったこと、また、東大寺領の一つである大豆地区の条里呼称が確認できず、他の地区との位置関係が不明であったことが挙げられる[40]。しかし、今回新たに紹介された阿波国名方郡坪付図の記載から、大豆地区の条里呼称が明らかになり、さらに名方郡条里プランの復原も可能となる。

まず、阿波国名方郡条里プランにおける東西の里界線からみていく。阿波国名方郡坪付図と大豆処図を比較した図12をみると、一一条一五大豆津里と同条一六堺里の里界線は、名方郡と板野郡との直線境界から二町南に存在したことがわかる。名方郡と板野郡との郡界に関しては、大正期作成の旧版地形図に確認できる、寛平八年（八九六）に名方郡から分郡した名西・名東郡と板野郡との直線郡境であったと推定されている[41][42]。東西の里界線は、そうした名西・名東郡と板野郡との郡界から南二町に復原できる。この復原を基準に里界線を南へ六町間隔で復原すると、里界線の一部はちょうど阿波国国分尼寺—国府—名東郡家を結ぶラインに一致する。このラインは南海道支路と推定されているものである[43]。

南北の里界線については、服部昌之が推定する、名西郡と麻植郡との直線郡境を基準に設定されたと考えられる[44]。大正期作成の旧版地形図をみると、両郡の郡境は残存する条里地割に沿って断片的ながらも南北に直線的な郡界線を

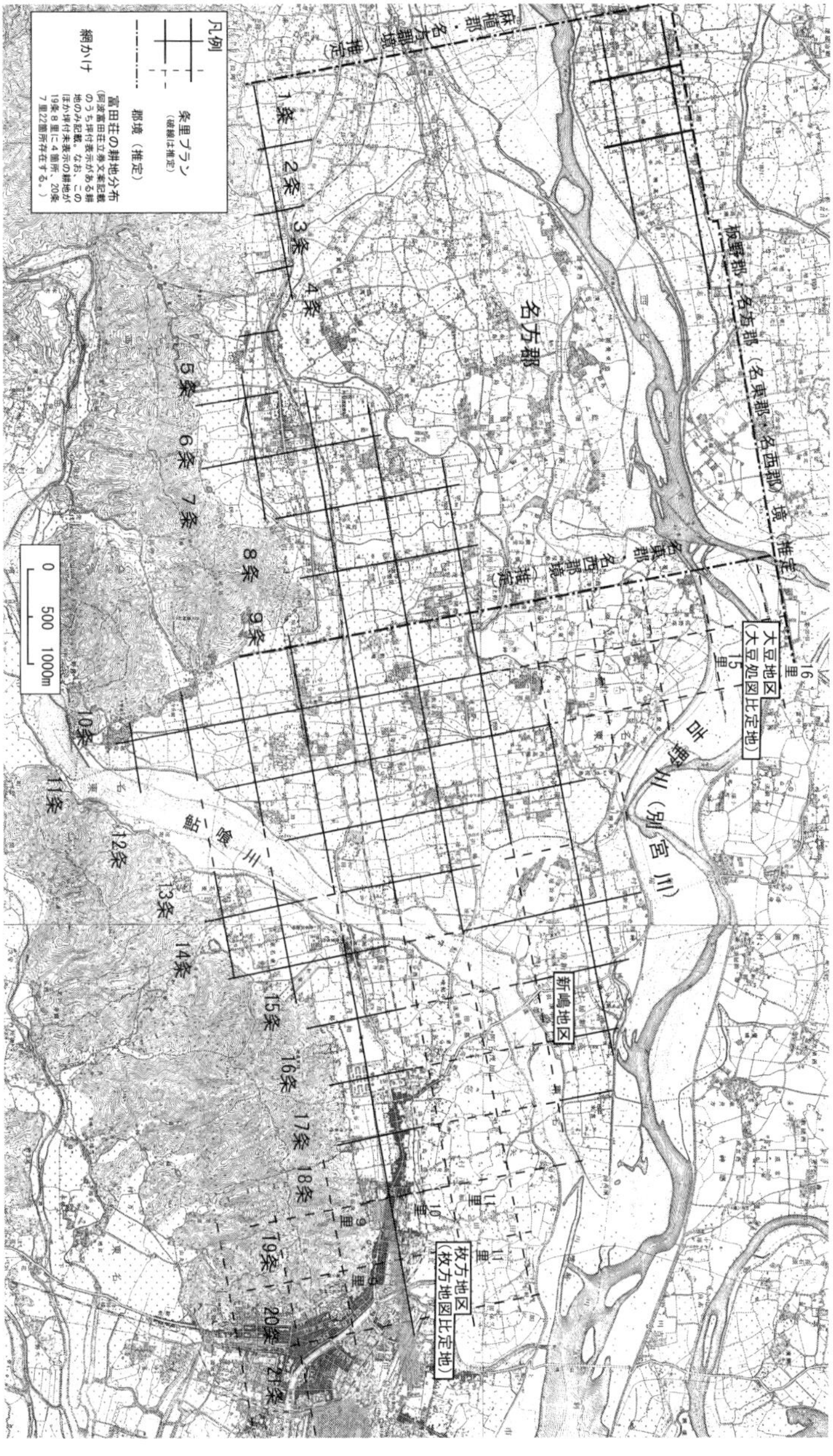

図13　条里プランの復原試案と阿波国名方郡東大寺領の現地比定
※ベースマップは大正六年測量二万分の一地形図「板東」「石井」「大寺」「徳島」。

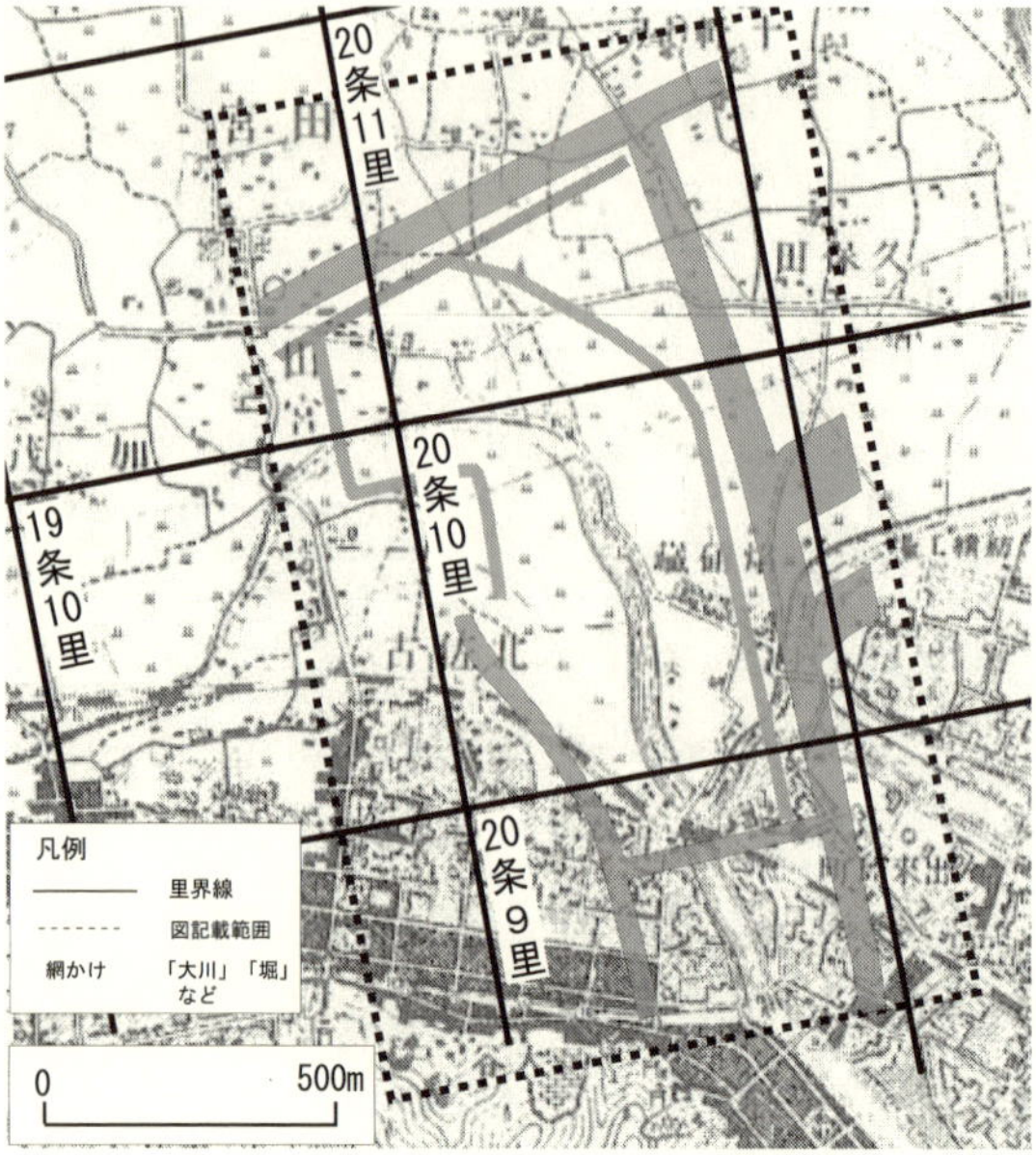

図 14　枚方地区比定地の詳細図

※ベースマップは大正六年測量二万分の一地形図「板東」「徳島」を利用。上図に示した枚方地図記載の「大川」などの位置は、図13に示した条里プラン上に便宜的におとしたものである。

示している。名西郡と麻植郡との直線郡境から南北の里界線を復原すると、里界線は南海道支路と推定されている名西郡と名東郡との直線郡界、(45)さらに観音寺・矢野地区と府中・中地区との大字界などの行政境界に一致する。(46)

以上の東西と南北の里界線をもとに名方郡の条里プランが復原できる。枚方地図の記載によれば、阿波国名方郡の条里呼称は、条が西から東へ、里が南から北へ数え、坪並が里区画の南西隅に一坪を置き、そこから東行し、北西隅を三六坪とする千鳥式である。条の呼称は名方郡と麻植郡との直線郡境を基準に東へ向かって設定され、里の呼称は山間部から吉野川に向かって南から北へ設定されていた。里の起点は山麓の形状などに応じて条毎に異なっていたと考えられる。(47)図13には、条里プランの復原試案と関連史料をもとに行っ

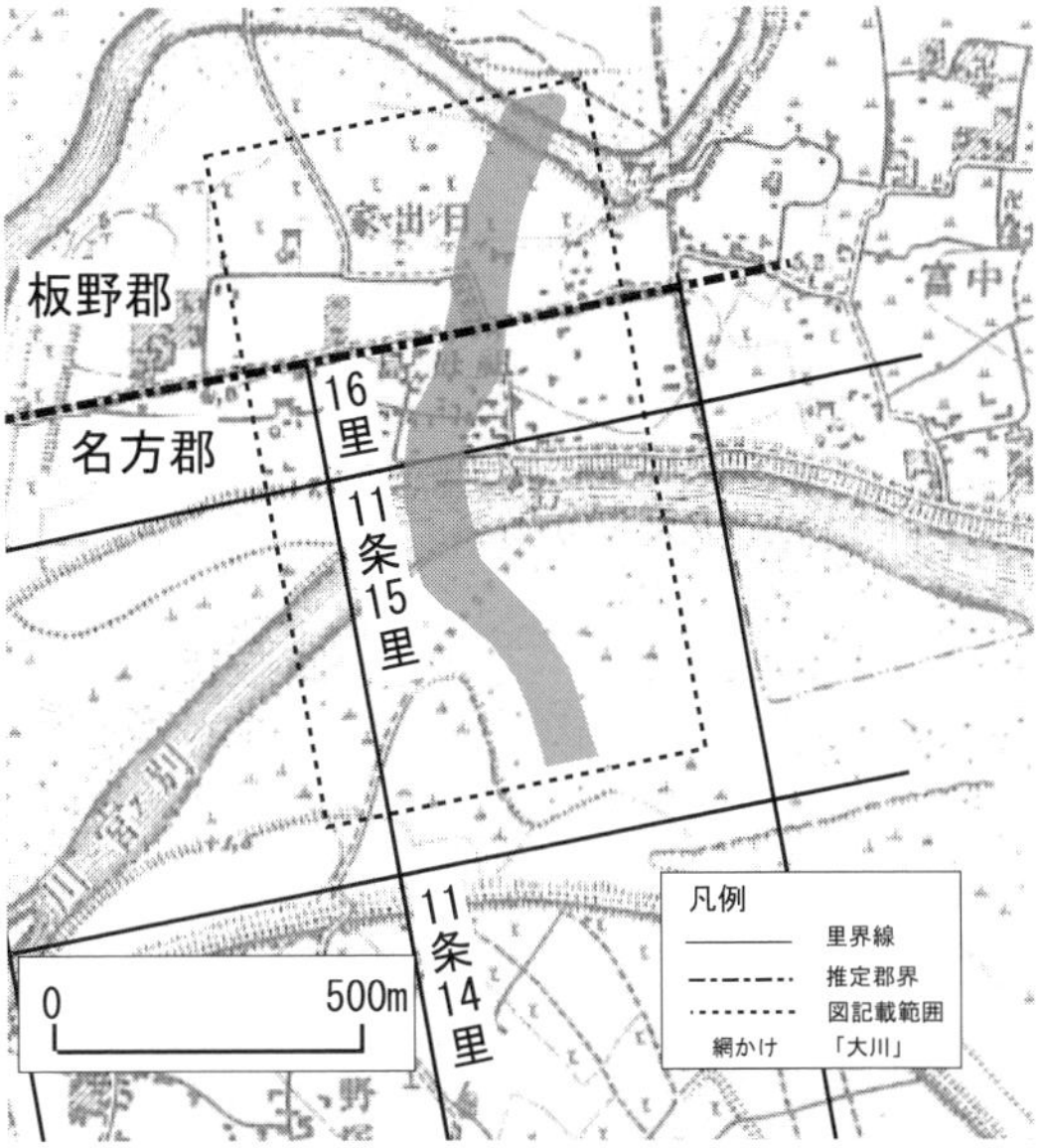

図15　大豆地区比定地の詳細図
※ベースマップは大正六年測量二万分の一地形図「大寺」を利用。上図に示した大豆処図記載の「大川」の位置は、図13に示した条里プラン上に便宜的におとしたものである。

た東大寺領である三地区の比定結果を示した。

新嶋地区は、新嶋荘長解の記載から一六条一二・一三・一四里付近であったことがわかる。一六条の里の起点を確定することは難しいが、「新嶋」の遺称と考えられる新居村および新居須が存在することから、新嶋地区は旧名東郡新居村から旧板野郡藍園村新居須付近にかけた一帯に立地していたと推定できる。

枚方地区は、元久元年（一二〇四）[48]九月日阿波富田荘立券文案の記載が参考になる。同史料には、枚方地区に隣接する名西郡の一九条六・七・八・九里、二〇条七・九里、二一条九里、二二条八里に所在した富田荘の坪付が記載されている。富田荘の耕地の分布は、図13に示したように、眉山やその周辺の地形に沿って分布していると推定される。[49]これをもとに一九条と二〇条の里を復原すると、枚方地区は旧名東郡佐古村・加茂村田宮付近に比定できる。図14には枚方地区周辺の詳細図を示したが、これをみると、比定地には枚方地図記載の「堺堀城」などとの関係を想起させる河川や水路が確認できる。[50]

大豆地区は、坪付図に名方郡一一条一五・一六里と記載されていることから、旧名東郡北井上村祖母ヶ島・佐野塚付近に比定できる。図15には大豆地区周辺の詳細図を示した。

2　八世紀中頃から九世紀中頃の開発状況

前項で示した現地比定と新嶋荘券・枚方地図・大豆処図の記載内容をもとに、東大寺領の立地と八世紀中頃段階の開発状況についてみていく。(51)

新嶋地区は、新嶋荘券記載の四至に「東南河西江北錦部志止祢陸田」とあることから、北方が地続きであり、その他の三方が河川ないし江であったことがわかる。図12や空中写真をみると、別宮川（現在の吉野川）と鮎喰川の間には、南北にいくつかの旧河道が確認できる。新嶋地区の立地は、別宮川や鮎喰川といった河川に囲まれた中州もしくは川中島であったことが推測できる。畠に関しては、総面積四一町余りのうち約二八町が見開であり、それ以外は未開のままであった。また、上記のような場所に立地していた新嶋地区は、成立当初において用水確保が困難であり、水田には適さなかったといえる。それゆえ、水田である墾田は約一町五段程度にとどまり、その他は畠として耕作されたのではないかと考えられる。

さて、枚方地区は、枚方地図の記載によれば、北側に「大川」があり、南西には入江があった。図12および図13をみると、枚方地区の比定地周辺には、旧河道や別宮川・鮎喰川さらにはそこから派生する支流が多く確認できる。枚方地図記載の「大川」は、別宮川あるいは鮎喰川であり、南西の入江は鮎喰川の支流であったと推測できる。枚方地図には、枚方地区の東側に「江」や「葦原」が記載されている。これは八世紀中頃において、海岸線が枚方地区のすぐ東側まで迫っていた状況を示している。八世紀中頃の枚方地区は、河川や海に挟まれた場所に立地しており、図の北西に分布する畠は、微高地あるいは河川の自然堤防上に沿って開発されていたと推測できる。

最後に大豆地区は、大豆処図の記載からわかるように、南北に流れる「大川」の両岸に沿って立地していた。かつての吉野川本流は、現石井町付近を流路としていたことが図12から推定できる。大豆処図記載の南北に流れる「大川」は、そうした現石井町付近を流れていた吉野川が北上していた状況を示している。大豆処図記載の「大川」を挟んだ西側部分は、南から北上する吉野川左岸の微高地あるいは自然堤防であり、それに対して東側部分は、吉野川の氾濫源であった。同図の「大川」に修正部分があることは前述したが、この修正は、吉野川左岸が、吉野川の流路変更ないし拡大により削平されたことを示しているのではないかと考える。大豆処図は、西側部分の微高地上に畠が耕作維持され、一方の東側部分の畠が吉野川の氾濫によって「川成」となり、一部微高地上に「畠一町川成」が存在していたことを表現している。

このように、阿波国名方郡東大寺領の三地区は、吉野川および別宮川や鮎喰川といった河川下流部の川沿いに立地していた。畠として開発できた部分は、川沿いの自然堤防や微高地が中心であり、その他の大部分の低湿地は、依然として未開発地のままであった。また、開発した場合でも、大豆地区のように「川成」となっている部分も存在した。ところが、九世紀中頃の史料をみると、三地区の開発状況は、八世紀中頃のそれとは大きく異なっていることがわかる。

大豆地区においては、八世紀中頃作成の大豆処図と九世紀中頃作成の坪付図を比較した図12をみると、かつて八世紀中頃段階に「川成」や「大川」であった部分が畠になっている。八世紀中頃以降、「大川」の流路変更があり、「大川」の旧河道などが開発されていたといえる。

また、新嶋地区についても、河川の流路変更にともなって出現した旧河道に新規開発されたことが推定される。大豆・枚方地区のように開発の進展を直接示す史料はみられないが、新嶋荘長解記載の畠の分布をみると、それらは南北に列をなしており、空中写真などから確認できる新嶋地区周辺の旧河道の形状とも一致している。

枚方地区については、八世紀中頃段階に野地であった部分が開発されていたことが、枚方地図と新嶋荘坪付との比較から、すでに多くの先行研究によって指摘されている。こうした八世紀中頃における東南部の開発も、「大川」の流路の変化もしくは海岸線の移動にともない東南部が耕作可能になったことによるものであったと考えることができる[52]。

以上みてきたように、九世紀中頃の三地区では、八世紀中頃段階の荘券や図に「野」もしくは「川」「川成」と記載されていた部分の多くが、河川の流路変更やそれにともなう地形変化によって畠として開発されていたことが想定される。そして、こうした地形変化が、三地区において東大寺以外の畠が設定された要因の一つであったといえる。

ところで、承和年間の実録調査では、東大寺の改正要求を受けて、東大寺畠へ改正されたものが存在していた。承和十一年（八四四）の阿波国牒記載の畠は、東大寺の要求を受けて寺畠へと改正されたものであった。阿波国牒によれば、百姓へ班給された新嶋地区と大豆地区の畠は、「来年可班改」とあり、一応、寺畠の返還が約束されていた。また、承和十二年の高倉祖嗣奏状記載の「廿二町七段二百歩」についても、祖嗣は寺畠とすべきと判断していた。

図12をみると、坪付図で公畠とされた部分のうち、大豆処図で寺畠とされた部分は二町九段であった。この面積は、阿波国牒記載の「大豆津圃参町弐段」と近似している。すべての事例について説明することはできないが、実録調査において寺畠へと改正された畠は、八世紀中頃の段階にすでに畠とされていた部分が中心であった可能性が想定される。

また、注目したいのは、寺畠返還に関わる高倉祖嗣奏状において、東大寺畠であるとする根拠の一つに「図券」が挙げられている点である。「件圃去天平勝宝八九両年天平宝字二年或施入或買地也」とあることから、「図券」には新嶋荘券、さらには年紀から考えて枚方地図が含まれていたとみるべきであろう。それではなぜ、新嶋荘券や枚方地図は寺畠返還において根拠の一つとして用いられたのであろうか。

次章では、これらの点も含めて、八世紀後半から九世紀後半における寺領の認定手続きについて検討していく。

三　寺領の認定手続き

1　東大寺による申請

そこでまず、八世紀中頃の史料である新嶋荘券や枚方地図および大豆処図の役割についてみていく。

天平勝宝八歳（七五六）新嶋荘券については丸山幸彦による指摘がある(53)。丸山は同史料を天平勝宝八歳十二月十三日東大寺飛驒坂所公験案(54)のような文図と同様な性格のものであったとし、立券時に作成される文書であると評価している。

しかし、ここで留意したいのは、文図と新嶋荘券の記載型式が異なっている点である。まず、両者における四至の記載有無や対象とする地目の違いである。文図には四至の記載はなく、熟田の面積のみが記載されている。それに対して、新嶋荘券には四至やその面積が記載され、内訳として墾田や畠（陸田）の面積、そして畠には見開および未開の面積が記載されている。

さらに、文図や新嶋荘券は作成主体が異なっている。文図は郡司が署名し、その後国司が署名し、国印が捺されている。これは文図が郡司によって作成されたことを示している。それに対して新嶋荘券は、前述したように、東大寺関係者がまず署名し、その後に国司が署名し国印が捺されていた。これは新嶋荘券が、東大寺関係者が主体となって作成され、国司署名や国印押捺がくわえられた文書であることを示している。

文図が記載対象とする大和国高市郡飛騨坂所は、天平勝宝八歳六月十二日に勅施入された寺領であり、[55] 田や田以外の土地からなる寺領であった。文図は、郡司がそのなかから田のみを記載したものであった。一方、新嶋荘券は、東大寺関係者が国衙へ提出した新嶋地区の総面積や四至さらに開発状況を記載したものであった。したがって、両者は明らかに性格が異なったものであったことがわかる。

新嶋荘券と同じ記載型式のものとして、天平宝字三年（七五九）十一月十四日東大寺越中国諸郡荘園惣券がある。[56] 越中国惣券には「天平勝宝元年占定野地、且開墾如件」とあり、見開と未開の面積が示されている。同史料もまた東大寺関係者がまず署名し、その後に国司署名や国印押捺がなされている。

枚方地区や大豆地区に関して現存していないが、丸山が指摘しているように新嶋荘坪付には「券文所注」とあることから、枚方地区を対象とした券文の存在が確認される。[57] 大豆地区に関しても、同地区を対象とした券文が存在していたことが想定される。[58]

次に、枚方地図についてみていきたい。枚方地図について丸山は、大豆処図とともに改修計画図として作成されたと推定している。注目したいのは、同図の端書きの「造国司図案」との記載である。「国司図」とは、天平勝宝八歳に作成された枚方地区に関する券文に添付された図ではないか。

前述した越中国惣券には、同じ日付である、東大寺関係者が主体となって作成した図群が添付されている。これらには、総面積や地目の内訳（見開・未開など）そして四至が記載されている。また図部分には、方格毎に田や野などの地目の面積が記載されており、寺領域を示す朱線および墨線が「堺」の文字とともに記載されている。

一方、枚方地図をみると、端書き部分に地目の内訳（見開・未開など）や四至は記載されていないものの、総面積載されており、「公地与寺地堺」「地堺」「堺堀城」「堺堀溝」の文字記載をともなった境界線ないし堀溝が記載されている。これは寺領域を示すものであった。

くわえて、枚方地図における畠を示す「圃」の記載が注目される。これは「畠」と記載する大豆処図と違う点である。金田章裕は、「圃」が「陸田」と同じく輸租を示し、「畠」が不輸租を示していたということを指摘している。[59]しかし、八世紀中頃から九世紀中頃の史料をみるかぎり、両地区における畠の性格の違いを見出せないのではないか。[60]「圃」と「畠」の表記の違いは、それらを記載した図や券文などの作成主体や役割の違いが関係するといえる。「圃」と「陸田」の語は、枚方地図のほかに新嶋荘券や阿波国司解、さらには高倉祖嗣奏状などにもみられる。これらは、作成に際して国司や寺使などが関与したものであった。それに対して、「畠」の語が記載された大豆処図や坪付図は、東大寺側が作成し、内部のみで利用された作業図であったと考えられる。「畠」「圃」「陸田」の語の使い分けを一般化することは難しいが、阿波国名方郡東大寺領に限定するならば、公的な文書や図の場合に「圃」や「陸田」の語が用いられ、それ以外の場合では「畠」の語が用いられているという傾向を読み取れるのである。

このように「国司図」は、東大寺越中国諸郡荘園惣券に添付された図と同じ性格のものであったと考えられる。「国司図」は、八世紀中頃の枚方地区の総面積や四至さらに開発状況を示し、券文とともに国衙へ提出され国司署名や国印押捺がなされた図であったと考える。「国司図」の名称は、同図がそうした性格の図であったことに由来するのであろう。総面積や四至さらに開発状況を示す図は、券文の作成においても不可欠な存在であったと考える。新嶋地区や大豆地区についても、史料上においてその存在を直接示すものは確認できないが、券文とともに図が作成されていたとみられる。[61]こうした図は、券文作成に際して、総面積や四至そして開発状況の確認のために用いられたとともに、券文では表現できない、寺領の実態を視覚的に表現するものであったといえる。

そこで問題になるのは、「国司図」の案文が天平宝字二年に作成された理由である。しかし、越中国の諸図との関係を想定することで、この点は理解できる。すでに指摘されているように、天平宝字三年の越中国の諸図は、翌年に迫った校田に備えて東大寺関係者が作成した図であった。(62)「国司図」の案文作成は、翌々年の校田に向けてなされたものであるといえる。国衙へ提出するためのものであった可能性がある。「国司図」が再び用いられたのは、図が示す占定範囲の確認であったと考えたい。高倉祖嗣奏状のなかで、枚方地図が案文であるにも関わらず利用されたのも、こうした図の性格が関係していると考えられる。

それでは、大豆処図とは、どのような性格の図であったのであろうか。大豆処図には、大豆地区内の畠と川成のみの面積が示してあり、総面積や四至そして寺領の境界線が記載されていなかった。これは枚方地図およびその原図である「国司図」とは明らかに性格が異なる図であったことを示している。注目したいのは、大豆処図に「大川」の流路変更やそれにともなう耕作地の変化が記載されている点である。この修正は、大豆地区の地形変化やそれにともなう開発状況の変化を示していた。大豆処図は、大豆地区内の畠や地形変化の調査結果を具体的に示した図であった。こうした大豆処図の作成は、国衙へ進上する券文および図作成のための作業図であったと考えられる。

以上、新嶋荘券や枚方地図および大豆処図を検討した結果、それらの役割が明らかになった。新嶋荘券は、東大寺が寺領の総面積や四至さらに開発状況を国衙へ報告した際の券文であり、枚方地図の原図である「国司図」は、券文とともに国衙へ提出した図であった。また、大豆処図に関しても、国衙へ提出した券文や図の作成と関わって作成されたものであったと考えられる。こうした券文や図の作成は、八世紀における寺領の認定手続きの具体的な内容を示すものといえる。

2 国家による寺畠の認定

次に、九世紀中頃の史料をもとに、さらに国家による寺領の認定についてみていくことにしたい。

高倉祖嗣奏状記載の藤原産子畠とされた「廿二町七段二百歩」は、前述したように東大寺の畠として改正された畠であったと考えられる。同史料によれば、祖嗣は、問題とされる畠「廿二町七段二百歩」が、国衙に保管されていた宝亀五年（七七四）から天長四年（八二七）までの班田図に「東大寺地」と記載され、天長十年および承和三年（八三六）の班田図に「藤原産子地」として記載されていたこと、民部省の天長元年の班田図に「東大寺地」と記載されていたことを確認している。そして、以上のことをふまえた上で、四証図[63]の一つである宝亀四年班田図の記載を重視し、「廿二町七段二百歩」を寺畠とすべきであるとの判断をしている。

班田図の記載による畠の認定は、枚方地区における公畠の所在を示す新嶋荘坪付にも確認することができる。新嶋荘坪付には「宝亀四年図被輸公」と「弘仁三年被輸公」が記載されている。「宝亀四年図」は宝亀四年の班田図であり、「弘仁三年」についても、図とは記載されていないが、弘仁三年（八一二）が班田年であることから同年の班田図を示していると考えられる。[64]

九世紀中頃に作成されたと考えられる阿波国名方郡坪付図には、「今勘公」と「公」といった記載がある。こうした記載は東大寺が同図作成や検注に際して数年度にわたる班田図を参照して行っていた可能性を示唆する。さらに、前述の仁平三年（一一五三）の東大寺諸荘園文書目録記載の阿波国新嶋荘に関する文書には「一巻九枚無年号国図坪付」とあり、「国図」（すなわち班田図）の写などを複数保管していたことがわかる。[65] 東大寺における班田図の写などの保管は、国家による寺畠の認定が班田図をもとに行われていたことと関係していると考える。

このように、東大寺畠であることを証明する根拠は、班田図にどのように記載されているかが重要な根拠であった。寺畠の認定においては墾田と同じく、班田図が基準であった。

注目したいのは、「国司図」と大豆処図がこうした班田図と関係するものであったという点である。「国司図」の案文である枚方地図には、寺畠の所在を示すために文字や絵画的表現にくわえて方格線が記載されていた。また、大豆処図にも方格線が記載されていた。この方格線は、記載対象である枚方地区や大豆地区の土地利用の多くが、畠や川成さらには野であったことを考慮すると、すべて条里地割を示したものとは考えられない。これらは班田図記載の方格線、すなわち、国家が校田毎に現地に設定した一町の方格網を示しているといえる。「国司図」および大豆処図が東大寺関係者による作成であることや「国司図」の作成年が班田年および校田年に相当しないことから[66]、図作成に際して一町の方格網が現地に設定されたとは思えない。両図は、班田図を基図あるいは班田図を前提にして作成されたと考えられる[67]。こうした「国司図」および大豆処図と班田図との関係は、八世紀中頃における寺領設定が班田図を前提としてなされていたことを示している。

四　寺領の実態と国家による把握

それでは、東大寺が占定した野地に対して国家はどのように位置づけていたのであろうか。東大寺は荘券や図をもとに国衙へ寺領認定に関する申請を行っていたが、そうした券文や図のなかに野地が記載されている。天平勝宝八歳（七五六）の新嶋荘券には、新嶋地区における「未開」すなわち野地とその面積が記載されていた。また、「国司図」の案文である枚方地図にも、「公地与寺地堺」や境界線によって東大寺が占定した野地を含む寺領の範囲が明示され、その面積が記載されていた。

ところが、班田図の記載を基準とした国衙による墾田および畠の認定においては、そうした野地を含む寺領全体の領有が認定されたことを確認できない。班田図は、田や陸田（畠）の位置・面積などの情報を示すことを主題としていた。また、班田図上において八世紀中頃に東大寺が占定した野地は、単に「野」と記載されたにすぎなかった(68)。

しかし、九世紀中頃における東大寺の動向をみると、東大寺に対して、班田図に記載され認定された墾田畠の権利とは別に「野」に対して何らかの権利が認められていたと考えられるのである。

承和年間における東大寺は、阿波国名方郡における東大寺畠への改正要求に際して、それらが天平勝宝元年に占定した範囲のなかに存在することを根拠としていた。高倉祖嗣奏状によれば、王臣家畠とされた寺畠の改正は、結果として班田図記載の有無が最終的な裁定の根拠となっていたが、その際に、寺領の範囲や面積を記載した「図券」、すなわち券文や図は根拠されていた。

東大寺によるこうした主張は、実録調査と関わる新嶋荘坪付や新嶋荘長解のなかにもみられる。新嶋荘坪付の冒頭には、「東大寺地卅一町二段」がまず記載されている。新嶋荘長解でも、公畠が「庄地中在公地」とあり、「庄地」のなかに存在していることが示されていた(69)。

これは、東大寺が寺領内の野地に対して、班田図上で認定された墾田畠とは別の権利が保障されていたためであると考える。寺領の範囲や総面積が記載された荘券や図は、東大寺関係者が作成し国司署名や国印押捺がくわえられたのちに、東大寺へ返却されていた。こうした手続きは、荘券や図に記載された墾田および畠の認定だけではなく、国司によって寺領の領有認定がなされていたことを示している。

そして、こうした認定があったからこそ、東大寺は九世紀中頃において、券文や図を根拠に、東大寺畠への改正要求を行い、さらに改正後における坪付作成などを行っていたと考えられる。

王臣家や百姓を対象とした、天平十五年（七四三）施行の墾田永年私財法には「但人為開田占地者、先就国申請」とあり、占定に際して国衙への申請がなされていた。(70) 占定者が申請した券文には国司（あるいは郡司）の署名や国印（あるいは郡印）の押捺がなされ、占定者のもとへ返されたと推測される。王臣家や百姓に関しても、こうした手続きを通じて野地の領有に関する認定がなされたと考えられる。(71) あるいは、東大寺などの寺院による野地領有に対する認定は、王臣家や百姓を対象とした認定手続きを参考になされたのかもしれない。(72)

そして、このように野地の領有に対する国家による認定がなされていたとすると、次に示す二つの事例もその文脈のなかに位置づけることができる。

まず、天平神護二年（七六六）十月二十一日越前国司解に記載された越前国丹生郡椿原村の事例である。(73) 同史料によれば、椿原村では佐味公入麻呂と東大寺による次のような訴訟が起きていた。佐味公入麻呂は、天平三年に野地を占定し越前国司から判行を得ていた。しかし、その場所は天平感宝元年（七四九）五月に東大寺によって占定されたのち、開墾され東大寺墾田となっていた。こうした状況において、入麻呂は東大寺墾田に対して自らの占定の権利を主張し、天平宝字二年（七五八）に国司によってその主張が認められることになった。ところが、翌年東大寺は、寺側による開墾の事実を主張し、その結果、入麻呂が開墾費用を支払う申し出を行い、一応の解決がなされた。しかし、入麻呂は東大寺に開墾費用を支払うことなく、墾田を国分寺に売却したため、天平神護二年に国司はそれらを東大寺墾田に改正した。

養老七年（七二三）の三世一身法(74)段階における券文の存在を示すものであるが、重視すべきなのは次の二点である。一つは、入麻呂による占定事実が考慮され、一旦は国司によって入麻呂の墾田とされている点であり、もう一つは、東大寺が開墾実績を放棄し、入麻呂へ墾田を売却している点である。当時の東大寺をめぐる政治情勢(75)を考慮する必要もあるが、これらは占定した野地に対する領有の権利が国司判行などによって認められていたために生じた現象であったと考えられる(76)。

第二の事例は、天平神護二年九月十九日越前国足羽郡司解に記載されている栗川村のものである(77)。同史料によると、栗川村では別鷹山と東大寺との間で相論が起きていた。東大寺は、天平感宝元年五月に野地を占定したが、その場所は、三カ月後に、別豊足が占定し郡司の判行を得て開発され、天平宝字二年に国司によって豊足の墾田として認められていた。その後、東大寺は翌年豊足の子鷹山から墾田を買い取ったが、天平宝字四年と同五年では、国司によって鷹山の墾田として認定されるといった事態が起きていた。そこで、天平神護二年に東大寺は、この問題を国司へ訴え、国司は訴えを受けて図や券文の調査を行い、東大寺による占定が先であることを確認した上で東大寺墾田として認定した。

この事例においては、最終的に買得の事実が問題とされているが、ここでも椿原村とほぼ同様な現象を確認できる。すなわち、鷹山が開墾実績を放棄し、東大寺へ墾田を売却している点である。また、天平神護二年においては、問題となっている場所について、国司が図や券文の記載をもとに東大寺が先に占定していた事実を確認している。こうした占定時期の前後関係の確認は、先に占定した東大寺の権利が重視されていたことを明瞭に示している。この図や券文は、国司がこれらをもとに占定時期の前後関係を確認していることから、そのなかには寺領の範囲や面積を記載したものが含まれていたとみるべきであり、それらは国司署名が国印押捺がなされたものであったと考えられる。

ただし、占定者である東大寺が有する野地への権利は、八世紀中頃から九世紀中頃の寺領をめぐる改正作業や相論の結果から明らかなように、班田図に記載されることで領有が認定される墾田（および墾畠）と比較した場合、必ずしも強固なものとはいえなかった。東大寺は券文や図を通じて、あくまでも開発予定地の領有を認められていたにすぎなかった(78)。こうした領有の不安定さが、阿波国名方郡における「国司図」の案文である枚方地図の作成背景にあったのかもしれない。また、新嶋荘坪付などにみられるように占定範囲内の野地が開発され、東大寺畠であっても公畠にされてしまったのは、認定された寺領が決して排他的なものではないものであったことを示している。

ところで、王臣家や寺院などによる野地の領有については、八世紀初頭以前よりなされていた。八世紀初頭において国家は、無秩序な領有に対して、禁制を出していたことが知られる(79)。こうした禁制は、野地の領有などによって侵害される百姓経営地を保護するためであったとされる(80)。それではなぜ、国家は野地を含む寺領全体の認定を行ったのであろうか。

野地とされた部分は、未開発地だけではなかったと考えられる。

天平宝字三年十二月三日と天平神護二年十月二十一日の越前国糞置村開田地図には、糞置村に約一二町の野地が存在していたことが記載されている(81)。糞置村は全般的に低湿な場所に立地しているが、両図の現地比定を行うと、墾田は南部に位置する山稜の谷筋に分布し、野地の多くは、そうした墾田と糞置村の北部を東西に流れる河川の自然堤防に挟まれた低湿地に分布していることがわかる(82)。現在の微地形が八世紀中頃とまったく同じであったとはいえないが、上記のような地形の構造については同じものであったと推定される。糞置村の野地は、南部に分布する墾田の排水が流れ込む場所であり、墾田を開発維持していくために必要な場所であった可能性がある。

さらに、野地のなかには、様々な土地利用が含まれていた可能性もある。たとえば、阿波・山城国以外の国では、当然のことながら畠の存在も想定できる。また、亀田隆之は、野地を含む山林原野に灌漑施設だけではなく採草・伐木・放牧・遊猟などの用途があったと推定している(83)。本章で検討した、八世紀中頃の新嶋地区の「未開」や枚方地区の南部に展開した野地のなかにも、多様な土地利用が想定されよう。

いずれにせよ、国家は、こうした土地利用が想定される野地の領有を認定することで、墾田（阿波国では畠も含む）を開発維持していくための土地利用やその他の用益を認めたのではないか。墾田は輸租であり、国家が租を徴収する対象であった。墾田永年私財法や寺院などの墾田開発の許可は、輸租田の拡大をはかるものでもあったといえよう。

そして、ここで強調しておきたいのは、このように国家は寺領の認定をする一方で、同時に寺領の把握を行っていたということである。

東大寺が寺領の認定申請に用いた券文や図は、前節で指摘したように、班田図の存在を前提とするものであったと考えられる。櫛木謙周は、東大寺による占定作業の期間が短時間であることから、占定作業が現地ではなく、図面上においてなされていたと指摘している[84]。こうした東大寺による図面上の占定作業は、国衙に保管されている班田図を参照しながらなされたと考えられる。さらに、国司や郡司が署名した売券は通常二、三通作成され、それらが買主だけではなく国衙などにも保管されていたことが指摘されている[85]。国衙へ申請された券文や図もまた、売券と同様に複数作成され、一部は国衙などに保管されていたのではないか。

国家は、寺院に対して国衙との協調関係のもとで、班田図上において野地占定作業を行わせ、班田図をもとに寺領に関する認定を行っていた。さらに券文や図を作成させ、それらを通じて占定された寺領範囲や内容を把握していた。そして、このような手続きを確立することで寺領の把握を行っていたと考えられる。

以上、本章では、阿波国名方郡東大寺領の検討を行い、同寺領に対する国家による認定・把握についてみてきた。

国家は、班田図によって墾田（阿波国では畠を含む）の領有に関する認定・把握を行う一方で、寺院が班田図の存在を前提に作成し提出した券文や図を通じて、占定した野地を含む寺領全体の領有を認定・把握していた。こうした二つの異なる認定・把握は、墾田と野地に対する寺院による領有のあり方の違いを示すものであり、野地占定を前提とする寺領における領有形態の特徴を示している。

ところで、八世紀中頃においては野地占定を前提とする寺領のほかにも、田以外の地目を含む寺領は存在している。本章でも、天平勝宝八歳（七五六）に勅施入された大和国高市郡飛騨坂所についてふれたが、こうした寺領がどのように国家によって位置づけられていたかについて検討する必要がある。飛騨坂所の古代荘園図は現存していないが、同じ経緯で勅施入された水成瀬を描く天平勝宝八歳の摂津国嶋上郡水成瀬絵図が現存している。(86) また、六世紀以来の額田部氏の土地領有を起源とする寺領を描く、八世紀中頃作成の大和国平群郡額田寺伽藍并条里図が現存している。(87) 額田寺伽藍并条里図については、四辺が欠損しており、署名などを確認することはできないが、図全面に大和国印が捺されており、同図が寺領の認定と関わる図であったことが指摘されている。(88) 次章以降、こうした図の検討を含めて八世紀中頃における寺領の領有形態について明らかにしていきたいと考える。

注

（1）加藤友康「初期荘園」（朝尾直弘ほか編『岩波講座日本通史』五〔岩波書店、一九九五年〕）。小口雅史『日本古代土地経営関係史料集成』（同成社、一九九九年）ほか参照。
（2）藤井一二『初期荘園史の研究』（塙書房、一九八六年）。小口前掲注（1）書ほか。
（3）鷺森浩幸「八世紀における寺院の所領とその認定」（『日本古代の王家・寺院と所領』〔塙書房、二〇〇一年、初出一九九五年〕）。

（4）たとえば、東大寺は延暦二十年（八〇一）に藤原縄主に因幡国高草郡の墾田と野地を売却している。同年十二月十六日東大寺三綱牒案（『大日本古文書』東南院文書二、四二八～四二九頁）。占定された野地は百姓や官人も売買しており、さらに寺院への施入も行われていた。

（5）近年、下鶴隆は野地占定を開墾と対立する土地所有原理としてとらえ、八世紀から十世紀にかけての国家の土地政策のなかでそれぞれを位置づけようとしている。下鶴隆「古代における土地の占点とその変遷」（『ヒストリア』一七八、二〇〇二年）。

（6）『続日本紀』天平元年（七二九）十一月癸巳条には「阿波国山背国陸田者、不問高下、皆悉環公、則給当土」とある。また、『延喜式』巻二二民部上には「凡山城阿波両国班田者、陸田水田相交授之」とある。

（7）近年の研究成果は、丸山幸彦「新嶋庄関係文献解題」（『古代東大寺庄園の研究』〔溪水社、二〇〇一年、初出一九九七年〕）ほか参照。

（8）このほか関連史料には、天元二年（九七九）七月十日三箇荘坪付注文案（『東大寺文書』東大寺図書館架蔵番号三―一―一一〇）と寛和三年（九八七）二月一日東大寺家符案（『大日本古文書』東南院文書二、二六八～二六九頁）がある。現在、三箇荘坪付注文案は東大寺図書館所蔵であり、東大寺家符案は「東大寺阿波国新嶋庄券」の一つとして正倉院に所蔵されている。

（9）『大日本古文書』東南院文書二、二五九～二六〇頁。

（10）東京大学史料編纂所編『日本荘園絵図聚影』五上（東京大学出版会、二〇〇一年）収録。同書によれば、法量は縦五六・八センチ×横一〇三・四センチである。

（11）東京大学史料編纂所編前掲注（10）書収録。同書によれば、法量は縦二八・五センチ×横五二・四センチである。

（12）『大日本古文書』東南院文書二、二六一頁。

（13）『大日本古文書』東南院文書二、二六二～二六三頁。

（14）『大日本古文書』東南院文書二、二六六～二六七頁。

(15) 『大日本古文書』東南院文書二、二六四～二六六頁。
(16) 金田章裕「阿波国東大寺荘園図の成立とその機能」(『古代荘園図と景観』〈東京大学出版会、一九九八年、初出一九九五年〉)。
(17) 高重進「阿波国東大寺領新嶋庄」(『古代・中世の耕地と村落』〈大明堂、一九七五年、初出一九六一年〉)。服部昌之「阿波国」(『律令国家の歴史地理学的研究』〈大明堂、一九八三年、初出一九六六年〉) ほか。
(18) 『大日本古文書』東南院文書三、四九～五四頁。
(19) 丸山幸彦 a「東大寺領庄園の変遷」(八木充編『古代の地方史』第二巻〈朝倉書店、一九七七年〉)。同 b「大河川下流域における開発と交易の進展」(丸山前掲注(7)書収録、初出一九九三年)。
(20) ただし、新嶋荘券については、枚方地区と大豆地区も対象としていた可能性も依然として想定される点を付記しておく。
(21) 「陸田」や後出する「圃」は、いずれも畠を示す語である。「陸田」「圃」「畠」の表記やそれらの性格については、泉谷康夫や亀田隆之をはじめとして多くの研究がある。泉谷康夫「奈良・平安時代の畠制度」(『史林』四五―五、一九六二年)。亀田隆之「陸田制」(『日本古代制度史論』〈吉川弘文館、一九八〇年、初出一九七二年〉) ほか。本章ではひとまず史料上の表記を引用する以外、畠という語に置きかえて用いる。なお、阿波国名方郡東大寺領関係史料における「陸田」「圃」「畠」の表記の使い分けについては後述する。
(22) 新嶋荘券には僧慶俊の署名がある。慶俊は天平勝宝八歳に行われた因幡国高草郡高庭荘の東大寺田の調査(承和九年七月二十四日因幡国司解『大日本古文書』東南院文書二、二八六～二九三頁)にも関わっていた僧であった。佐久間竜によれば、慶俊は大安寺の僧であり、僧綱所の僧であったという。佐久間竜「慶俊」(『日本古代僧伝の研究』〈吉川弘文館、一九八三年、初出一九五六年〉)。同じく新嶋荘券にある平栄もまた東大寺僧である一方で僧綱所の僧であった。新嶋荘券作成については僧綱所の関与に留意する必要がある。これらの点について小口雅史「律令制下寺院経済の管理統制機構」(小口前掲注(1)書収録、初出一九八〇年)。川尻秋生「『多度神宮寺資財帳』の作成目的」(『日本古代の格と資財帳』〈吉川弘文館、二〇〇三年、初出一九九八年〉) などの研究がある。
(23) 丸山前掲注(19) b 論文。

(24) 枚方地図および大豆処図の原本調査は東京大学史料編纂所が行っている。両図の記載内容に関する記述は、その調査成果を参照した。東京大学史料編纂所「東大寺開田図の調査」（『東京大学史料編纂所報』一四〜一七、一九七九〜一九八一年）。
(25) 金田前掲注（16）論文。
(26) 丸山前掲注（19）b論文。
(27) 東京大学史料編纂所前掲注（24）論文。
(28) 藤井一二「東大寺開田図の系譜と構成」（『東大寺開田図の研究』〈塙書房、一九九七年、初出一九八〇年〉）ほか。
(29) 東京大学史料編纂所前掲注（24）論文。
(30) 丸山前掲注（19）b論文。
(31) 丸山前掲注（19）b論文。
(32) 承和九年（八四二）七月二十日因幡国司解（『大日本古文書』東南院文書二、二九三〜二九四頁）。
(33) 前掲注（22）。
(34) 丸山幸彦「九世紀における低湿地開発の進展と庄園返還運動」（丸山前掲注（7）書収録、初出一九九三年）ほか。
(35) 『思文閣古書資料目録善本特集』（第一九輯、二〇〇七年）。現在、両史料は連券となっている。しかし、写真をみるかぎり、虫損あとが連続していないことから、この形態は後世になされたものであると考えられる。
(36) 『一代要記』（『改定史籍集覧』第一冊）には、嵯峨天皇夫人として藤原産子の名前がある。
(37) 『平安遺文』六三。
(38) 『平安遺文』二七八三。同目録は、十二世紀後半に行われた東大寺別当寛信による文書整理の結果を示したものである。
(39) 高重前掲注（17）論文。服部前掲注（17）論文。一宮松次「阿波国東大寺領新嶋荘枚方荘大豆処について」（『ふるさと阿波』六一、一九七〇年）。福家清司a「阿波国富田荘の成立と開発」（徳島地方史研究会創立十周年記念論集『阿波・歴史と民衆』〈南海ブックス、一九八一年〉）。同b「阿波国名方郡新島荘図・大豆処図」（金田章裕・石上英一・鎌田元一・栄原永遠男編『日本古代荘園図』〈東京大学出版会、一九九六年〉）。丸山前掲注（19）b論文。木原克司「古代吉野川下流の条里再

検討に基づく交通路の復原」(『古代交通研究』九、一九九九年)ほか。

(40) これまで大豆地区の位置については、枚方地区に近接するとの説(服部前掲注(17)論文ほか)や、新嶋荘長解に別筆で記載される一一条一二里付近とする説(丸山前掲注(19)b論文)などが示されている。

(41)『類聚三代格』巻七、郡司事。

(42) 服部前掲注(17)論文。

(43) 木原前掲注(39)論文。

(44) 服部前掲注(17)論文。

(45) 木原前掲注(39)論文。

(46) 平井松午・藤田裕嗣「吉野川支流の鮎喰川扇状地における土地開発と灌漑システム」(『人文社会文化研究』二、一九九五年)。

(47) 同様な例は近江国でも確認できる。足利健亮「近江の条里」(藤岡謙二郎編『びわ湖周遊』〈ナカニシヤ出版、一九八〇年〉)ほか。

(48)『鎌倉遺文』一四八一。

(49) 福家清司は阿波富田荘立券文案の記載をもとに、図13よりも条の起点を一里ほど東に、里の起点を一里ほど南に設定した条里プランを復原している。福家前掲注(39)a・b論文。

(50) 明治前期作成「田宮村絵図面(二)」(徳島県立図書館所蔵)をみると、このほかにも小規模な用水がいくつか確認できる。

(51) 吉野川流域の地形については、大矢雅彦・春山茂子・平井幸弘・日本建設コンサルタント調査『吉野川水害地形分類図』『吉野川水害地形分類図説明書』(建設省徳島工事事務所、一九九五年)を参考にした。

(52) 服部昌之は大川の洪水それにともなう集落の移動を想定している。服部前掲注(17)論文。

(53) 丸山前掲注(19)b論文ほか。

(54)『大日本古文書』編年二五、二〇三~二〇四頁。

(55) 天平勝宝八歳六月十二日孝謙天皇東大寺飛驒坂所施入勅書案（『大日本古文書』編年二五、二〇〇～二〇一頁）。
(56) 『大日本古文書』東南院文書二、二九五～三一二頁。
(57) 丸山前掲注（19）b論文。
(58) 丸山は、天平勝宝八歳時に因幡国高草郡高庭荘をはじめとする山陰・山陽・四国の東大寺領を対象に立券がなされたことを指摘している。丸山幸彦「水上交通路としての南海道支道と東大寺庄園」（丸山前掲注（7）書収録、初出一九九六年）ほか。
(59) 金田前掲注（16）論文。
(60) 金田章裕は、大豆地区の「畠」が不輸租であったため、九世紀中頃において輸租である新嶋・枚方地区の「圃」と異なり、公畠と寺畠を勘出するための坪付作成が行われなかったとする。金田前掲注（16）論文。しかし、すでに確認したように、大豆地区でも公畠と寺畠を勘出した坪付図が存在しており、枚方地区や新嶋地区と同様に参照作業は行われていた。
(61) 弘仁四年（八一三）七月二日因幡国東大寺田勘文（『平安遺文』三七）には「寺依天平勝宝八歳請図算勘」とあり、天平勝宝八歳に行われた因幡国高草郡高庭荘の立券時にも、図が作成されていたことが知られる。
(62) 藤井前掲注（28）論文。
(63) 弘仁十一年（八二〇）十二月二十六日太政官符（『類聚三代格』一五）には、四証図および籍（田籍）を永久保存の対象とすべき旨の格が引用されている。四証図とは、天平十四年（七四二）、天平勝宝七歳（七五五）、宝亀四年（七七三）、延暦五年（七八六）の班田図を指す。四証図については岸俊男「班田図と条里制」（『日本古代籍帳の研究』〔塙書房、一九七三年、初出一九五九年〕）。宮本救「四証図について」（『律令田制と班田図』〔吉川弘文館、一九九八年、初出一九七〇年〕）。河内祥輔「大宝令班田収授制度考」（『史学雑誌』八六―三、一九七七年）ほか参照。
(64) 前述の阿波国名方郡坪付図の左端には「古図云弘仁三年新嶋帳并枚方」とある。文意は不明であるが、この記載はあるいは新嶋荘坪付作成における弘仁三年班田図の利用を示しているのかもしれない。
(65) なお、津田光吉が東大寺印蔵を調査した際の記録である延宝九年（一六八一）東大寺油倉書籍之覚（加越能文庫蔵『松雲公採集遺編類纂』書籍五）には、阿波国東大寺荘園関係の文書群のなかに弘仁年間（八一〇～八二四）の班田図（写しか）が含まれていたことが記されている。この弘仁年間の班田図をもとに、前述の新嶋荘坪付が作成された可能性が高い。

(66) 天平勝宝六年（七五四）に校田が行われたと考えられる。校田年については虎尾俊哉『班田収授法の研究』（吉川弘文館、一九六一年）参照。

(67) 丸山幸彦は立券が班田の翌年であることから、券文や図の作成において班田図が利用された可能性を指摘している。丸山前掲注（58）論文。図13をみてもわかるように、阿波国名方郡東大寺領の立地は、河川沿いであり、郡境付近に位置している。野地占定はいまだ班田図が作成されていない場所でなされたと考えられる。その場合、既作成地域の班田図を参照し、図が作成された可能性が高い。

(68) 班田図上で未開発地が単に「野」と記載されていたことは、九世紀初頭の班田図を原図として作成された山城国葛野郡班田図からも確認できる。東京大学史料編纂所編a『日本荘園絵図聚影』二（東京大学出版会、一九九二年）および同b『日本荘園絵図聚影』五下（東京大学出版会、二〇〇二年）収録。また、天平神護二年（七六六）十月二十一日越前国司解（『大日本古文書』東南院文書二、一八六～二四四頁）には「検田図所注野」と記載されている。

(69) 時代は下るものの、東大寺による占定範囲の強調は、天元二年（九七九）七月十日の三箇荘坪付注文案（前掲注（8））においてもなされている。同史料において荘預紀茂安は、実録作業と寺畠への改正作業の実施を命じた承和五年（八三八）九月五日太政官符を引用した「十一月符」と、新嶋・枚方・大豆地区の四至と坪付を記載し、承和年間において東大寺畠と改正されなかった畠が寺畠であることを再び主張していた。

(70) 同法の復元は吉田孝「墾田永年私財法の基礎的研究」（『律令国家と古代社会』〔岩波書店、一九八三年、初出一九六七年・一九七二年〕）によった。

(71) 西別府元日は、官人や百姓が占定した野地について、占定にあたって国衙に申請し、国家から「公験」が給付されていたと指摘している。西別府元日「国家的土地支配と墾田法」（『律令国家の展開と地域社会』〔思文閣出版、二〇〇二年、初出一九八一年〕）。このほか「公験」については堅田理も指摘している。堅田理「日本古代における墾田所有の特質について」（『新しい歴史学のために』二一六、一九九四年)。
(72)ただし、寺院による占定は法制度化されたものではなかった。中林隆之「律令制的土地支配と寺家」(『日本史研究』三七四、一九九三年)ほか。
(73)前掲注(68)。
(74)『続日本紀』養老七年四月辛亥条。
(75)藤原仲麻呂による寺院への抑圧政策がなされていたことが指摘されている。藤井一二「初期荘園の耕地と農民」(『初期荘園史の研究』塙書房、一九八六年、初出一九八三年ほか)。
(76)入麻呂の占定は三世一身法にもとづくものである。三世一身法の全文は伝わっておらず、全体の内容を知ることはできない。墾田永年私財法や寺院による野地占定とは異なる規定が存在していた可能性もある。三世一身法については、羽田稔「三世一身法について」(『ヒストリア』三〇、一九六一年)参照。
(77)『大日本古文書』東南院文書二、一六六〜一六九頁。
(78)なお、寺院については不明であるが、官人や百姓による野地占定や開墾を規定した墾田永年私財法には、野地占定後に三年間不墾の場合は、占定者の野地に対する権利が失効するとの規定がある。この規定の有効性や寺院による占定地との関係については、吉田孝などによる検討がある。吉田前掲注(70)論文ほか。
(79)『続日本紀』慶雲三年三月丁巳条。
(80)亀田隆之「古代における山林原野」(亀田前掲注(21)書収録、初出一九七二年)ほか。
(81)東京大学史料編纂所編『日本荘園絵図聚影』一下(東京大学出版会、一九九六年)収録。
(82)本書第二章。
(83)亀田前掲注(80)論文。
(84)櫛木謙周「越前国坂井郡高串村東大寺大修多羅供分田地図」(金田ほか編前掲注(39)書収録)。櫛木謙周は、本章で取り上げた越前国における豊足の占定が、図面上における東大寺の占定作業に対して、現地の認識にもとづいてなされていたのではないかと推定し、同じ土地に対しての占定作業の違いが、東大寺と鷹山との相論の原因であったとする。

(85) 中田薫「売買雑考」(『法制史論集』第三巻下、岩波書店、一九七一年、初出一九四三年)。このほか売券については、加藤友康「八・九世紀における売券について」(土田直鎮先生還暦記念会編『奈良平安時代史論集』上巻〔吉川弘文館、一九八四年〕)。西山良平「平安前期『立券』の性格」(岸俊男教授退官記念会編『日本政治社会史研究』中〔塙書房、一九八四年〕)などの研究参照。

(86) 東京大学史料編纂所編『日本荘園絵図聚影』四(東京大学出版会、一九九九年)収録。

(87) 東京大学史料編纂所編『日本荘園絵図聚影』三(東京大学出版会、一九八八年)収録。

(88) 山口英男「大和国額田寺伽藍並条里図」(金田ほか編前掲注(39)書収録)ほか。

(補注) 本章は、旧稿「古代国家による寺院荘園の認定と土地把握」(『歴史地理学』五〇―五、二〇〇八年)を加筆・訂正したものである。旧稿発表後、木原克司氏によって「古代阿波国吉野川下流域の歴史的景観」(『徳島地理学会論文集』一二、二〇一一年)が発表された。そこでは、本章でも紹介した阿波国名方郡坪付図や名方郡と麻植郡との郡境に関する新たな指摘にもとづく、条里プランの復原案や現地比定案が示されている。本章で示した試案については再検討の余地があると考えている。あわせて参照されたい。

第四章　摂津国嶋上郡水成瀬絵図の機能

八世紀作成の古代荘園図の機能に関しては、個々の表現内容を整理した金田章裕による研究が示されている(1)。金田は、古代荘園図の表現について、方格線・文字表現が基本表現であり、絵画的表現が必須な表現ではなかったと指摘する。その上で、古代荘園図の機能を、班田図と同様に、方格線・文字表現による個別の地片を対象とした土地把握であったとする。そして、班田図および古代荘園図の作成が、土地を地片に分割するという古代の土地制度・土地管理システムと連動・反映するものであったと指摘し、班田図および古代荘園図の機能が、絵画的表現を基本表現にして領域の土地把握をする中世荘園絵図の機能とは異なるものであったとしている。

しかし、古代荘園図が班田図とは別に作成された古代荘園図の機能ははたして班田図とまったく同一であったのであろうか。古代荘園図のなかには、方格線・文字表現による個別の地片を対象とした土地把握が主要な機能であったとは考えられない図が存在している。本章で取り上げる天平勝宝八歳（七五六）十二月十六日の摂津国嶋上郡水成瀬絵図（図16）である(2)。水成瀬絵図は、天平勝宝八歳五月二十五日の勅によって施入された摂津国嶋上郡水成瀬を描く古代荘園図である。水成瀬絵図における方格線・文字表現・絵画的表現について検討を行った服部昌之は(3)、同図において方格線が副次的表現であり、鳥瞰図的に描かれた山並みや「水无川」の描写にみられる絵画的表現こそが主要な表現であったとする。そして、こうした水成瀬絵図の表現内容は、中世荘園絵図である讃岐国善通寺領絵図(4)や備中国

足守荘絵図と類似すると指摘している。(5)(6)

水成瀬絵図の検討は、古代中世における土地制度の変遷を理解するためにも不可欠な作業であると考える。そして、古代社会における土地領有の実態や、古代荘園図の作成を必要とした社会背景の解明につながる重要な作業であるといえる。

水成瀬絵図に関しては作成当初における関連史料がほとんどないものの、中世成立期でもある十一・十二世紀における水成瀬荘関連史料が豊富に残っている。さらに、十二世紀における具体的な利用を示す文書目録のなかにも同図の記載を確認することができる。(7)

本章では、水成瀬絵図が十一・十二世紀においてどのように利用されたのかについて、関連史料や文書目録の分析をもとに明らかにしていくことにしたい。(8)その上で、比較可能な同時代史料などをもとに図作成当初における水成瀬絵図の機能について考えてみたい。

一　水成瀬絵図の形態変化

1　水成瀬絵図の概要と図の種類

正倉院に所蔵されている水成瀬絵図は、三紙で構成される巻子形態である。第一紙が天平勝宝八歳（七五六）十二月十六日の日付をともなった図部分、第二紙が嶋上郡司と摂津職大夫などの署判部分、そして第三紙が天平勝宝八歳九月二十二日の日付と造東大寺司の署判部分である。(9)ただし、現状の三紙構成は少なくとも十二世紀後半以降に成立したものである。第三紙の内容は第一紙・第二紙とは異なり、図16に示した大治五年（一一三〇）の目録1および安元元年（一一七五）の目録9には、水成瀬絵図が第一紙と第二紙の「一巻二枚」であったことが記載されている。延宝九年（一六八一）六月の東大寺油倉書籍之覚[10]には「水成瀬絵図　田地之絵図也三枚有之」とあり、第三紙の接続は江戸時代の初頭までにはなされていたようである。

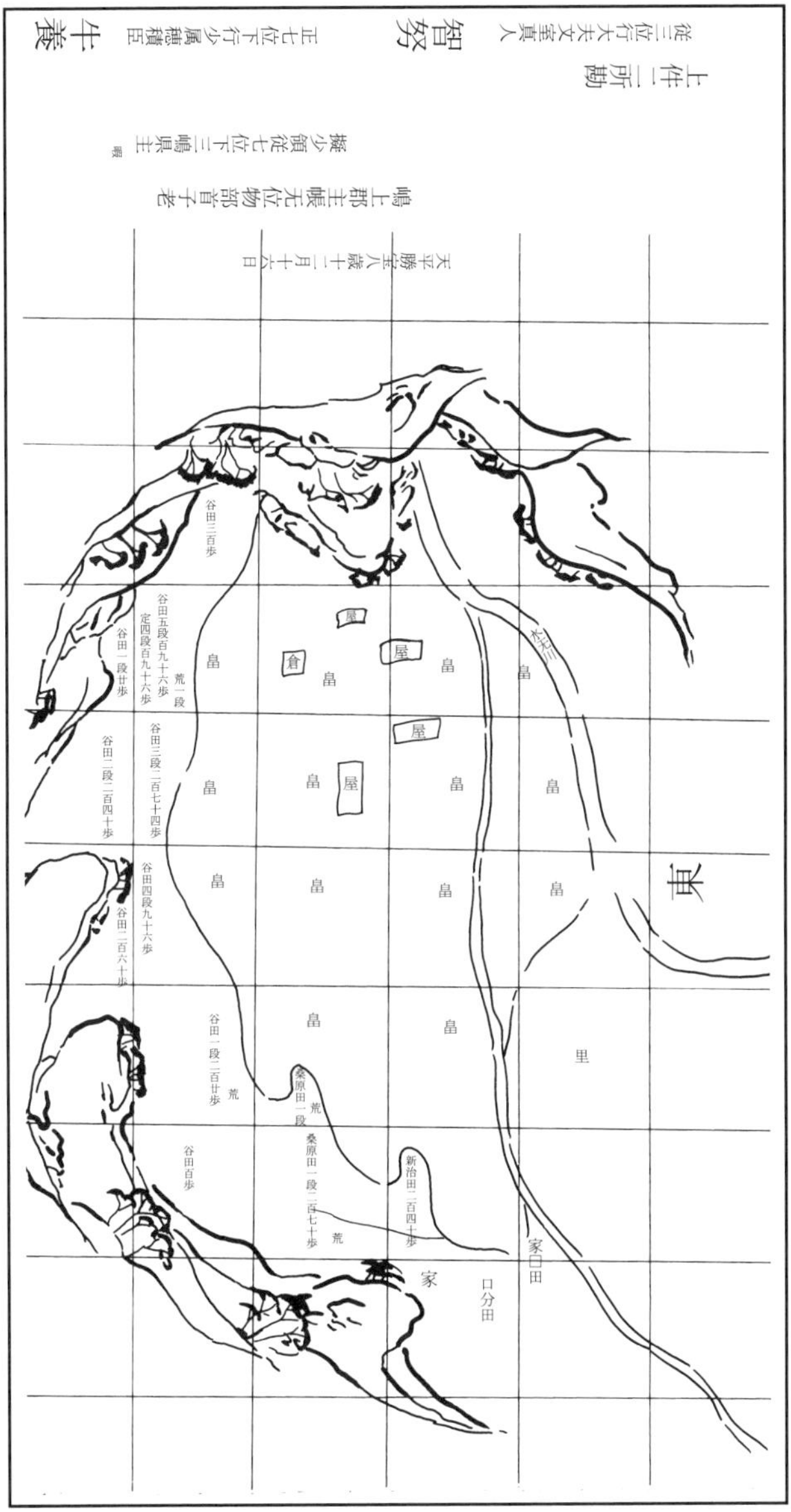

図16　水成瀬絵図のトレース
※「摂津国印」は省略

表3　水成瀬絵図に関係する主な文書目録

目録	名　称	作成年月日	出　典
1	東大寺諸荘文書并絵図等目録	大治五年(1130)三月十三日	『平安遺文』2156
2	東大寺諸荘文書并絵図等目録	年不詳（大治五年(1130)ヵ）	『平安遺文』2157
3	摂津国水成瀬荘文書目録	長承二年(1133)六月二十七日	『平安遺文』2280
4	東大寺印蔵文書目録	久安三年(1147)四月十七日	『平安遺文』2609
5	東大寺文書返納目録	保元二年(1157)五月二十八日	『平安遺文』2885
6	東大寺摂津国荘園文書目録	保元二年(1157)八月日	『平安遺文』2898
7	摂津国水成瀬荘文書目録	嘉応元年(1169)十月二十六日	『平安遺文』3518
8	東大寺荘園文書注文	承安五年(1175)五月日	『平安遺文』3690
9	東大寺荘園文書目録	安元元年(1175)八月七日	『平安遺文』3700
10	東大寺三綱文書預状	安元元年(1175)八月九日	『平安遺文』3701
11	東大寺文書取出日記	安元二年(1176)三月十九日	『平安遺文』3751
12	東大寺文書出納帳	建治三年(1257)三月二十五日	『鎌倉遺文』12690
13	水成瀬荘文書注文	(十二世紀後半)	『架蔵番号』3-11-102
14	水成瀬荘不審勘合注文	(長承二年(1133)ヵ)	『架蔵番号』7-28

※『架蔵番号』は東大寺図書館の架蔵番号

第一紙の図部分には、方格線と絵画的表現による景観描写、文字表現がある。方格線は細い墨線で、景観描写は太い墨線によって描かれ、内部は彩色されている。彩色は畠部分が黄土による薄黄色、山・河川・用水路は薄い白緑もしくは藍である。なお、図中にある「口分田」の文字は四至を示すものであると考えられる。これらは①方格線、②絵画的表現、③文字表現の順で記載されている。そのほか、第一紙と第二紙には摂津国印が捺されている。

ところで、表3に示した文書目録には、現存図である絵図正文のほかに、絵図案文と京職大夫注進絵図、そして文図が記載されている。

まず絵図案文は、目録7に「一巻六枚　絵図案天平勝宝八歳殿下御下文并郡司刀祢等請文　寛徳二年」とあるように、現存図である天平勝宝八歳絵図の案文であり、さらに目録7の文末によると、絵図案文には位所署判がなかった。また、目録9においては、寛徳二年の文書群と連券であった。

京職大夫注進絵図は目録3にみえる。同目録によると、京職大夫注進絵図は現存図とは別に天平勝宝八歳十月二十一日に京職大夫によって注進された図であったとされる。しかし、同図が京職大夫の注進した絵図であったという点は不審である。後述するように、十一世紀において水成瀬荘内には職写田の存在が確認でき、京職大夫が絵図を注進する可能性は否定できない。しかし、京職大夫とは、摂津職大夫を混同したものではないかと考える。また、「天平勝宝八年十月廿一日」と記す絵図は、目録3以外には確認できず誤記であった可能性が高い。

目録3の文書勘合記録である目録14は、勘合した文書群のなかに「勅施入絵図」があったことを記しており、京職大夫注進絵図が勅施入に際して作成された絵図であったといえる。ただし、目録14で絵図とともに勘合された文書（関白家政所下文案および東大寺牒案）[11][12]がいずれも案文であることを考慮すると、京職大夫注進絵図は前述の絵図案文であったと判断される。このように考えると、同図の日付や署判の誤記の問題も説明がつく。前述のように絵図案文は位所署判がなく体裁に不備があった。目録3にみられる日付や署名の誤記は、絵図案文の体裁不備が関係していたといえる。

文図は、勅施入にあたり、勅施入文である勅書や絵図のほかに作成されたものである。文図は現存していないものの、目録1にその存在が確認される。文図は絵図正文が記載される水成瀬荘文書の項目とは別に設けられた「連券」の項にみえる。同目録には、文図が天平勝宝八歳十二月十三日の日付を有し、水成瀬のほか四荘の文図と連券であったことが記載される。その後、文図は建保二年（一二一四）まで出納の形跡はない[13]。

以上みてきたように、十二世紀初頭から中頃にかけて、水成瀬に関しては、絵図正文である現存図のほかに、文図と現存図の案文である絵図案文が存在していた。

ここで留意しておきたいのは、勅施入に際して作成された絵図と文図について、中世成立期の出納状況に差がみられるという事実である。絵図正文と絵図案文は数回出納されているのに対して、文図は鎌倉期まで存在が確認できるものの、目録1以外に出納の形跡はない。さらに、文図の記載は「連券」という項目にあり（目録1）、水成瀬荘の項目に記載される絵図正文とは、水成瀬荘文書全体のなかでの位置づけが異なっていた。このことは、同じく勅施入時に作成されたにもかかわらず、それぞれの性格が異なっていたことを示すものと考える。

2　作成時から現在に至る絵図の形態変化

中世成立期における水成瀬絵図の利用や位置づけについては、上杉和彦が文書目録の記載をもとに言及している。(14)上杉がとくに注目しているのは、嘉応元年（一一六九）の目録7文末にある「右注進如レ件、抑勅書依レ為二連券一不レ進二上絵図正文一、位所署判等、雖レ不二書注一、此図中古為下被二放置一状上者、且所二進上一也」（返り点は筆者注）という記述である。上杉は「此図」を現存図である絵図正文であると理解し、嘉応元年以前に絵図正文が「放置」かれた状態にあったため、代わりに絵図案文が進上されていたと読む。さらに、進上されなかった絵図正文が承安二年（一一七二）十一月七日に提出されたことに注目し、十二世紀後半までは、必ずしも丁重な扱いを受けていなかった天平勝宝八歳作成の絵図正文が、東大寺の関係者によって「発見」され、利用されたとしている。上杉は、これを水成瀬絵図の公験としての価値が新たに見出された過程ととらえ、中世成立期における「絵図」すなわち中世荘園絵図の成立を示すものとしている。

しかし、右に示した上杉の見解には、基本的な事実認識について賛同できない。絵図正文の中世成立期における具体的な利用は、承安二年よりもさかのぼると考える。上杉は、目録7の「此図」を絵図正文とみなし、同図が「放置」かれていたと指摘するが、前掲した同目録文末の文意を理解するかぎり、「此図」は「且所二進上一也」とあるように、実際に進上された絵図案文であり、「放置」かれていたのも絵図案文であった。(15)絵図正文が目録7作成の嘉応年間まで、公験として丁重な扱いを受けていなかったと判断することはできない。

絵図正文不進上には別の理由がある。それはこの段階における絵図正文の形態である。上杉は目録7文末の「抑勅書依レ為二連券一不レ進二上絵図正文一」について言及していない。しかし、この文章からは絵図正文が勅書と連券であるため進上できなかった事実を読みとるべきである。この勅書は、天平勝宝八歳勅書正文ではなく、その案文である。絵図正文は勅書案文と連券にされていたため、進上できなかったのである。

絵図正文と勅書案文との連券化は、水成瀬のものを含む勅書正文が紛失したことに起因する。寛信の別当任期中の久安三年（一一四七）から仁平三年（一一五三）に出された十月十二日僧恵舟奉書によると、勅書正文は実光なる人物のもとで紛失していたという[16]。後述するように、勅書正文は長承二年（一一三三）の目録3で進上されており、勅書正文が長承二年から別当寛信の任終までに紛失したことがわかる。

保元二年（一一五七）には、紛失した勅書正文に代わる勅書案文の審査がなされている。保元二年頃作成の目録6は、保元の荘園整理令を受けて東大寺が記録所に提出した文書の目録控であるが[17]、その端裏には「勅書案御沙汰」と記載されている。諸荘勅書案文と絵図正文との連券化は、この時に天平勝宝八歳勅施入の寺領全体の根拠、すなわち勅書案文の公験文書としての法的効力を獲得するためになされたと考える。

中世成立期における絵図正文の利用は、大治五年（一一三〇）の目録1にはなされていた。そのことを明確にするためにも、前にふれた絵図の形態を作成当初にさかのぼって復原し、十二世紀初頭に至るまでの変化をたどることにしたい。

現存図の署判部分には、摂津職大夫などによる「上件二所勘」という記載がある。これは、八世紀中頃の作成時に現存図の前に水成瀬荘と同じ摂津職所管の絵図が存在していたことを示している。つまり、絵図正文は作成当初「二所」絵図連券だったのである。

次に示す公験勘渡状案[18]には、天平勝宝八歳六月十二日の勅施入寺領の勅書・文図・絵図が列記されており[19]、水成瀬以外の一所に関する記述もあるほか、「二所」絵図連券の形態からの変化が読みとれる。詳細に検討してみよう。

史料一

政所　伍巻

度進公験事

拾弐枚

枚数十箇所

一　勅書壱巻載庄五箇所　春日庄　村屋庄　飛騨庄

庄

摂津国西［　］堀江［　］同国河辺郡猪庄同国嶋上郡山崎

近江国神崎郡因播庄庄

春日庄［　］　飛騨庄摂津国川辺郡為奈

同国嶋上郡水成□庄

壱

一文図弐巻

一巻載五箇所庄枚数捌枚

一巻載五箇庄
清澄庄　飛驒庄　猪名庄　山崎庄　因幡庄
一　絵図弐巻載
一
○○廿巻載七箇所枚数拾枚
葛木寺東所　田村所　清澄所　村屋所
飛驒坂所　摂津国堀江所　山崎所
一巻載肆箇庄
春日庄　清澄庄　猪名庄　因幡庄
交替帳壱巻
已上伍巻
右公文且勘度所如件

（なお、本章では以下の史料凡例を用いる。［　］または□は欠損。〈　〉は細字。「　」は別筆。⌒は合点。ミは見セ消チ。（　）は翻刻者・筆者注。）

史料一は刊本未収録であるが、すでに栄原永遠男[20]や丸山幸彦[21]によって検討されている。それによれば、作成年代は十二世紀初頭前後を下らないという[22]。

さて、史料一には訂正や抹消が多い。これは史料一の作成過程における訂正である。たとえば、文図の項の抹消は、抹消された一巻を除く巻数が、文頭の「伍巻」や文末の「已上伍巻」と一致することから、誤記の訂正であると判断できる。[23] また、丸印とそこからのびる墨線に関しても、誤記にともなう移動訂正である。勅書の項に記載される丸印以下の諸荘は、目録1の天平勝宝八歳十二月十三日「文図」所載諸荘と同一であり、それらが「文図一巻五箇庄枚数捌枚」へ移動することを示している。[24] これらの訂正は、同史料の作成過程で同一人物によってなされたと判断できる。

抹消や訂正を整理した上で、史料一の記載している内容を復原すると、一〇カ所を記載した勅書一巻、五カ所を記載した文図一巻、七カ所と四カ所をそれぞれ記載した絵図二巻、交替帳一巻の計五巻が記載されていたことがわかる。

これらをふまえて、現存図に相当する絵図をみていくと、「絵図弐巻」に「山埼所」とあることが注目される。「山埼所」は水成瀬の別称である。[25] そこでは「山埼所」絵図が「一巻　載七箇所　枚数拾枚」に記載されている。つまり、この段階の水成瀬絵図の形態は、「七箇所」絵図連券であったことがわかる。また、この記載から、水成瀬絵図の前に貼り継がれていた、摂津職所管の絵図も判明する。その絵図とは、史料一において「山埼所」絵図の前に記載される同じ摂津職所管「堀江所」の絵図であった。[26]

「七箇所」絵図連券が、いつ頃なされたのかについては明らかではない。しかし、同じ史料一に記載される勅書連券の状態が、宝亀年間（七七〇～七八一）にはすでに存在したことを考慮すると、[27] 絵図連券は絵図作成直後である八世紀後半になされており、東大寺の寺庫に保管されていた可能性が高い。そして、この後絵図正文は、十二世紀初頭に至って水成瀬のみの「一巻二枚」の形態で出納され、途中、勅書案文との連券を経て、十二世紀後半に再び「一巻二枚」へと形態を変化させることになる。

以上、絵図正文の形態とその変化をみてきたが、あらためて整理すると表4のようになる（絵図案文を含む）。注目したいのは、絵図正文単独の「一巻二枚」へと変化する（3）および（5）である。（2）は、天平勝宝八歳の勅施入の旨を受けて郡司・国司らによって作成された絵図正文が、東大寺へ進上され、保管上の観点から同年に施入された

表4　水成瀬絵図の形態変化

	絵図正文の形態	時　期	絵図案文
(1)	「堀江所」絵図の連巻	天平勝宝八歳（756）作成時	—
(2)	「七箇所」絵図連巻	作成直後（八世紀後半）～十二世紀初頭	（一禎）
(3)	水成瀬絵図単独の一巻二枚	十二世紀初頭～保元二年(1157)頃	一禎
(4)	諸荘勅書案文と連巻	保元二年(1157)頃～承安二年(1172)	
(5)	水成瀬絵図単独の一巻二枚	承安二年(1172)以降～	寛徳二年(1045)文書と連巻※
(6)	天平勝宝八歳九月廿二日署判と連巻	～十七世紀初頭～現在	—

※絵図案文と寛徳二年文書との連巻は長承二年（1133）目録3から嘉応元年（1169）目録7との間になされたと推定する。

他国の絵図正文と連巻にされたものであった。また（4）は、勅書正文の紛失にともなう勅書案文の法的効力を獲得するためになされた形態変化であった。それに対して、（3）および（5）は、文書目録作成の背景となった具体的な撰出の目的と密接に絡んでいる。すなわち、「一巻二枚」への形態変化は、絵図正文が水成瀬荘の問題に限って具体的に利用されたことを示しているのである。それでは、中世成立期において絵図正文は、どのように利用されていたのであろうか。(28)

次節においては、絵図正文が「一巻二枚」として進上された時期であり、絵図案文が形態変化する時期である（3）から（4）、すなわち十二世紀初頭前後の時期における図の利用や、その前段階である十一世紀の利用に注目し、検討する。

二　中世成立期における水成瀬絵図

1　十一世紀の水成瀬荘と絵図案文

本節では、十一世紀から十二世紀初頭における水成瀬荘の動向を検証し、同時期の水成瀬絵図の利用実態を明らかにする。

絵図正文は、前述したように大治五年（一一三〇）の目録1に至り、はじめて「一巻二枚」の形態として文書目録に記載される。しかし、水成瀬荘の関連文書における「絵図」の初見は、寛徳二年（一〇四五）五月十八日の関白家政所下文案にさかのぼる。そこでまず、十一世紀における「絵図」についてみておくことにしよう。

寛徳二年五月十八日の関白家政所下文案は、東大寺から訴えがあった水成瀬荘田堵等による畠無断売却や、地子対捍に対して関白家が出した裁許文書である。そこには水成瀬荘荘司藤井安吉が、「絵図」をよりどころとして田堵等の不当を訴えていたことが記されている。この「絵図」については、従来より漠然と天平勝宝八歳（七五六）十二月十六日の水成瀬絵図であるとされ、実際の裁許において絵図正文と絵図案文のいずれが用いられたのかについては明らかにされてこなかった。この問題を長承二年（一一三三）の目録3をもとに検討してみよう。

史料二（目録3）

（端裏書）
「預大判事文書注文長承二年六月」

「以上為沙汰預置大判事庄預所明兼之許
了七月廿四日　使知事静縁
奉行覚仁」

注進
東大寺御領水成瀬庄田堵等散所雑色寺役勤仕証文并寺領
四至内畠欲式部大輔押取証文事

一散所雑色寺役勤仕証文

一巻　〈於寺役者前例勤仕而俄不勤仕之時依致寺家沙汰且
〈任前例勤仕寺役且又如本可勤仕請文　大治元年六月廿六日〉
一通　同請文　大治四年九月十六日
一通　同請文　天承元年七月四日
一巻　寺役勤仕放返□　元永年中
一寺領四至内畠欲押取式部大輔証文
一禎　京職大夫注進絵図天平勝宝八年十月廿一日　……①
一通　〈以四至内令停止他人沽却可為寺領宇治殿下政所御
〈下文案　寛徳二年五月十八日〉　……②
一通　依同御下文旨注進畠坪付　寛徳二年五月廿六日　……③
一通　国司免判　在四至　長元二年閏二月十三日　……④
「一巻　連券勅書載余庄庄　天平勝宝年中」　……⑤
右件文書等注進如件
長承二年六月廿七日　知事法師静縁

目録3は水成瀬荘預所坂上明兼に預け置かれた文書の目録である。(29)ここには「寺領四至内畠欲押取式部大輔証文」として「絵図」が記載されている。

この目録3についてはすでに富澤清人(30)が言及している。富澤は、別筆の⑤天平勝宝八歳の施入勅書(31)を除く①から④四点の史料群が、水成瀬荘四至内の畠を押し取ろうとした式部大輔に対抗する東大寺側の証文であったとする。そして、式部大輔を目録3が作成された長承二年当時の式部大輔＝摂関家家司藤原敦光と考え、長承二年に水成瀬荘内の畠収奪が起きていたとする。①から④の史料群を式部大輔の畠収奪に対する東大寺側の証文とする富澤の指摘は妥当である。しかし、そうした畠収奪が長承二年に起きたとする点については、その史料的根拠もなく、ただちには従うことはできない。

木村茂光によると、国衙による畠に対する収奪は、十世紀末から十一世紀初頭にはじまるという。[32] この指摘をふまえるならば、問題の式部大輔は永承六年（一〇五一）から天喜二年（一〇五四）、康平元年（一〇五八）から同四年の二度にわたり摂津国司を勤めた平定親ではないか。十一世紀中頃において摂津国司平定親は、関白家政所下文案にみられるような水成瀬荘内の東大寺による畠支配の不安定な状況に目をつけ、畠収奪を行ったと考える。すなわち、目録3の「寺領四至内畠欲押取式部大輔証文」は、摂津国司平定親＝摂津国衙による水成瀬荘内の畠収奪に抵抗する東大寺側の証文であったと考えられる。[33]

以上を確認した上で、絵図案文である①を中心とした①②③④の関係を次のように理解する。

②は前述した関白家の裁許文書である寛徳二年五月十八日の関白家政所下文案であり、現存する。③は②の旨を受けて田堵等より出された同年の畠注文である。そして、天平勝宝八歳の絵図案文である①と長元二年閏二月十三日の東大寺牒案である④は、[34] ②を得るために東大寺が関白家へ提出した「絵図」と文書であった。このことは目録7や目録9において、絵図案文が寛徳二年の「殿下御下文郡司等請文案」などと連券にされていることからも裏付けられる。東大寺は、寛徳二年の訴訟の際に用いられた絵図案文を含む寛徳年間の一連の文書を示すことによって、摂津国司平定親の畠収奪に抵抗していたのである。

それでは、寛徳年間の訴訟において絵図案文はどのような目的で利用されていたのであろうか。関白家政所下文案には「件庄絵図并四至之内何有私人之領乎」とあるように、絵図案文は水成瀬荘における東大寺の個別な畠領有の直接的根拠として用いられたのではなく、絵図が示す寺領のなかに東大寺以外の私領が存在しないことを示すために用いられた[35]。東大寺は、田堵等による畠売却や地子対捍に対して、水成瀬荘内がすべて東大寺領であることを強調し、田堵等の行為の不法性を訴えた[36]。その根拠が絵図案文であった。

寛徳二年の訴訟においては、天平勝宝八歳絵図案文の絵画的表現や方格線・文字表現が一体となって表現された寺領空間が注目されていたと考えられる。こうした絵図案文の利用は、十一世紀後半の摂津国司平定親よる水成瀬荘内畠収奪の際にも、引き継がれている。

2　十二世紀初頭の絵図正文

現存図である水成瀬絵図正文が、はじめて「一巻二枚」の形態として記載される目録1は、定海別当任初にともなう文書撰出の結果を示した目録である。その撰出は寺領毎の公験文書整備のためになされたことがすでに指摘されている[37]。本節では、絵図正文が大治五年において出納された背景を明らかにし、同図の利用について考える。

史料三（目録1）

（前略）

一摂津国

水成瀬庄

絵図一巻〈二枚〉　天平勝宝八歳十二月十六日

国司免判

長和五年十一月十八日　寛仁二年十二月九日
治安二年十月二日〈載四至〉　萬寿二年正月廿六日
長元二年閏二月十三日　同六年十一月十五日
長暦元年六月八日
三通〈坪付〉一通田〈坪付〉一通〈畠坪付〉一通〈本田十町坪付〉
左京職判行
長和五年七月廿日〈少進判〉萬寿三年二月十日〈大夫判〉
随身近友請文
畠券三通請文　康和三年十二月十八日僧在判〈可尋之〉
宣旨案文　長久元年十一月廿八日　同五年八月廿六日
免判検田帳等八通

（後略）

目録1をみると、水成瀬荘文書の一つの傾向を読みとることができる。同目録に記載される文書は、荘田収公・臨時雑役賦課・畠支配の問題に限られているのである。目録1における文書撰出の傾向は、同目録が作成される十二世紀初頭に至るまでの水成瀬荘の動向と関係している。

十一世紀から十二世紀初頭にかけての水成瀬荘では、前節で述べた畠収奪にくわえて、国衙との間にさまざまな対立が生じていた。長和五年（一〇一六）七月二十日左京職下文や[38]、長元二年（一〇二九）閏二月十三日東大寺牒案に[39]よると、十一世紀初頭当時、水成瀬荘内には施入当初存在しなかった職写田や公田が存在しており、それらに地子官物が賦課されていたことがわかる。

こうした地子官物賦課は、水成瀬絵図に記載される畠部分の水田化が大きく関係している。水成瀬絵図の現地比定と水成瀬周辺の条里プランの復原を示した図17を参考にそのことをみていこう。[40] 水成瀬絵図をみると、勅施入時の状況はほとんどが畠であり、水田は「谷田」と記載されている谷水を利用した小規模なものにすぎなかったことがわかる。ところが、そうした状況は勅施入以後大きく変化する。それを示すのが『東大寺要録』の長徳四年（九九八）の諸国諸荘田地記載である。[41] ここでは「水成瀬庄田八町七段七十八歩」が「新益田」の項に記載されている。これは水成瀬荘の水田の多くが勅施入以降の開発によるものであることを示している。[42]

水成瀬荘の水田化について服部昌之は、水成瀬川の扇状地上に位置する畠部分が、同図に描かれる水成瀬川からの分流水路（図17b～dに比定）によって開発されたと推定している。[43] この指摘は、近年の考古学の発掘成果によって裏付けられている。図17の網掛けした地区から表層地割の方位と一致する九世紀頃施工の溝が確認されている。[44] そして、職写田や公田は、こうした九世紀以降の荘内畠の水田化した部分に設定されている。

長元二年の東大寺牒案の国判部分には、「件田見作捌町陸段佰伍拾歩内、左京三段百五十歩、古勅旨三町八段二百七十六歩、公四町四段八十四歩」とある。「古勅旨」田が絵図にある田二町四段六四歩を中心とする田であることから、職写田や公田が絵図の畠部分を水田化した部分に存在していたことは明らかである。[45] つまり、国司・郡司および職写田使は、かつて畠であった水田に公田などを設定し地子官物を賦課していたのである。

長和五年の左京職下文や長元二年の東大寺牒案の国判部分によると、地子官物の賦課は東大寺の抗議により結果として免除されることになる。しかし、それらの免除は、東大寺による「四至之内、無相交公田」という主張が認められたわけではなく、寺領四至内の職写田や公田の存在を認めた上での地子官物の免除であった。[46] 寺領四至内には職写田や公田が存在し続けており、目録1・7・9に長元六年（一〇三三）十一月十五日以降の国司免判が記載されていることからもわかるように、東大寺は、十一世紀中頃以降も国司交替毎に免判を受けなければならなかった。

　また、十一世紀中頃以降になると水成瀬荘では臨時雑役賦課が問題となっている。木村茂光は、臨時雑役の賦課について詳細に検討を行っている(47)。それによると、臨時雑役は十世紀段階に賦

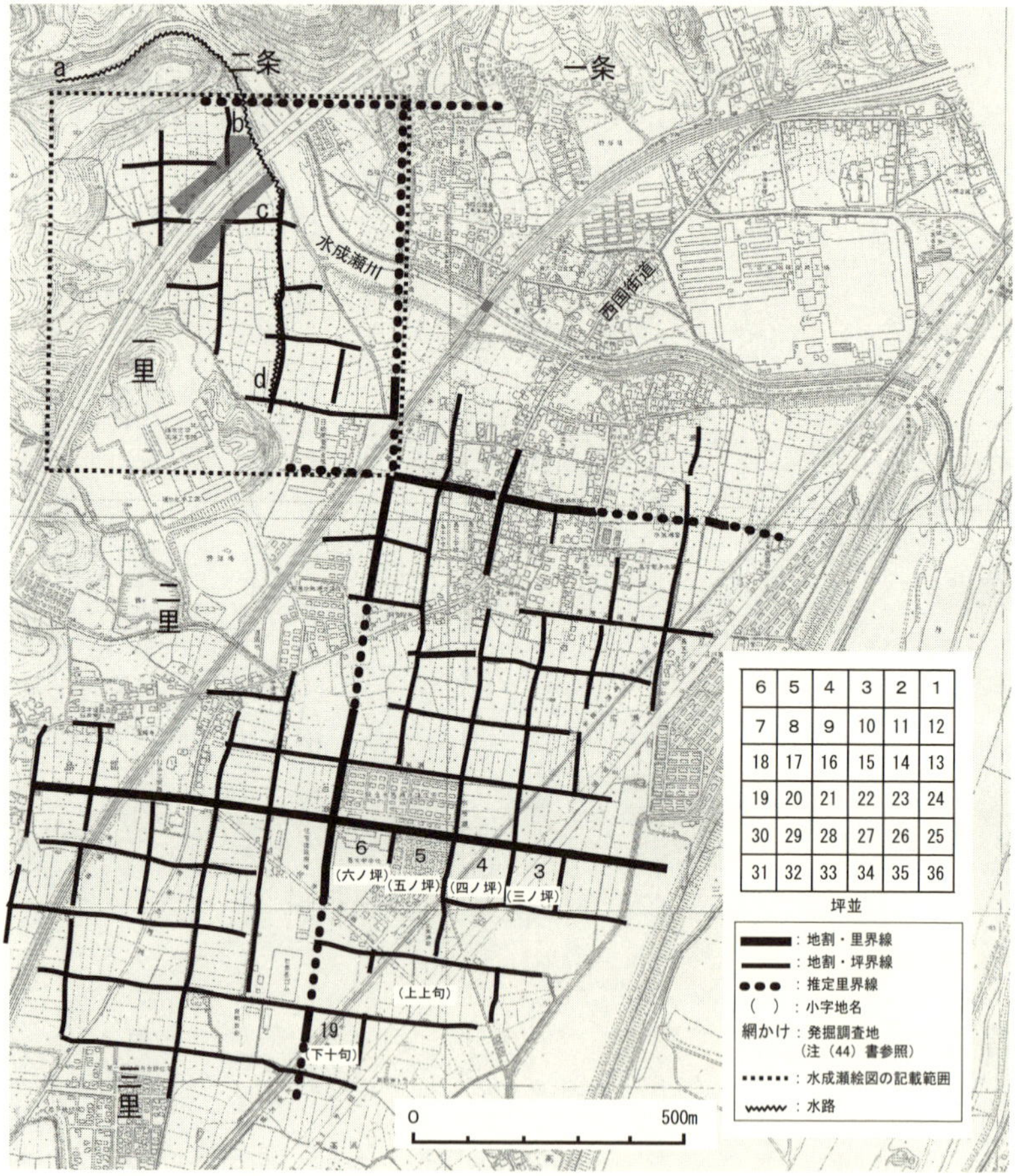

図17　島本町の条里プランの復原試案と水成瀬絵図の現地比定
※ベースマップは昭和三十六年発行三千分の一基本図を利用。

課が確認され、その後、十一世紀中頃にかけて、寺田収公にともなう公田を対象とした官物賦課と一体的に賦課される形態から、さらに、臨時雑役単独で賦課される形態に変化するという。

水成瀬荘に賦課された臨時雑役の初見は、前出の長元二年東大寺牒案に記載される「供御田穎」である。ここでは、地子官物の賦課にともない「供御田穎」の賦課がなされている。しかし、こうした賦課は、荘田収公によって生じた公田を対象としたものであり、地子官物免除とともに免除された可能性が高い。

十一世紀中頃になると、水成瀬荘でも臨時雑役が地子官物賦課をともなわず単独で賦課されるようになる。[48] 長久元年（一〇四〇）十一月二十八日官宣旨案によると、[49] 水成瀬荘と猪名荘には「造内裏料加徴物」が賦課されている。この時は、東大寺による「勅施入寺家之後課役田租共以免除其年尚矣」という要求が認められ、臨時雑役は免除されたが、天喜年間になると再び臨時雑役が賦課されている。[50]

以上のように十一世紀から十二世紀初頭かけての水成瀬荘には、国衙による寺領四至内畠の収奪や畠の水田化にともなう公田などの設定、地子官物賦課、臨時雑役賦課という事態が生じていた。東大寺は目録1に記載される文書をもとに、それらへの対応の必要から公験文書の整備を行った。次に示す年不詳僧某書状からは、目録1における文書撰出の意図を知ることができる。[51]

史料四

」水成瀬庄文書事

」合

」（書カ）壱巻〈連載春日清澄村屋飛□（騨カ）〉
　〈新羅江猪名水成瀬因幡庄者〉

］（官宣ヵ）旨案二通
］（絵ヵ）図壱巻〈此外有无雖知候可令尋問上総〉
〈得業御也雖叶公験文頗見苦歟〉
］京職免判一枚　同下文一枚
］免判十枚　随身近友請文一枚
］（上ヵ）如件、抑如勅書四至并［
］其□田畠定多候覧凡三方ハ
］（候ヵ）ハ本田□□十一町と候とも四
］（至をヵ）かきりて候ハ近年ハ定多候覧
］も四至限天以前ハ本田少
］貢にハ多候也得其［
］候限山川天候極者□也
］（謹言ヵ）
七月十五日　　僧（草名）
］進上　西室御房

勅書を示す「］（書ヵ）壱巻」以外[52]、すべての文書群が目録1に記載されており、右の史料が大治五年の目録1の作成に関わるものであるとみなされる。ここで東大寺僧某は、水成瀬荘の四至を繰り返し強調し、目録1に記載される文書をもとに四至内がすべて東大寺領であることを主張していた。

そこで、あらためて目録1をみると、実際に進上された文書群のうち、現存する「宣旨案文」の二通や「随身近友請文」[54]、「左京職判行　長和五年七月廿日少進判」[55]には四至が記載されていない。東大寺牒案に四至が記載されていることから、他の国司免判にも四至が記載されていたと考えられるが、寺領四至を認める根拠にはなりえなかったのではないか。目録1で整備された公験文書のなかで、絵図のみが寺領四至の根拠であったと考えられる。[53]

東大寺は、絵図を根拠に四至内が東大寺領であることを主張した上で、官宣旨や国司免判によって、地子官物や臨時雑役が免除されてきた事実を示し[56]、さらに荘内の畠注文によってこれまでの畠支配の実績を示していた[57]。絵図正文が、「七箇所」絵図連券の形態ではなく、水成瀬荘単独で用いられた背景には、こうした十二世紀初頭の状況があったと考える。

三　水成瀬絵図の作成と機能

以上、十一・十二世紀における水成瀬絵図の利用について検討し、水成瀬絵図が東大寺による寺領空間の主張に際して前提となっていることを示した。こうした利用は、領域の土地把握をする機能であった中世荘園絵図との関連性を示すものであり、水成瀬絵図の作成時における機能を示唆するものといえよう。

そこで本節では、水成瀬絵図の機能を明確にするために、水成瀬絵図と同じく、勅施入に際して作成された文図との比較検討を行っていきたい。

前述したように、文図は絵図と同様に十二世紀初頭以降の文書目録に記載され出納がなされる。しかし、絵図と文図の利用状況には差がみられる。文図は中世成立期においてほとんど出納された形跡はなく、出納された場合も、絵図とは異なり形態変化もなく、水成瀬荘に直接関わる図として利用されることはなかった。同じ勅施入時に作成されたにもかかわらず、このような利用状況の差がみられる文図とはいかなるものなのであろうか。

文図については、これまで大きく二つの見解が出されている。その一つは、奥野中彦[58]や梅村喬[59]による、文図が坪付図であったとする理解である。奥野は田図に文図・白図・絵図の三種があったとした上で、文図を「田畠の所在箇所や田数等を列記した」図であるとしている。また、梅村は伊勢国川合大国荘の相論史料にみられる「国文図」の利用状況を分析し[60]、文図を坪付ごとに領有者や面積を書き上げた田図とする。

もう一つは、鷺森浩幸[61]と丸山幸彦[62]による文書と図が一体となったものとする理解である。鷺森は、後に示す天平勝宝八歳（七五六）六月十日の孝謙天皇東大寺宮宅田園勅入案にみられる勅書と絵図が連券にされたものであったとする。また、丸山は、天平勝宝八歳十一月五日の阿波国名方郡新嶋荘券[63]のような立券文に、国司の勘のある図が一体となったものとする。

このように文図については、共通理解を得られていないのが現状である。そこで、文図の性格を理解するために、記載内容の比較が可能な文図と勅書を検討しよう。

史料五

（端裏書）
「東大寺飛驒庄勅書案」「天平勝宝八歳大和[　　]」（朱筆）
（朱筆）
「正文在連券」
高市郡飛驒坂所

参百

地六町九段参拾一歩〈林三町七段百五十一歩〉　四至〈東百姓家并口分田南北西〉

〈見三町二段百八十歩〉　〈川并百姓家口分田〉

田一町三段二百九十二歩

乗田七段二百卌歩

墾田六段五十二歩

屋三宇

（中略）

以前、奉去五月廿五日　勅、所入如件

天平勝宝八歳六月十二日

（署名略）

史料六

（端裏書）

「飛騨庄覚光所進文書」

「東大寺印蔵御公験案文」

「正文在文図、件文載大和所々庄之」

飛騨坂所

一町三段二百九十二歩　在処図内
　乗田七段二百卌歩
　墾田六段五十二歩
　　　　天平勝宝八歳十二月十三日
　　　　　　　（署名略）
上件三処勘国司
　（署名略）

史料七
（表題）
「勅書并絵図〈佐伯院ニ〉天平勝宝八年」
勅
　奉入東大寺宮宅及田園等
　五條六坊園〈葛木寺以東〉
　地四坊〈坊別一町二段廿四歩〉
　四至　〈東少通　南大道　西少道并葛木寺〉
　　　　〈北少道并大安寺園〉
倉参宇

（中略）

以前、奉去五月廿五日　勅、所入如件

天平勝宝八歳六月十二日

（署名略）

葛木寺東所　地四坊　左京五條六坊

（図略）

左京職勘上件二所　　天平勝宝九歳正月四日（署名略）

ここで挙げた史料は、水成瀬と同じく天平勝宝八歳六月十二日に東大寺へ勅施入された土地の勅書および文図の案文である[64]。史料五の天平勝宝八歳六月十二日孝謙天皇東大寺飛驒坂所施入勅書案は[65]、端裏に「東大寺飛騨庄勅書案」とあるように、大和国飛騨所（飛騨坂所）の勅書案文である。

史料六の天平勝宝八歳十二月十三日東大寺飛驒坂所公験案は[66]、正文に大和国の所荘が載せられているとの記載や、日付が目録1記載の飛騨荘を含む文図と一致することから、飛騨所の文図案文であると判断できる。ただし、「正文在文図」や本文内割注「在処図内」の記載からもわかるように、史料六は飛騨所の文図全体の案文ではなく正文の文のみを抜き取ったものである。また、端裏に「飛騨庄覚光所進文書」とあり、同史料が僧覚光によって所進されたことがわかる。覚光は大治四年（一一二九）五月東大寺別当に就任した定海の仕僧であり、十二世紀初頭から中頃にかけて活躍していたことが知られる[67]。このことから史料六の作成もしくは利用はその時期であると判断される。

史料七の天平勝宝八歳六月十二日孝謙天皇東大寺宮宅田園勅入案は[68]、大和国葛木寺東所に関するものである。表題に「勅書并絵図」とあり、同所の勅書および絵図の案文であることがわかる。

上記の勅書案文と文図案文の記載内容を比較すると、両者には署名日付のほかに大きな違いがある。それは勅書案文である史料五や史料七が、総面積や倉・屋の数などを記載しているのに対して、文図案文である史料六が田数のみを記載している点である。また、両者には四至記載の有無という違いがある。勅書案文である史料五や史料七には、総面積記載の後に四至が記載されているが、一方の文図案文である史料六にはみられない。

勅書と文図の記載内容の違いは、文図の性格を明確に示している。記載型式からは、文図が勅施入された対象のうち田のみを示すためだけに作成されたものであることがわかる。(69)

この理解は、前に示した史料一の記載からも補強される。同史料で文図が確認できる諸所荘は、抹消された「文図一巻」が仮に存在したとしても、「因幡庄」を含めた六所である。一方、文図が確認できないのは「葛木寺東所」「田村所」「堀江所」「村屋所」の四所である。そこで、「葛木寺東所」についてみると、勅書には、「田園」とあるものの、施入田数が記載されておらず、絵図にも田などの記載がないことがわかる。また「田村所」に関しても、延喜二年（九〇二）十二月二十八日太政官符案には、同所が「葛木寺東所」とともに東大寺の「園地」であることが記載されている。(70)「堀江所」や「村屋所」に関しても、史料が存在しておらず、詳細は不明であるが、田が存在しなかった可能性が高い。こうした文図の作成状況は、文図が勅施入寺領のなかで田を含む場合にのみ作成されていたことを示している。

この点に留意して、文図と絵図を比較してみると、両者の違いが明瞭になる。水成瀬絵図をみると、坪毎に施入された田の面積のほかに、畠や倉などの記載がみられる。こうした田以外の記載は水成瀬絵図以外の絵図にもある。田が施入されなかった史料七の葛木寺東所の絵図はもとより、次に示す天平勝宝八歳十二月十七日摂津国河辺郡猪名所地図写にも田以外の記載がある。(71)

史料八

（朱書）
「此一行押紙也」
天平勝宝八歳六月十二日勅施入文絵図銘文外載野一百町
摂津職河辺郡猪名所地四十六町六段二百二十五歩宮宅所八段二十歩田地四十五町八段二佰五十歩墾田三十七町六段二百二十二歩

（図略）

浜二百五十町　大小□十一処

天平勝宝八歳十二月十七日
（署名略）
勘摂津職（署名略）

史料八は史料一の「猪名庄」絵図の写しであり、十二世紀初頭から中頃にかけて作成されたと推定される(72)。同史料の図部分にも「宮宅地」などの記載は確認できる。また、端書部分には、総面積である「四十六町六段二百二十五歩」のあとに、宮宅所などの田数の内訳が記載されている。絵図にみられる田以外の記載の存在は、同じ天平勝宝八歳の勅施入に際して作成された絵図と文図とが異なった性格であったことを示している。

また、絵図には、四至に対応する記載や表現も確認できる。史料七の葛木寺東所の図部分には、勅書記載の四至に相応する道や大安寺園が記載されている。また、水成瀬絵図には、前に述べた「口分田」のほかに、東大寺牒案記載の四至「限東水无河　限南公田并山　［　］山　限北水无川上山」(73)に対応する「水无川」や山の絵画的表現がある(74)。

以上のことをふまえると、水成瀬絵図の作成は、文図と同様に田の表記をしているものの、文図が表現していなかった対象の内容を表示することに重点を置いたものであったといえる。それは、施入された土地が、畠・屋・倉のような田以外の土地を含む実態であることを示すとともに、一定のまとまりをもって領域を構成していたことを示すものであった。これは、領域を対象として土地把握する機能そのものであったといえるであろう。

本章では、十一・十二世紀における八世紀中頃作成の水成瀬絵図の利用実態を検討し、その上で、水成瀬絵図と同じく勅施入時に作成された文図との比較検討をもとに、水成瀬絵図の機能について考えてきた。その結果、水成瀬絵図の機能は、班田図と同様に、方格線・文字表現による個別の地片を対象とした土地把握にとどまらず領域を土地把握するものであったことを示した。こうした機能は、決して水成瀬絵図特有のものであったとは考えられないのではないか。他の古代荘園図も、水成瀬絵図と同じく、田にとどまらない地目を含む寺領が描かれていた。文図とは別に作成される水成瀬絵図は、班田図の機能とは異なる、古代荘園図がもつ機能を特徴的に示しているといえる。

注

（1）金田章裕『古代荘園図と景観』（東京大学出版会、一九九八年）ほか。
（2）東京大学史料編纂所編『日本荘園絵図聚影』四（東京大学出版会、一九九九年）収録。
（3）服部昌之「条里の図的研究」（水津一朗先生退官記念事業会編『人文地理学の視圏』（大明堂、一九八六年））。
（4）東京大学史料編纂所編『日本荘園絵図聚影』五上（東京大学出版会、二〇〇一年）収録。
（5）東京大学史料編纂所編前掲注（4）書収録。
（6）吉田敏弘は、班田図を集成し、一つの完結した空間を表現する古代荘園図における絵画的表現の必然性について言及する。こうした古代荘園図の絵画的表現の系譜が中世荘園絵図に引き継がれているとする。吉田敏弘「田図・条里図」（小山靖憲・

下坂守・吉田敏弘編『中世荘園絵図大成』（河出書房新社、一九九七年）。

（7）水成瀬の構造や現地比定の検討を含め数多く存在する。主な先行研究としては以下の文献がある。服部昌之「淀川右岸地域」（『律令国家の歴史地理学的研究』（大明堂、一九八三年、初出一九七二年））。長山泰孝「水無瀬荘の成立過程とその特質」（『古代国家と王権』（吉川弘文館、一九九二年、初出一九七五年））。富澤清人「東大寺領水無瀬荘と荘民」（『中世荘園と検注』（吉川弘文館、一九九六年、初出一九七五年））。出田和久「摂津職嶋上郡水無瀬荘図」（金田章裕・石上英一・鎌田元一・栄原永遠男編『日本古代荘園図』（東京大学出版会、一九九六年））。山幸彦「天平勝宝八年六月勅施入庄・所群の性格と機能」（『古代東大寺庄園の研究』（溪水社、二〇〇一年））ほか。

（8）富澤清人は、十一・十二世紀における水成瀬荘の実態を、文書目録などから明らかにしている。本章はその成果や研究手法を批判的に継承する。富澤前掲注（7）論文。

（9）原本調査の成果は以下の文献による。東京大学史料編纂所「東大寺開田図の調査」（『東京大学史料編纂所報』一四〜一七、一九七九〜一九八一年）。水成瀬絵図の写真図版やトレース図作成には東京大学史料編纂所編前掲注（2）書収録の写真図版を利用した。同書によると水成瀬絵図の図・署判部分の法量（縦×横）は二八・七センチ×六九・四センチ。

（10）同書は延宝九年（一六八一）六月に加賀藩主前田綱紀の命を受けた津田光吉が、東大寺油倉（印蔵）を調査した際の文書目録である。加越能文庫蔵『松雲公採集遺編類纂』書籍五。

（11）寛徳二年（一〇四五）五月十八日関白家政所下文案（『平安遺文』六二三）。

（12）長元二年（一〇二九）閏二月十三日東大寺牒案（『平安遺文』五一五）。

（13）建保二年（一二一四）東大寺文書出納日記（『鎌倉遺文』二六一五）には猪名荘文書の一つとして「一巻正文八枚庄々連券天平勝宝八年」が記載されている。形態や年紀から判断して「庄々連券」が文図であることは間違いない。なお、同目録において文図正文は、久安年間（一一四五〜一一五〇）に紛失した猪名荘の勅書および絵図の各案文を保証するものとして利用されたと考えられる。

（14）上杉和彦「中世的荘園絵図『成立』についての試論」（『日本中世法体系成立史論』（校倉書房、一九九六年、初出一九九三年)）。

(15) 後述するように絵図案文は寛徳二年の利用以降、長承二年（一一三三）の目録3に至るまで公験文書として出納されていなかった。「放置」とは、こうした絵図案文の状態を示していると考える。

(16) 『平安遺文』二六二六。勅書正文と同時に「四箇所絵図」も紛失したことが記載されている。「四箇処絵図」は、後出の史料一記載「春日庄　清澄庄　猪名庄　因幡庄」絵図であったと考える。勅書正文紛失は、仁平三年（一一五三）壬十二月三日東大寺領播磨荘摂津荘文書出納日記（『平安遺文』二七八七）にも記載がある。なお、恵舟については五味文彦の論考を参照。五味文彦「院政期の東大寺文書」（『院政期社会の研究』〈山川出版社、一九八四年、初出一九八〇年〉）。

(17) 富澤前掲注（7）論文。

(18) 『架蔵番号』三―一一―三六。『架蔵番号』は東大寺図書館架蔵番号を示す。なお、東大寺図書館所蔵東大寺文書は実覧した一部を除き、国立歴史民俗博物館所蔵の写真帳を利用した。

(19) 村屋所・堀江所については不明であるが、両所もまた天平勝宝八歳に勅施入された可能性は高い。なお、「堀江庄」は後述する年不詳「僧某書状」において「新羅江庄」と記載されていることから、「新羅江庄」に関わる寺領であった。

(20) 栄原永遠男「古代荘図の作成と機能」（金田ほか前掲注（7）書収録）。

(21) 丸山前掲注（7）論文。

(22) 堀池春峰の推定による。栄原前掲注（20）論文。丸山幸彦は前出の僧恵舟奉書にある勅書・絵図を扱い紛失した実光を覚光であるとし、勅書・絵図・文図の管理に覚光が関わっていたと推定する。また、史料一に記載される飛騨荘の文図案文が、後に示すように僧覚光によって所進されていることに注目し、史料一の作成時期を、覚光が飛騨荘の上司職に補任される久安三年（同年二月二十五日東大寺政所下文〈『平安遺文』二六〇四〉前後の一一三〇～一一四〇年代とみている。丸山前掲注（7）論文。たしかに覚光が飛騨荘の文図案文作成に関係したのは事実である。しかし、必ずしもそうした行為が史料一の作成を示すものではない。なお、訂正後の勅書の項に記載された所荘の数について、丸山は勅書の項記載の所荘数が、文図の項への移動を示す「春日庄」以下の記載を除いて、ちょうど「春日庄　村屋庄　飛騨庄　堀江庄　猪名庄　山崎庄　因播庄」の七箇所であることから、勅書の項の訂正後に記載された所荘数を「十」ではなく「七」であったとする。しかし、当該部分は原本を熟覧すると「七」ではなく「十」と読める。これは、史料一記載の所荘数が、「葛木寺東所、田村所、春日庄、清澄庄、村屋庄、飛騨庄、堀江庄、猪名庄、水成瀬庄、因幡庄」の一〇カ所荘となることとも符合する。

(23)「絵図」の項における「一巻　載七箇所　枚数拾枚」の「一」の箇所には、抹消のような重ね書きがある。これは七箇所連券であった絵図の形態が解消されたことを示しているのではなく、単に本来「一」を記載する場所に「葛木寺東所」の「廿」を書いたあとに、「一」を重ねたためである。

(24)抹消されている文図一巻の存在は否定できないが、少なくとも史料一の作成時には存在しなかったと考えられる。なお、丸印以下の諸荘は目録1の天平勝宝八歳十二月十三日「文図」所載諸荘と同一である。

(25)「山埼庄」と「水成瀬庄」については別々の寺領であったとの指摘がある。東京大学史料編纂所前掲注(9)論文。丸山前掲注(7)論文。しかし、栄原永遠男が指摘するように「山埼所」は史料一以外に天暦四年(九四八)十一月二十日東大寺封戸荘園并寺用帳(『平安遺文』二五七)のみにみられる名称である。そこでは「嶋上郡山埼水成庄田地」とあるように「水成庄」すなわち水成瀬荘と一緒に扱われている。こうした状況を考えると、「山埼所」は水成瀬荘の別称と考えるべきである。栄原前掲注(20)論文。

(26)この「一所」については、これまで猪名荘とする説(鷺森浩幸「文図について」『日本古代の王家・寺院と所領』塙書房、二〇〇一年、初出一九九四年)ほか)や、山埼荘とする説(東京大学史料編纂所前掲注(9)論文。丸山前掲注(7)論文)が出されている。また、「一所」を「公田」と「勅旨田」とする説(杉仁・奥野中彦「摂津国嶋上郡水無瀬荘図」(西岡虎之助編『日本荘園絵図集成』上、東京堂出版、一九七六年))がある。

(27)延喜九年(九〇九)六月二十七日僧平珍款状案(国立歴史民俗博物館所蔵)によると、宝亀年間(七七〇〜七八〇)、東大寺は葛木寺東所を佐伯今毛人等に売却する際、勅書が他国の勅書と「一帋」すなわち連券であるという理由で寺家に留めていることがわかる。

(28)上杉和彦は、水成瀬絵図が「発見」され利用された理由の一つを、同図のもつ絵画的表現による土地景観の描写技術であったとする。上杉前掲注（14）論文。

(29) 目録3は、後述する大治五年（一一三〇）ののちになされた文書整備の過程を示すものである。同目録で撰出された文書群は、のちの保元二年（一一五七）の目録7以降に、水成瀬荘の公験文書として扱われるようになる。

(30) 富澤前掲注（7）論文。

(31) 別筆である⑤は、①②④を不審勘合した長承二年（一一三三）の目録14に関係して追加進上されたことが明らかである。

(32) 木村茂光「中世成立期における畠作の性格と領有関係」（『日本古代・中世畠作史の研究』〔校倉書房、一九九二年、初出一九七七年〕）。

(33) 富澤清人は、目録3の「散所雑色寺役勤仕証文」を、長承二年の東大寺による水成瀬荘内の田堵対策に関わるものと指摘する。そして、「寺領四至内畠欲押取式部大輔証文」の式部大輔を、長承二年当時の藤原敦光とみなし、敦光が摂関家司でもあったことから、両証文を一連のものとして理解する。富澤前掲注（7）論文。同目録における沙汰を、東大寺による荘内田堵の対策ととらえる富澤の見解は重要である。しかし、式部大輔は十一世紀後半の平定親とすべきであり、両証文は摂関家や田堵等との関係から一括にはできない。

(34) 前掲注（12）。

(35) 木村茂光は、関白家政所下文案に引用される天平勝宝八歳の「絵図」（木村は現存水成瀬絵図とする）について、同図に一四カ坪にわたって記載された畠が注目され、水成瀬荘四至内に存在する畠の東大寺による伝統的な領有の主張の根拠として用いられたことを指摘する。木村前掲注（32）論文。

(36) 黒田日出男は、十世紀後半の東大寺領板蠅杣と隣接する薦生牧との相論のなかで、東大寺による寺領四至内領掌の主張がみられると指摘している。黒田日出男「板蠅杣・薦生牧と四至」（『日本中世開発史の研究』〔校倉書房、一九八四年、初出一九七八年〕）。板蠅杣と水成瀬荘における四至内領掌の主張の相違点および共通点や、中世成立期における四至内領掌の主張がどのような背景のもとに成立したかについては今後の課題としたい。

(37) 高橋一樹「寺領荘園の成立」（『中世荘園制と鎌倉幕府』〔塙書房、二〇〇四年、初出二〇〇〇年〕）。大治三年（一一二八）

には、東大寺別当勝覚のもとで、天平勝宝八歳勅施入寺領を含む八世紀および九世紀に成立した東大寺領の田数確認作業がなされている。大治三年七月日東大寺荘園目録（『平安遺文』二二一九）。大治年間の公験文書撰出はこうした作業に関係している可能性がある。

(38)『平安遺文』四七七。

(39)前掲注（12）。

(40)条里プランの復原にあたっては、島本町役場所蔵明治二十年（一八八七）代作成地籍図や天保九年（一八三八）広瀬村大絵図（粟辻寛風氏所蔵。粟辻寛風監修・奥村寛純編『若山神社史』（若山神社社務所、一九八九年）収録）、大阪府三島郡島本町の昭和三十六年（一九六一）作成三千分の一の基本図および空中写真などを用いた。ところで、先行研究は水成瀬絵図の記載範囲が平安期の荘域よりも、一町分北に展開していると理解している。米倉二郎「庄園図の歴史地理的考察」（『広島大学文学部紀要』一二、一九五七年）。服部前掲注（7）論文。出田前掲注（7）論文ほか。しかし、長元二年の東大寺牒案（前掲注（12））と水成瀬絵図に記載された四至（「水无川」、山、「口分田」の文字）を比較すると、両者の四至はほぼ同一であることがわかる。図17の水成瀬絵図の現地比定は平安期の荘域をもとに行った。なお、東大寺牒案では水成瀬荘の坪付が他の史料とは異なり「三条一里」となっている。この記載について先行研究は「二条一里」の誤記としている。ここではとくに問題とせず「二条一里」として扱う。

(41)筒井英俊編纂・校訂『東大寺要録』（国書刊行会、一九七一年）。文字の確認・訂正は国立歴史民俗博物館所蔵写真帳で行った。

(42)その後、水成瀬荘内の水田数は鎌倉期に至るまでほぼ一〇町前後で安定している。『東大寺続要録』記載の建保二年（一二一四）東大寺領荘園田数所当等目録（『続々群書類従』一一。文字の確認・訂正は国立歴史民俗博物館所蔵写真帳で行った）には、当時の水成瀬荘が水田一二町八段六歩と畠三町余から構成されていたことが記載されている。

(43)服部前掲注（7）論文。

(44)名神高速道路内遺跡調査会『水無瀬荘遺跡発掘調査報告書』（一九九六年）。

(45) 左京職下文記載の職写田の坪付は絵図の畠および里部分に相当する。
(46) 東大寺牒案の国判部分には「判　件田見作捌町陸段佰伍拾歩内」として、左京職田、古勅旨、公田の田数が記載され、「依代代并左右京職免地子官物責免除既畢」とされている。
(47) 木村茂光「不入権の成立について」(『日本初期中世社会の研究』〈校倉書房、二〇〇六年、初出一九八〇年〉)。このほか臨時雑役の賦課形態の変化については小山田義夫の研究がある。小山田義夫「造内裏役の成立」(『史潮』八四・八五、一九六三年)ほか。
(48) 康平二年(一〇五九)二月九日摂津国水成瀬荘司藤井安吉解(『平安遺文』四六二二)では官物免除のみが主張されている。
(49) 『思文閣古書資料目録善本特集』第一一輯(一九九九年)収録。
(50) 天喜四年(一〇五六)二月二十三日水成瀬荘田堵等解文(前掲注(49)書収録)や同年三月一□日為時解(『平安遺文』七六八)には、水成瀬荘に造殿御材木并防河役なる臨時雑役が賦課されていたことが記載されている。
(51) 『架蔵番号』七―三二一。
(52) 勅書は目録1の作業目録である目録2に一旦記載されているものの、その後抹消されている。
(53) 前出の長久元年(一〇四〇)十一月二十八日官宣旨案および長久五年八月二十六日官宣旨案(前掲注(49)書収録)。
(54) 寛治五年(一〇九一)四月五日摂津国左近衛将曹中臣近友請文(『平安遺文』一二九一)。
(55) 前掲注(38)。
(56) 臨時雑役免除要求に際して四至が主張される背景については木村茂光の研究がある。木村前掲注(47)論文。
(57) 大治五年の文書撰出においては、絵図の存在が重要視されている。目録1では越前・越中国の絵図群が独立した項目を設けられていることが知られるが、多くの場合、絵図が公験文書の先頭に記載されている。また、猪名荘の場合、同目録では絵図は進上されなかったが、翌年の天承元年(一一三一)四月二十五日には「依政所仰」りて「紙絵図一幀」が追加進上されている。年欠東大寺文書出納日記(『平安遺文』補二〇四)。
(58) 奥野中彦「開田図から四至牓示図への展開」(『荘園史と荘園絵図』〈東京堂出版、二〇一〇年、初出一九七三年〉)。なお、奥野は、白図を「今日のいわゆる地図」とし、絵図を「今日の鳥瞰図に近いものであり、色彩を施し、景観を一目、会得させようとしたもの」としている。
(59) 梅村喬「租帳勘会と国司検田」（『日本古代財政組織の研究』（吉川弘文館、一九八九年））。
(60) 承和二年（八三五）四月十五日民部省符写（『平安遺文』五八）ほか。
(61) 鷺森前掲注（26）論文。
(62) 丸山前掲注（7）論文。
(63) 『大日本古文書』東南院文書二、二五九〜二六〇頁。
(64) 勅書については田島公の研究がある。田島公「美濃国東大寺領大井荘の成立事情（上）（下）」（『ぐんしょ』六〇・六一、二〇〇三年）。
(65) 『大日本古文書』編年二五、二〇〇〜二〇一頁。
(66) 『大日本古文書』編年二五、二〇三〜二〇四頁。
(67) 土谷恵「房政所と寺家政所」（『中世寺院の社会と芸能』（吉川弘文館、二〇〇一年、初出一九八八年））。
(68) 『大日本古文書』編年四、一一八〜一二二頁。
(69) 旧稿「古代荘園図の機能」（『ヒストリア』二〇五、二〇〇七年）および「班田図と古代荘園図の役割」（『歴史地理学』五二—一、二〇一〇年）では、文図を班田図的あるいは班田図の記載を抜き出したものと理解したが、この点についてはさらに検討する必要があると考えている。なお、宝亀十一年（七八〇）西大寺資財流記帳（『寧楽遺文』中巻、三九五〜四二〇頁）には「一巻　名張郡栗林図〈並紙　副文図国印　一枚白紙〉」の記載がある。文図には、田に限らず、ある特定地目を抜き出したものも存在したことを想定させる。詳細は不明である。
(70) 『平安遺文』四五五一。
(71) 東京大学史料編纂所編前掲注（2）書収録。
(72) 鷺森浩幸「摂津職河辺郡猪名所地図」（鷺森前掲注（26）書収録、初出一九九六年）ほか。先行研究が示すように、図部分には情報がくわえられた箇所がある。それは、図部分や朱書の「此一行押紙也」、その一行を示す「天平勝宝八歳六月十二日勅施入文図銘文外載野一百町」である。ただし、摂津職以下の面積記載や文末の署名は、一部誤写があるものの正文の記載をある程度正確に写したものと考える。

（73）前掲注（13）。

（74）史料八の猪名所地図写の図部分は、後世に加えられた情報を含むが、西に「海」、東に「一入江」、南に「海」、北に「口分□《（田カ）》」がそれぞれ記載されている。四至が、端書きや図部分に記載されている古代荘園図は多く確認できる。

第五章　八世紀中頃の古代荘園図作成と班田図

現存する東大寺領古代荘園図は、寺領のタイプの違いによって、大きく二つに分けられる。東大寺あるいは他者（貴族・豪族・百姓）による野地占定を前提とする東大寺領を描く野地占定系荘園図と、国家（国司・郡司）による占定・開発を前提とする東大寺領を描く非野地占定系荘園図である。第一章では、この分類を軸にして表現内容・作成過程・作成契機の検討を行い、それぞれの古代荘園図に描かれた東大寺領が領域性という点において異なる領有形態であったことを示した。すなわち、野地占定を前提とする東大寺領は、領域性に一定の留保条件が付されていたのに対して、国家による占定・開発を前提とする東大寺領は、当初より領域性が確保されていたと考えられる。また、第二章から第四章では、タイプの異なる東大寺領の事例を取り上げ、この点について理解を深めてきた。

ここでは、各章の成果をふまえた上で、八世紀中頃作成の古代荘園図の表現内容および型式と班田図との関係についてみていく。六年毎の班田収授の結果を示す班田図は、すでに多くの研究によって指摘されているように、八世紀中頃における国家による土地政策の基本台帳であった。(1) 古代荘園図と班田図の関係を明らかにすることで、八世紀中頃における寺領の領有形態の違いを明確にしたい。（なお、本章では東大寺領古代荘園図の引用に際して略称を用いる。史料名称については第一章表1を参照されたい）。

そこでまず、野地占定系荘園図と班田図との関係についてみていきたい。

野地占定を前提とする東大寺領に関しては、校田に先立って東大寺関係者が主体となり、国衙へ占定範囲の画定を含む領有認定の申請を行っていた。その際、重要な役割をはたしていたのが古代荘園図の存在であった。現存する図としては、天平宝字三年（七五九）の越前国糞置村図、越中国伊加流伎図、同国石栗村図、同国須加図、同国鳴戸図、同国椙田図、同国丈部図、同国大藪図がある。また、阿波国新嶋荘図は、天平勝宝八歳（七五六）に国衙への申請に用いられた「国司図」を原図として、天平宝字二年に作成された案文であった。(2)

これらの図に記載された境界線をみていくと、山際・河川・道を除く境界線の多くが方格線上に記載されていることがわかる。これは、他の野地占定系荘園図でも同じ傾向を確認できるものであるが、境界線の設定が図上においてなされたためであるといえる。(3) それというのも、野地占定は、未開発地（野地）を対象としていたものであり、図上の方格線と対応する境界線のすべてが、現実の畦畔や道あるいは条里地割であったとは考えがたいからである。そして、こうした境界線の設定に際して用いられたと考えられるのが班田図である。

野地占定系荘園図のうち神護景雲元年（七六七）図については、すでに岸俊男によって、班田図を基図として作成されていたことが示されている。(4) 岸は、越中国鳴戸村図に記載された寺領範囲が、里界線を堺に一里分ずれていることに注目した。そして、このずれが、一条一巻型式の班田図の並べ方を誤ったために生じたとし、神護景雲元年図の作成に際して班田図が基図とされたことを指摘している。

また、校田年に作成された天平神護二年（七六六）図について金田章裕は、校田作業における改正・相替・買得といった変更の状況を詳細に記した図であることから、同年の校田図との関係を想定している。(5) 校田図は、班田に先立って行われた校田の結果を示した図であり、弥永貞三によって班田図と同じような型式を有するものであったことが指摘されている図である。(6)

このように、神護景雲元年と天平神護二年の野地占定系荘園図に関しては、作成時における班田図との関係がすでに指摘されている。

こうした班田図との関係は、前記の古代荘園図に関しても想定される。天平宝字三年に作成された越中国諸図については、図の天地と図に記載された条里呼称の向きとの関係が注目される。

越中国の条呼称には数詞が付けられ、里には固有名詞が付けられている。そして坪並には「一行一」（一坪に相当）からはじまり、「六行六」（三六坪に相当）で終わる平行式が採用されている。こうした条里呼称のうち、条および坪並の向きと図の天地との間には一定の関係を見出すことができる。

すべてが野地である伊加流伎図や大藪図を除いた越中国諸図には条里呼称の記載が記載されている。それらの図の天地と条里呼称との関係をみると、二つのタイプが存在することがわかる。東を天にして、南北列に条の列を置き、里区画の右上隅に一行一を置く石粟村図・須加図・鳴戸図と、南を天にして、東西列に条の列を置き、里区画をを里の左上隅に一行一を置く椌田図・丈部図である。

しかし、これは、寺領域と料布との関係によって生じたものであり、越中国の天平宝字三年図に関しては東を天として右上隅に一行一を置く配置が基本型であったと考えられる。すなわち、椌田図・丈部図に関しては、記載対象とする寺領域が東西に長く、東を天とした場合には横長である料布の形状との間に支障をきたしたために、基図とする班田図の向きを左に九〇度回転させたと理解できる。[7]さらに、条里呼称の記載がない伊加流伎図や大藪図に関しても東を天にしたものであった。両図の対象地域はすべて野地であり、班田図が作成されていなかった地域を対象としているが、図作成に際して、東を天とする班田図の存在が強く意識されていたといえる。

また、天平宝字三年の越前国糞置村図についても、越中国の諸図と作成者が同じであり、作成にあたって班田図が基図とされたとみられる。この点は、現地との対応関係や作成期間の短さからも裏付けられる。(8)阿波国新嶋荘図の原図である「国司図」に関しても、班田図との関係を直接示す根拠を確認することができないものの、班田図を基図ないしその存在を前提に作成されたといえる。(9)

このように、寺領の認定に用いられた野地占定系荘園図は、班田図との関係が密接であったと考えることができる。これは、野地占定を前提とした寺領が、班田図にもとづく班田制のなかで位置づけられていたことを示すものであり、班田図をもとに図を作成することで、はじめて領域性の主張ができたことを示している。

ところが、非野地占定系荘園図である天平勝宝八歳作成摂津国水成瀬絵図に関しては、班田図との関係が明確ではないことがわかる（本書第四章、図16）。水成瀬絵図は、天平勝宝八歳五月二十五日の勅をもとに施入された水成瀬を描いた図であり、施入時に嶋上郡司が作成し、その後に摂津国司署名や摂津国印押捺がなされたものである。そこには、東大寺への施入地が田・畠・屋・倉からなる実態であり、一定のまとまりをもって領域を構成することが示されていた。(10)

まず、境界線と方格線との関係をみていくと、方格線に沿って境界線が設定されているのはわずかに南の「口分田」付近に確認できるのみであった。ただし、この部分に関しても、すべてが直線的なものではなかった。山間部に立地するという点を考慮する必要があるが、こうした境界線の設定のあり方は、野地占定系荘園図のそれとは異なるものであった。

また、水成瀬絵図における山の表現をみると、方格線との間に齟齬や矛盾が存在していることがわかる。野地占定系荘園図における山の表現のなかにも、図上の方格線との間に齟齬や矛盾をきたしているものが確認される。たとえば、天平宝字三年および天平神護二年の越前国糞置村図が挙げられる。ただしそれらは、方格線による位置表記を意識したために生じたものであり、あくまでも方格線との関係を逸脱するものではなかった。[11] このことは、他の野地占定系荘園図においても同様であった。[12]

しかし、水成瀬絵図における山の表現は、それとは明らかに異なるものであった。水成瀬絵図の場合、施入地の外側から内側に向かって山を望んだようになっており、山麓線の位置が不明確なものになっていた。そのため、方格線を基準とする耕地分布との間に齟齬・矛盾を生じさせる原因となっていた。こうした齟齬・矛盾は、山を描くにあたって図に記載された方格線を意識していなかったことを示すものといえる。

これらの点を考える上で、注目したいのは施入地である水成瀬における条里プランと嶋上郡条里プランの関係である（本書第四章、図17）。水成瀬の条里プランは正方位であるのに対して、嶋上郡条里プランは東偏するものであった。さらに、水成瀬の範囲はちょうど一里に収まっていた。これは、水成瀬が、もともと嶋上郡の条里プランの及ばない地域であり、[13] 水成瀬絵図作成に際して班田図が用いられなかったことを示すものであった。同図に引かれた方格線については、すでに服部昌之が「条里プランの開発計画線」であったと指摘しているが、[14] 周辺の条里プランとの関係を考慮するならば、それとは別に設定された方格線を延長したものであったとも考えられる。水成瀬に関しては、施入地をそのまま新しい里区画に設定し、その後、班田図が作成された可能性がある。[15]

野地占定系荘園図のなかにも、班田図が作成されていなかった地域を対象とする図は存在する。天平宝字三年に作成された越中国伊加流伎図や同国大藪図である。しかし、両図は、前述したように班田図の存在を意識したものであった。

このように、水成瀬絵図は、野地占定系荘園図と異なり、班田図を基図あるいはその存在を前提としない作成原理が想定される。こうした水成瀬絵図の表現のあり方は、同図が対象とする寺領の領有形態を特徴的に示すものであると考えられる。すなわち、水成瀬が班田図にもとづく班田制と無関係に領域性が確保された寺領であったことを示すものであったといえる。

さらに、水成瀬絵図で確認できる点は、同じ非野地占定系荘園図である天平勝宝三年の近江国水沼村図および近江国覇流村図の二図にも見出せる。

水沼村図と覇流村図には、野地占定系荘園図と同じく、境界線が図上の方格線上に沿って引かれている。境界の設定に際して、班田図が用いられたと考えられる。しかし、水沼村図と覇流村図の山の表現をみると、いずれも方格線の外に描かれていることがわかる。くわえて、それぞれの比定地の条里プランに関しても周辺の条里プランと非連続なものであった可能性が想定される。水沼村に関しては、周辺の犬上郡条里プランが東偏しているのに対して、同村の比定地付近にはほぼ異方位の地割が確認でき、異方位の条里プランが想定される(16)。一方の覇流村においても、犬上郡の条里プランとの間に一町分の齟齬が指摘されている(17)。

こうした山の表現や条里プランの特殊性は、班田図に必ずしも規制されない図の作成原理を想定させるものといえる。領域性が確保された施入地であることと無関係ではないように思われる(18)。

以上みてきたように、野地占定系荘園図と非野地占定系荘園図では、班田図との関係において違いが存在していたことが確認できる(19)。こうした違いは、それぞれの図が対象とする東大寺領の領有形態が領域性という点において異っていたことを一層明瞭にするものであるといえる。

興味深いのは、野地占定系荘園図が非野地占定系荘園図の作成後に数多く作成されているということである。こうした東大寺領古代荘園図作成の傾向は、非野地占定系荘園図の作成を受け、東大寺が領域性の主張のために、野地占定系荘園図を作成・利用しはじめたことをうかがわせるものである。

ところで、八世紀中頃における領域性の主張は、東大寺領以外にも確認できる。このことを示すのが、東大寺の寺域を示す東大寺山堺四至図の存在である。天平勝宝八歳六月九日の東大寺山堺四至図には、周辺の山を取り囲むように堺が記載されている。[20] 東大寺山堺四至図の端書きには、「奉　勅、依此図定山堺、但三笠山不入此堺」とあり、寺域の境界画定と関わる図であったことがわかる。[21] 作成背景や機能について新たに言及する点をもちあわせていないが、同図が天平勝宝八歳の年紀をもつものである点は興味深い。

注目したいのは、大和国平群郡額田寺伽藍並条里図の存在である。[22] 額田寺伽藍並条里図は六世紀以来の額田部氏の土地領有を起源にもつ額田寺領を描く図であり、額田寺の寺辺に展開した田・畠・林などの地目のほかに、額田部氏の先祖の墓などが記載されている。そして、朱線による境界線さらには石柱の図像を用いた境界表現がみられる。図の四辺が欠損しているため、署名などは不明であるが、同図には全面にわたって大和国印が捺されている。大和国印の押捺は、図に国衙が関与していたことを示している。これらの点をふまえた上で山口英男は、[23] 額田寺伽藍並条里図が額田寺周辺寺領の領域確定に用いられた図であったと指摘している。また作成時期に関しては、図の表現内容や「大和国印」の使用年代そして前述した東大寺山堺四至図との関係から、天平勝宝八歳六月から天平宝字年間頃（七五七〜七六五）の間であると推定している。

こうした額田寺伽藍並条里図の存在は、六世紀以来の額田部氏の土地領有を起源にもつ額田寺領が、八世紀中頃段階において領域性の確保を求めていたことを示すものとして重要である。

さらに額田寺伽藍並条里図に関しては、絵画的表現および境界線と方格線との関係が留意される。[24] 同図には、坪界線と区別された一定幅の間隔をもつ二本線によって里界線が示されている。これは大和国の班田図における里名や里毎の集計を記載する部分をそのまま記載したものであった。[25] しかし、絵画的表現および境界線は、方格線を無視したかたちで記載されており、現地の条里プランも周辺との相違が確認されている。(26)こうした額田寺伽藍並条里図のあり方は、描かれた寺領の境界が班田図整備以前に設定されたことを示すとともに、八世紀中頃という時期においてあらためて班田図をもとに領有認定がなされたことを示している。

注

（1）班田図に関する主な文献として以下の文献がある。岸俊男「班田図と条里制」（『日本古代籍帳の研究』塙書房、一九七三年、初出一九五九年）。宮本救ａ「山城国葛野郡班田図」（『律令国家と班田図』吉川弘文館、一九九七年、初出一九五六年・一九八一年・一九八二年）。同ｂ「『山城国葛野郡班田図』補説」（『日本歴史』六一一、一九九九年）。弥永貞三「班田手続と校班田図」（『日本古代の政治と史料』高科書店、一九八八年、初出一九七九年）。山本行彦ａ「日本古代における国家的土地支配の特質」（田名網宏編『古代国家の支配と構造』東京堂出版、一九八六年）。同ｂ「国家的土地支配の特質と展開」（『歴史学研究』五七三、一九八七年）ほか。

（2）なお、阿波国名方郡東大寺領に関しては、大豆処図が現存する。同図も寺領認定と関わって作成されたと考えられる。本書第三章。

（3）境界線と方格線との関係については、服部昌之をはじめとしてすでに多くの研究者が指摘している。服部昌之「条里の図的研究」（水津一朗先生退官記念事業会編『人文地理学の視圏』大明堂、一九八六年）ほか。

（4）岸前掲注（1）論文。

（5）金田章裕「律令の条里プランと荘園図」（『古代荘園図と景観』東京大学出版会、一九九八年、初出一九九六年）。

（6）校田図と班田図との関係については、弥永前掲注（1）論文参照。

（7）なお、越中国諸図の天地と条里呼称の関係については服部昌之も指摘している。服部昌之「『条里の図的研究』補説」（『人文研究』三八―七、一九八六年）。服部は、北を天にして、東西列に条列を置き、里区画の右下隅に一行一を置くものを基本型としている。

（8）本書第二章。

（9）本書第三章。

（10）本書第四章。

（11）本書第二章。

（12）天平神護二年の越前国道守村図における沼の表現には、方格内の文字記載と位置関係において明らかに齟齬をきたしているものが確認できる。しかし、これは、方格線による空間定位に起因する誤りであった可能性がある。方格図におけるこの種の誤りについては吉田敏弘「荘園絵図の空間表現とその諸類型」（国立歴史民俗博物館編『描かれた荘園の世界』〔新人物往来社、一九九五年〕）参照。

（13）水成瀬絵図に記載された田は、長元二年（一〇二九）閏二月十三日東大寺牒案（『平安遺文』五一五）において「古勅旨」とされており、天皇家と密接な関係を有する勅旨田に由来とするものであったと指摘されている。長山泰孝「水無瀬荘の成立過程とその特質」（『古代国家と王権』〔吉川弘文館、一九九二年、初出一九七五年〕）ほか。

（14）服部昌之「淀川右岸地域」（『律令国家の歴史地理学的研究』〔大明堂、一九八三年、初出一九七二年〕）。

（15）水成瀬の施入に際しては、天平勝宝八歳十二月十三日に「文図」が作成されていたことが大治五年（一一三〇）三月十三日東大寺諸荘文書并絵図等目録（『平安遺文』二一五六）の記載からわかる。また、「文図」は、水成瀬と同時に施入された他の場所でも、「絵図」と別に作成されていたことがわかる。後世の写しなどから、「文図」は、施入地内の田のみを記載したものであったことが推測される。本書第四章。「文図」の作成は、あるいは水成瀬において班田図が作成されていなかったためかもしれない。

（16）谷岡武雄「歴史時代における扇状地の開発」（『平野の開発』古今書院、一九六四年、初出一九五八年）ほか。

（17）片平博文「近江国覇流村墾田地図」（金田章裕・石上英一・鎌田元一・栄原永遠男編『日本古代荘園図』〔東京大学出版会、一九九六年〕）。

(18) 両図に記載された方格が、八世紀中頃作成の古代荘園図のなかでも例外的に長方形であるのも、こうした作成原理の違いを示しているのかもしれない。ただし、班田図のなかには、十二世紀頃作成された山城国葛野郡班田図から復原できる九世紀初頭の班田図のように方格を長方形に記載するものも存在してたと考えられる。東京大学史料編纂所編a『日本荘園絵図聚影』二（東京大学出版会、一九九二年）および同b『日本荘園絵図聚影』五下（東京大学出版会、二〇〇二年）収録。

(19) 旧稿では、班田図整備と八世紀中頃における古代荘園図作成との関係について言及するなかで、水成瀬絵図および覇流村・水沼村図の作成が、班田図を基図あるいはその存在を前提とするものであったと指摘した。三河雅弘「班田図と古代荘園図の役割」（『歴史地理学』五二―一、二〇一〇年）。しかし、水成瀬絵図および覇流村・水沼村図と班田図との関係については、本章で示したようにあらためたい。

(20) 東京大学史料編纂所編『日本荘園絵図聚影』三（東京大学出版会、一九八八年）収録。

(21) 東大寺山堺四至図については吉川真司「東大寺山堺四至図」（金田ほか編前掲注（17）書収録）参照。

(22) 東京大学史料編纂所編前掲注（20）書収録。

(23) 山口英男「額田寺伽藍並条里図」（金田ほか編前掲注（17）書収録）ほか。また、金田章裕は、図に記載された条里呼称の記載型式の検討から、宝亀三年（七七三）頃であると推定している。金田章裕「大和国額田寺伽藍並条里図」（金田前掲注（5）書収録）。このほか、研究成果には仁藤敦史編「古代荘園絵図と在地社会についての史的研究」（国立歴史民俗博物館研究報告八八、二〇〇一年）がある。

(24) 大和国の班田図については、八世紀中頃から九世紀初頭の班田図を原図とした十三世紀頃作成大和国添下郡京北班田図が現存している。東京大学史料編纂所編前掲注（20）書収録。

(25) 金田章裕「田図・古代荘園図における条里プランの表現」（『古代日本の景観』（吉川弘文館、一九九三年、初出一九八六年））。金田前掲注（23）論文ほか。

(26) 山口前掲注（23）論文。

第六章　讃岐国山田郡弘福寺領の実態と国家

古代日本の寺領については、天平十九年（七四七）に作成された、大安寺[1]や法隆寺[2]などの寺院伽藍縁起資財帳の記載から、大宝律令施行以前に起源がさかのぼる寺田の存在がはやくより指摘されている。[3]しかし、その後の研究では、八世紀中頃以降に展開した墾田を核とした、いわゆる「初期荘園」を中心に検討が進められていった。研究がこのように傾倒した背景の一つには、古代日本の土地制度に対する当時の理解があったと考えられる。すなわち、天平十五年の墾田永年私財法施行などにともなう墾田増加によって、「公地公民制」から「荘園制」へ移行したとする理解である。[4]「初期荘園」の検討は、「公地公民制」の崩壊過程を明らかにする上で重要な研究課題とされていったといえる。

そうしたなかで、石上英一によって、寺領を含む大土地領有に関する問題提起が示された。[5]石上は、国家による土地支配が、むしろ墾田永年私財法以降に強化されたとする見解[6]をふまえた上で、八世紀以前から存在する大土地領有をあらためて位置づけし直す必要性を指摘した。[7]現在では、石上の問題提起を受けて、寺院伽藍縁起資財帳などをはじめとした関連史料が再検討され、大宝律令施行以前に起源をもつ寺領に関する多くの研究成果が示されている。[8]

しかし、大宝律令施行以前に起源をもつ寺領については、八世紀初頭から中頃における寺領の実態に関して、必ずしも十分な検討がなされていない。くわえて、そうした寺領に対しての国家による把握についても、考古学の成果からもたらされた知見をふまえた上で、再検討していく必要が生じている。

国家による土地把握のあり方は、長らく、条里地割と呼ばれる一町方格による土地割の存在を前提に理解されてきた。すなわち、八世紀初頭までの間に、国家が広範に条里地割を施工し、それらにもとづいて土地の面積測量や位置確認をしていたと考えてきた。

しかし、この理解には修正が必要になっている。一九八〇年代以降の発掘成果によって、条里地割の多くは、十〜十二世以降に施工されたことが示された。(9) これにより、条里地割が八世紀段階において広範に施工されたとは考えられなくなったのである。(10) もちろん、七・八世紀においても条里地割は施工された可能性もあるが、国家による土地把握のあり方については条里地割の存在を一旦切り離す必要がある。

養老田令の田長条には「凡田、長卅歩、広十二歩為段、十段為町」という規定がある。(11) この規定は、これまで条里地割の施工に関わる規定とされてきたが、「町」の区画を明示し、その面積測量に関して規定したものと理解される。また、「町」は、班田の結果を示す際に用いられていたことが、口分田条の規定からわかる。こうした「町」に関する規定は、『令集解』古記から復元できる大宝令の条文にも確認できるものであり、大宝令施行時において設けられていたものであったといえる。(12) これらをふまえると、八世紀における国家は、六年毎の班田収授に際して、一町の方格網という統一規格の基準をもとに調査を実施し、土地の管理を行っていたと想定される。(13) 国家による寺領把握についても、こうした一町方格の存在を前提としてあらためて検討する必要がある。

大宝律令施行以前に起源をもつ寺領が、八世紀を通じてどのように存在し、国家によって位置づけられていたかを明らかにすることは、同時期における寺領の領有形態を考える上で不可欠な課題であると考える。

本章は、以上の点をふまえて、八世紀における寺領の実態や国家による寺領把握について検討するものである。その際に主な検討対象とするのが讃岐国山田郡弘福寺領である。弘福寺（川原寺）は、七世紀前半頃に飛鳥川原に創建された官大寺である。

讃岐国山田郡弘福寺領については、八世紀初頭の状況を示した史料として次のものがある。まず、和銅二年（七〇九）十月二十五日弘福寺田畠流記写である[14]。同史料は太政官をはじめとした寺田関係諸官省役人が弘福寺の田（陸田を含む）を記載した田記の写しである（以下、弘福寺田記と呼ぶ）[15]。そこには讃岐国山田郡における弘福寺田が記載されている[16]。弘福寺田記記載の弘福寺田については、弘福寺創建時あるいは天武二年（六七三）の天武天皇による封戸施入の時期など、七世紀後半に施入されたものであると推定されている[16]。また、天平七年（七三五）十二月十五日の日付をもつ讃岐国山田郡田図と称される図がある（以下、山田郡田図と呼ぶ）[17]。同図には、讃岐国山田郡弘福寺領における土地利用などの内容が描かれている[18]。

注目されるのは、上記の史料がいずれも国家との関わりのなかで作成されている点である。和銅二年の弘福寺田記は、太政官などが作成主体であることにくわえて、班田に先立つ校田作業と関わって作成されたことが指摘されている[19]。また、後述するように、天平七年の山田郡田図についても、国家が行った班田と関わっていたことが確認できる。両史料は、八世紀初頭から中頃にかけての国家による寺領把握の内容を明らかにする上で、有効な史料である。

このほか、讃岐国山田郡弘福寺領については、天平宝字五年（七六一）の寺田校出を記録した史料をはじめ、八世紀中頃以降の史料などにも恵まれている。

本章では、八世紀初頭における讃岐国山田郡弘福寺領の実態を明らかにし、同時期における国家による弘福寺領の把握状況について検討する。そして、これをふまえた上で、寺領に対して展開していった、八世紀における国家による土地把握について論じることにしたい。

一　讃岐国山田郡弘福寺領と山田郡田図

ここではまず関連史料をもとに讃岐国山田郡弘福寺領の概要についてみていくことからはじめる。

史料一に示した和銅二年（七〇九）の弘福寺田記は、同寺領に関する最も古い情報を記載したものである。

史料一[20]

弘福寺〈川原〉

田壱伯伍拾捌町肆段壱伯弐拾壱歩

陸田肆拾玖町柒段参歩

大倭国〈広瀬郡大豆村田弐拾町玖段弐拾壱歩〉

〈山辺郡石上村田弐拾捌町肆段壱伯肆拾陸歩〉

〈葛木下郡成相村田壱町弐段柒拾弐歩〉

〈高市郡寺辺田参町参段参拾玖歩〉

〈陸田壱拾壱町玖段壱伯弐歩〉

〈内郡二見村陸田陸段〉

河内国〈若江郡田壱拾弐町陸段〉

〈壱伯肆拾歩〉

山背国〈久勢郡田壱拾町弐伯参拾捌歩〉

〈陸田参拾柒町壱段弐伯陸拾壱歩〉

（中略）

和銅二年歳次己酉十月廿五日正七位下守民部大録兼行陰陽歴博士山口伊美吉田主

讃岐国〈山田郡田弐拾町〉

従三位行中納言阿倍朝臣宿奈麻呂　正八位上守少史勲十等佐伯造足嶋

従三位行中納言兼行中務卿勲三等小野朝臣毛野　従六位下守大史佐伯直小龍

正四位下守中納言兼行神祇伯中臣朝臣萬呂　正八位下守大録船連大魚

正五位下守左中弁阿倍朝臣〈使〉

従五位下守左少弁賀毛朝臣〈使〉

従五位上行治部少輔釆女朝臣比良夫

正五位下民部大輔佐伯宿祢石湯

（なお、本章では以下の史料凡例を用いる。□は一字分欠損。［　］は字数不明欠損。〈　〉は細字。「　」は別筆。ヽは合点。〃は朱合点。（　）は翻刻者・筆者注。）

これをみると、「讃岐国〈山田郡田弐拾町〉」とあり、和銅二年段階において讃岐国山田郡に二〇町の寺田が存在していたことがわかる。

図18に示した、天平七年（七三五）の年紀をもつ山田郡田図は、和銅二年の弘福寺田記記載寺田にくわえてそれ以外の土地利用などを記載した図である。図によれば、弘福寺領は「［　］夫十町［　］在」(21)すなわち一〇町の方格を隔てた、南と北に位置する二つの地区から構成されていたことがわかる（以下、南地区、北地区とする。なお、山田郡田

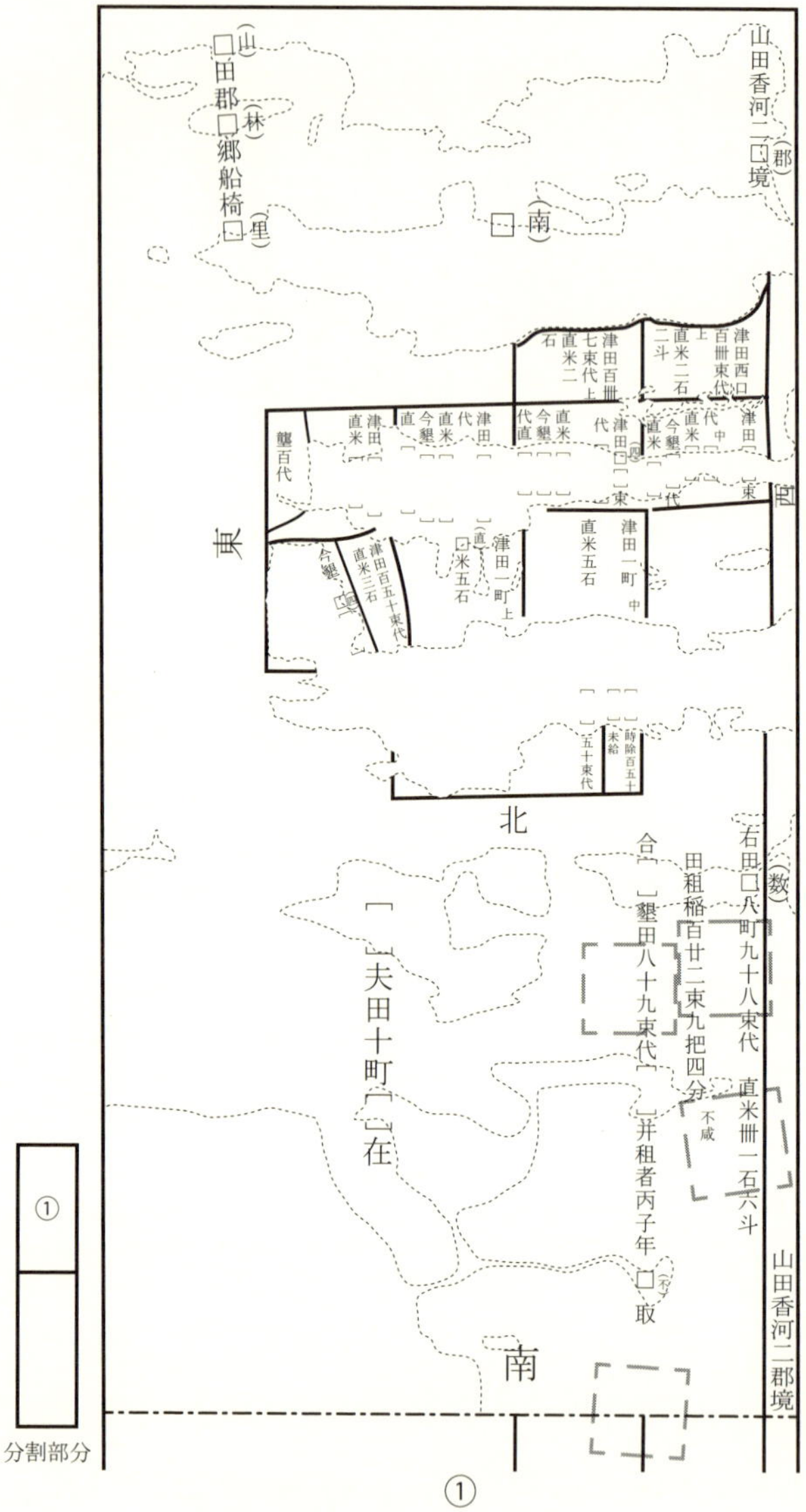

図 18　讃岐国山田郡田図のトレース

※図全体を分割掲載。一点鎖線は紙継。破線四角囲みは印。点線は欠損部分。
彩色は図 20 に記載。図作成には注（16）論文および（17）書を参照・利用。

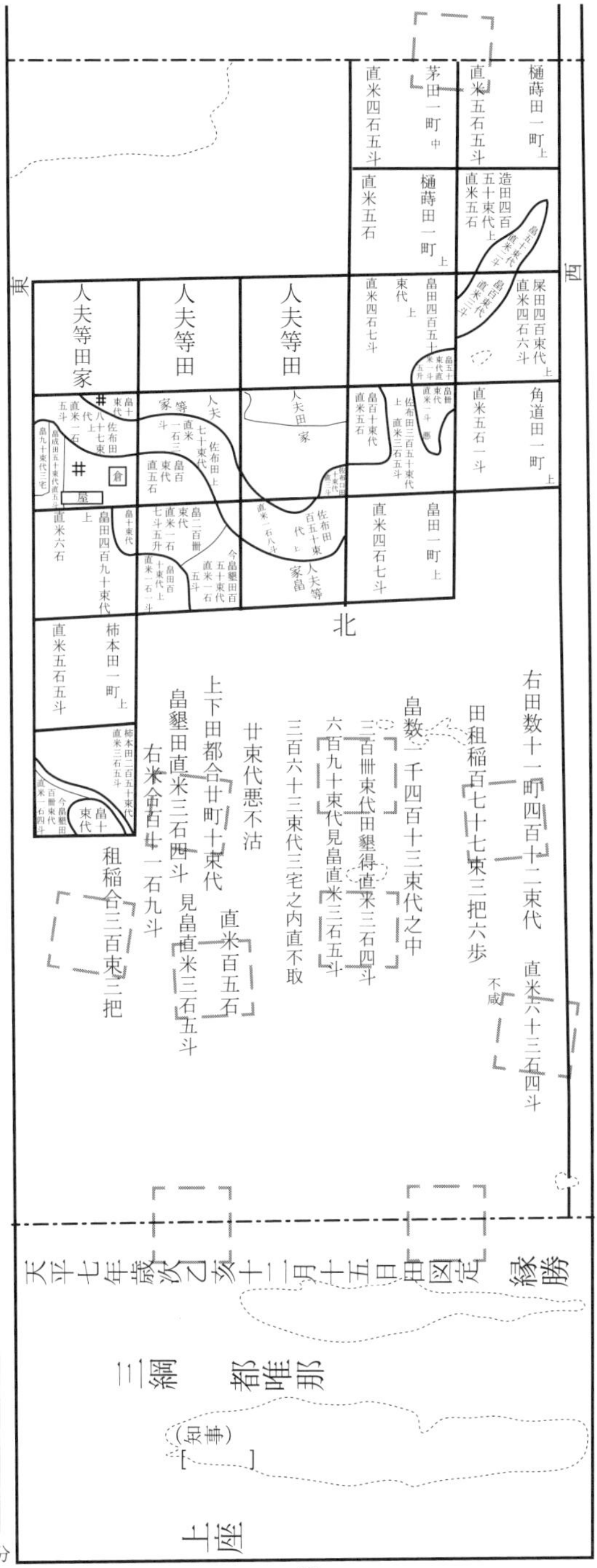
西
東
北
樋蒔田一町上
直米五石五斗
茅田一町中
直米四石五斗
造田四百五十束代上
直米五石
樋蒔田一町上
直米五石
屎田四百束代上
直米四石六斗
畠田四百五十束代上
直米四石七斗
角道田一町上
直米五石一斗
佐布田三百五十束代上
直米三石五斗
畠百十束代
直米五石
人夫等田
人夫等田
人夫等田家
人夫田家
畠田一町上
直米四石七斗
人夫等家畠
畠田四百九十束代
直米六石
柿本田一町上
直米五石五斗
倉
屋
右田数十一町四百十二束代　直米六十三石四斗
不感
田租稲百七十七束三把六歩
畠数一千四百十三束代之中
三百卌束代田墾得直米三石四斗
六百九十束代見畠直米三石五斗
三百六十三束代三宅之内直不取
廿束代悪不沽
上下田都合廿町十束代　直米百五石
畠墾田直米三石四斗　見畠直米三石五斗
右米合百十一石九斗
租稲合三百束三把
天平七年歳次乙亥十二月十五日田図定　縁勝
三綱　都唯那
(知事)
[　]
上座

②

分割部分

②

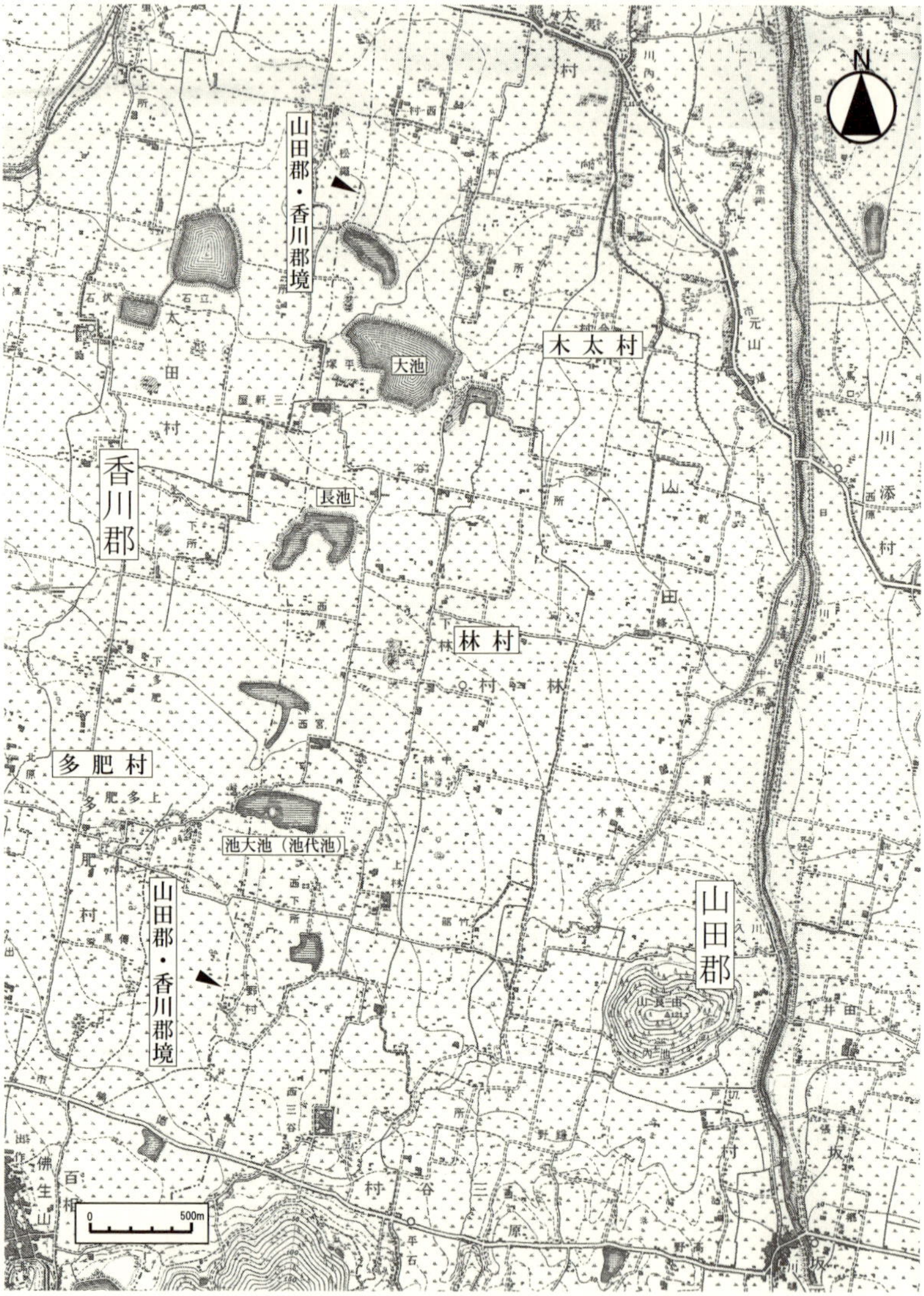

図 19　讃岐国山田郡弘福寺領の比定地付近
※ベースマップは明治二十九年測量二万分の一地形図「百相」。

図は南を天としている)。

　さらに同図には、弘福寺領の所在地に関する記載もある。図の南地区部分左上端にある「□田郡□郷船椅□」の記載である。これは「山田郡林郷船椅里」と推定されている(22)。くわえて、図の右側に南地区から北地区にかけて直線が引かれ、その脇に「山田香河二郡境」の記載が二カ所ある。林郷は『和名類聚抄』に山田郡の郷名として記載されており、現在の高松市林町が遺称地名であると考えられる。また林町の西側には直線的な境界が確認できる。これは山田郡と香川郡の旧郡境である。同図記載の「山田香河二郡境」はこの郡境を表現していることがわかる。以上の点から、現在の高松市林町・木太町付近が讃岐国山田郡弘福寺領に比定されている。図19は比定地付近を示した図である。

　弘福寺領の詳細な現地比定については、いくつかの説が提示されている。はやくは高重進が山田郡田図の北地区を長池付近(現高松市林町・多肥町)とする比定案を示した(23)。その後、米倉二郎が、北地区を大池付近(現高松市木太町・林町)に比定し、南地区を池大池付近(現高松市林町)に比定した(24)。米倉は、天平宝字七年(七六三)十月二十九日讃岐国山田郡弘福寺田内校出田注文(後掲史料三)(25)記載の条里呼称が、山田郡田図の記載範囲に収まるとする福尾猛市郎の指摘(26)をもとに比定を行った。この比定案は、その後の研究によって部分的に修正されているものの(27)、継承されている(28)。

　しかし、弘福寺領の現地比定についてはいまだ確定しているとはいえない。条里呼称に関わる遺称地名が少なく、現地比定の前提である山田郡条里の里区画や各条一里の起点などの復原には依然として問題が残されているためである。近年では、木下晴一によって北地区を木太町付近とし、南地区を林町付近とする新案が出されている(29)。これは比定地周辺の微地形復原と考古学の発掘成果をふまえたものである(30)。

　さて、弘福寺領の実態については、これまで山田郡田図の記載内容をもとに検討されてきている。図の記載内容については前述の福尾[31]をはじめとして、石上英一[32]や金田章裕[33]などによる詳細な整理がある。ここでは、それらの研究が導き出した成果をふまえた上で、あらためて図の記載内容さらには図の性格をみていく。

山田郡田図は三紙から構成されている[34]。第一紙と第二紙には図および集計が記載されている。第三紙には日付と署名などが記載されている。くわえて、同図は集計部分と紙継部分などに「弘福之寺」印が捺されている。

図の署名部分には、図定をした縁勝の署名があり、その後に弘福寺三綱の僧職名が記載されている。このことから山田郡田図は、弘福寺が寺領検注のために作成した図であると判断できる。

集計部分は、次に示すように南・北それぞれの地区単位の合計と両地区の合計が記載されている[35]。

（南地区集計）
右田□（数）田八町九十八束代　直米卌一石六斗
　田□（租）百廿二束九把四分　不咸
合□□（今墾）田八十九束代　□□（直米）并租者丙子年□（不）取
（北地区集計）
右田数十一町四百十二束代　直米六十□（三）石四斗
　田租稲百七十七束三把六分　不咸
畠数一千四百十三束代之中
　　三百卌束代田墾得　直米三石四斗
　　六百九十束代見畠直米□（三）石五斗
　　三百六十三束代三宅之内直不取

廿□(束)代悪不沽

（両地区集計）

上下田都合廿町十束代　直米百五石

畠墾田直米三石四斗　見畠直米三石五斗

右米合百十一石九斗

租稲合三百束三把

集計は「田」と「畠」毎にまとめられている。「田」には面積、田租および直米に関する情報などが記載されている。「畠」には面積および直米に関する情報が記載されている。

一町以下の単位を「束代」とする表記（一町＝五〇〇束代）は、前述した田令の規定とは異なるものである。(36) この表記は図部分にも用いられている。(37)

図の部分には、一町を単位とする方格が記載されている。方格毎に土地利用や直米などの情報が記載されている。土地利用は彩色が用いられている。彩色は、茶褐色、白緑、赤褐色である。土地利用の境界は線などによって区別されている。(38)

無彩色は基本的に田である。ただし、「屋」や「倉」などにも彩色はない。

茶褐色は南地区では「壟」や「今墾」に用いられている。「壟」は景観的に小高い状況を示し、さらに未開地であったと指摘されている。(39) 北地区では主に畠に用いられ、「畠成田」や「今畠墾田」にも用いられている。

白緑は「今墾」や「畠成田」および「今畠墾田」に用いられている。「今墾」と「今畠墾田」では茶褐色の上に白緑が塗られている。また「畠成田」では、無彩色と茶褐色部分にまたがって塗られている。白緑は、文書などにおいて変更などを示すものとして用いられている顔料である。[40]茶褐色上にあえて白緑を用いる表現は、以前の土地利用からの変更を明示するためのものであったと考えられる。

赤褐色は「人夫等田」「人夫等家」などに用いられている。人夫は弘福寺領の賃租耕作に従事する耕作者である。人夫に関連する部分は、いずれも面積記載がないことから、弘福寺領内に含まれていなかったと考える。[41]

ところで、山田郡田図記載の方格線については、従来の研究のなかに、条里地割そのものを示しているとするものもあった。もちろん、方格線の位置に、現実の畦畔や道などが存在した可能性もある。しかし、前述したように、近年の考古学の知見によれば、方格線のすべてが条里地割を示しているとは考えられない。

また、山田郡田図に関しては、次の点が留意されよう。まず図記載の方格線と土地利用表現との関係である。図には、曲線的に表現された田が方格線をまたがって記載されている。これは、田が方格線によって区画されていないことを示している。[42]そして、図の方格線は、天平宝字五年（七六一）の校田における坪区画と対応するものであった。[43]

これらの点をふまえると、図には、班田時において現地に設定された、一町の方格網が表現されていると考えることができる。現在まで遺存している条里地割の多くは、このような一町の方格網にもとづき、施工されたとみるべきである。[44]

こうした推定は山田郡田図が天平七年十二月十五日に作成されていたことからも裏付けられる。天平七年は班田年に相当する。同年の班田は、田令班田条の規定によれば、十月一日に班給に必要な帳簿が作成され、十一月一日から翌年二月末日までの間に班給が終了したことになっている。山田郡田図は、まさに班田の最中に弘福寺が作成した図であった。弘福寺は班田と密接に関わって寺領内の検注を実施していたと考えられる。[45]

以上、讃岐国山田郡弘福寺領の概要についてみてきたが、ここで問題になるのは山田郡田図に記載された弘福寺領の性格である。

前述の和銅二年の弘福寺田記は、太政官をはじめとした寺田関係諸官省役人の署名がある公的な文書であった。しかし、一方で、山田郡田図は弘福寺僧の署名のみであり、あくまでも弘福寺によって作成された私的な図であった。

それでは、山田郡田図記載の弘福寺領は、国家による土地支配のなかでどのように位置づけられていた存在なのであろうか。この点を検討することは、弘福寺田記記載の田数と山田郡田図記載の弘福寺領との関係、さらには田記の性格を明らかにすることにもつながり、八世紀初頭における国家による弘福寺領の把握の状況を考える上で重要である。次節においては、山田郡田図の記載内容の検討を中心に、弘福寺領について詳しくみていく。

二　山田郡田図に記載された弘福寺領

1　弘福寺領の空間構造

本節では、まず山田郡田図記載の弘福寺領の空間構造を明らかにすることからはじめる。

すでに前節でふれたように、山田郡田図には彩色や文字によって多様な土地利用に関する情報が多く記載されている。さらに図に記載された「田」と「畠」に関しては、次に示すいくつかの種類から構成されている。（図20。土地利用などの位置を示すアルファベットと算用数字は同図参照。）

「田」は三種類の存在が確認できる。

まず、「津田」などのように「○○田」と表記された田である。集計の二〇町一〇束代に相当する。弘福寺が田租や直米を収取した寺田である。田数は和銅二年（七〇九）弘福寺田記記載の寺田二〇町とほぼ一致する。したがって、

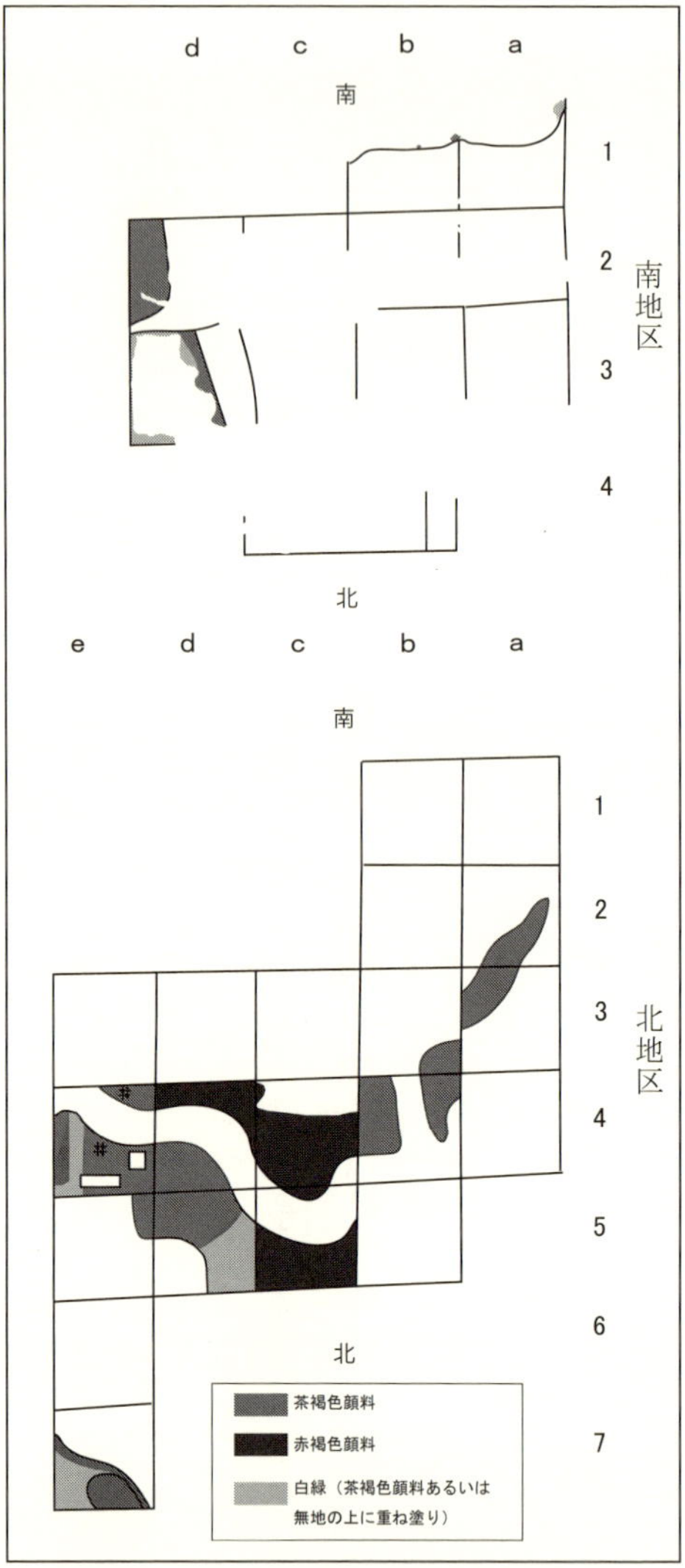

図 20　讃岐国山田郡田図の彩色概略図
※アルファベットと算用数字は位置表記。図作成には注（16）論文および（17）書を参照・利用。

これらの田は、和銅二年において存在していた寺田から構成されていることがわかる。

次に、「今墾」と表示される田がある。これらは、天平七年（七三五）の直前に開発された田か、あるいは天平七年以降の開発予定を示している可能性がある。図中では欠損箇所が多く、各区画の面積は不明であるが、南地区の集計には「今墾田」八九束代の存在が記載されている。「今墾」には、茶褐色の上に白緑が塗られた記載と無彩色の記載の二つがある。前者は南地区d3にみられる。また、欠損があり不明瞭であるものの、a1・b1にも確認できる。[46] 南地区には畠はなく、茶褐色は「壟」のみに記載されている。このことから、茶褐色の上に白緑が塗られた「今墾」は、

「畠」あるいはそれと同じ微高地部分の非耕地を対象とする新規開発であると推定できる。(47) 後者は南地区a2・b2・c3にみられる。「畠」などの微高地とは異なる低地部分の非耕作地を対象とした新規開発であったと考えられる。

最後に、南地区b4に「〔　　〕時除百五十〔　　〕未給」と記載される部分がある。無彩色部分に記載されていることから、田であると考えられる。同部分の面積は、和銅二年の二〇町には含まれないことから、和銅二年以降に開発された新規開発田であったといえる。「未給」とは、何らかの理由によって国家から寺田として認められなかったことを示しているのであろう。なお、「〔　　〕時」については天平七年もしくはその前の天平元年班田であったと推定されている。(48)

一方、「畠」は北地区の集計部に「田墾得」「見畠」「三宅之内」「悪不沽」の四種類が確認できる。

このうち「見畠」「三宅之内」「悪不沽」は、図中において茶褐色で表現されている。「見畠」は現作の畠であり、畠一四一三束代のうち六九〇束代を占めている。図中の「見畠」部分には面積のほかに直米が記載されている。「三宅之内」は「直不取」と表記されており、弘福寺が直米を取れない畠であった。北地区e4には「畠九十束代」の下に「三宅」の文字が記載されている。また同区画には「屋」「倉」そして井戸を示す「井」の表記がある。「三宅」は後世の荘所に相当するものであったと考えられる。(49)

「悪不沽」は集計部に直米が記載されていない畠である。図をみると、北地区b4には「畠卌束代直米一斗」の下に「悪」が記載されている。この部分の四〇束のうち二〇束が「悪」であったと考えられる。「悪」は、不耕作の畠あるいは損畠であった可能性がある。

これらの畠に対して「田墾得」は、図中では白緑が用いられ、北地区e4に「畠成田」、d5とe7に「今畠墾田」とある。前述したように白緑は変更を示している。集計では、「畠」に記載されているが、これらは畠から田へ変更し

たものであったと考えられる。(50)

以上みてきたように、図に記載された「田」と「畠」には性格や開発時期が異なるものが存在している。そこで、これらの整理をふまえて、図に記載された南地区と北地区の土地利用をみていくと、両地区の耕作状況や開発傾向の違いが浮かび上がってくる。

南地区は、田と「壟」を含む未開発地から構成されている。田には、和銅二年にすでに開発されていた寺田と、和銅二年から天平七年までの新規開発田あるいは天平七年以降の開発予定地である「今墾」であった。

寺田は、「壟」を含む未開発地に囲まれて立地している。「壟」などは微高地である。山田郡田図の比定地付近の古地形復原については、高橋学や木下晴一による詳細な研究がある。(51)それによれば、同地域には、香東川谷口を扇頂とする扇状地が形成され、河川の氾濫によって形成された新旧の河道とその間の自然堤防あるいは中州状の微高地が分布していたことが推定される。

したがって、微高地である「壟」などに囲まれた部分は、旧河道の低地部分あるいは後背湿地などの低地であったと判断できる。弘福寺は、和銅二年までの間に低地部分を中心に開発していったといえる。ただし、和銅二年までにすべての低地部分が開発されたわけではない。「今墾」などの存在は、弘福寺が和銅二年以降も低地部分の新たな開発を進めていったことを物語っている。また、微高地を示した「壟」と同じ彩色部分に「今墾」が確認できることから、和銅二年以降の開発は、微高地をも対象としたものであったことが確認できる。

このように南地区では、和銅二年から天平七年までの間に田の開発が行われていたことがわかる。しかし、天平七年段階においても、依然として「壟」などが存在しており、すべての土地が田として開発されているわけではなかった状況がわかる。(52)

それに対して、北地区は天平七年時点においてすべての土地が利用されており、この点では南地区と明らかに耕作状況が異なる。土地利用は田や畠そして「三宅」などである。

田は和銅二年にすでに開発されていたものが多くを占める。それらは南地区同様に低地部分に立地していた。また、畠は田を挟みこむようにして微高地上に立地していた。「三宅」は、畠と連続して記載されていることから、微高地上に点在していたことがわかる。周辺には「人夫家」などが記載されているが、これらも「三宅」同様の立地が想定される。

また、北地区では土地利用の変化が確認できる。「畠成田」「今畠墾田」が示す畠から田への転作である。土地利用の変更は、和銅二年以前にも行われていた。寺田のなかの「畠田」は、和銅二年までの間に微高地部分の畠を水田化したものであると考えられる。

このように、南地区と北地区では耕作状況や開発傾向の違いが確認できる。その違いはなぜ生じていたのであろうか。このことは弘福寺領における開発拠点の位置を考慮することで理解できる。北地区の「三宅」やその周辺に記載される人夫家の存在である。

南地区は、「三宅」などから離れていたために、天平七年において未開発地が依然として残っていた。一方で、北地区は、「三宅」周辺の開発がはやくより進展し、さらに畠から田へと転作がなされたと推定できる。

すでに指摘されているように、「三宅」付近である北地区のc4・d4・e4の田では、田の直米を一町に換算した比率が、平均五斗である他の場所に比べて、それぞれ一五石、九石二斗九升、九石七斗九升と高額を示している。(53)このような高額な直米比率も、「三宅」などを拠点とした弘福寺領の経営の存在を裏付ける。

以上、山田郡田図記載の弘福寺領の空間構造についてみてきた。弘福寺領は、北地区の「三宅」などを中心とするまとまりをもった空間構造であったことが確認できる。そして、これらの一部を構成するものとして、和銅二年の寺田が存在している。寺田を含めた田の開発や維持は、田以外の土地利用と密接に関わり、「三宅」などを拠点とした弘福寺による経営のなかに位置づけることができる。

2　弘福寺領の性格

それでは、山田郡田図記載の弘福寺領とはどのような性格であったのであろうか。

このことを考える上で注目されるのは、天平宝字五年（七六一）に生じた国司による弘福寺田の校出とその返還である。次に示す史料二と史料三は、天平宝字年間の山田郡司牒案(54)と天平宝字七年十月二十九日讃岐国山田郡弘福寺田内校出田注文(55)である。

史料二

山田郡司牒　川原□（寺）［

〈寺〉

　合田中検出田一町四段三［（百五十歩）］

牒去天平宝字五年巡察［　　］

出之田混合如件［　　］

伯姓今依国今月廿二日符旨停止班給為寺田畢

仍注事牒々至准状以牒

　天平宝□（字）□（七ヵ）□（年）［　　］外少初位下〈秦〉

主政従八位下佐伯
〈□□(足)〉
大領外正八位上綾公人足　□□□□□(復擬主政大)□(初ヵ)□(位)　上秦公大成
少領従八位上凡直　[　　　]下秦公□□麻呂
（後略）

史料三
山田郡
川原寺田内校出田一町四段三百五十歩
ヽ　八条九里卅一池田一段百六十歩
ヽ　十里四池辺田百卌歩
ヽ　九池口田四段九十歩
十二里卅下原田五十歩
卅一垣本田一段百七十歩
卅三圃依田卌歩
卅四井門田七十歩
十三里十五藪田七十歩
ヽ　九条四里卅六津田三段卅歩

丶　五里一長田一段百七十歩
　七里廿五原田二段七十歩
　　天平宝字七年十月廿九日
　　　復擬主政大初位秦公　大成

讃岐国山田郡司牒案は、山田郡司が天平宝字年間における一連の事態を記し弘福寺へ出した牒の写しである。同史料によれば、天平宝字五年に、巡察使によって田一町四段余が校出され、口分田として伯姓（百姓）へ班給されていた。その後、それらは、寺田として返還されたことがわかる。(56)讃岐国山田郡弘福寺田内校出田注文は、巡察使によって校出された田を山田郡司が記し弘福寺へ出した注文である。

そこでまず、これらの田が寺田として弘福寺へ返還された理由について考えてみたい。

すでにふれたように、福尾猛市郎は校出田の位置が山田郡田図の記載範囲内に収まることを指摘している。(57)図21は、山田郡田図の記載範囲と天平宝字年間における校出田の位置を比較した図である。

これをみると、校出田は、山田郡田図記載の和銅二年（七〇九）にはすでに寺田であった部分以外に位置していることがわかる。つまり、天平宝字年間においては、山田郡田図記載範囲のなかで、和銅二年以降に開発された新規開発田が校出され、それらが返還されていたと考えられる。

天平宝字年間において同じく田が校出された後に返還された事例は、越前国東大寺領でも確認できる。(58)

天平神護二年（七六六）十月二十一日越前国司解によれば、東大寺は、天平二十一年（七四九）四月一日の墾田地許可を受け越前国において未開発地を占定し、その内部を開発し墾田（新規開発田）とした。しかし、天平宝字四年(59)校田の際に国司らが墾田を公田として登録し、翌年口分田として百姓へ班給した。それに対して、東大寺は、天平神

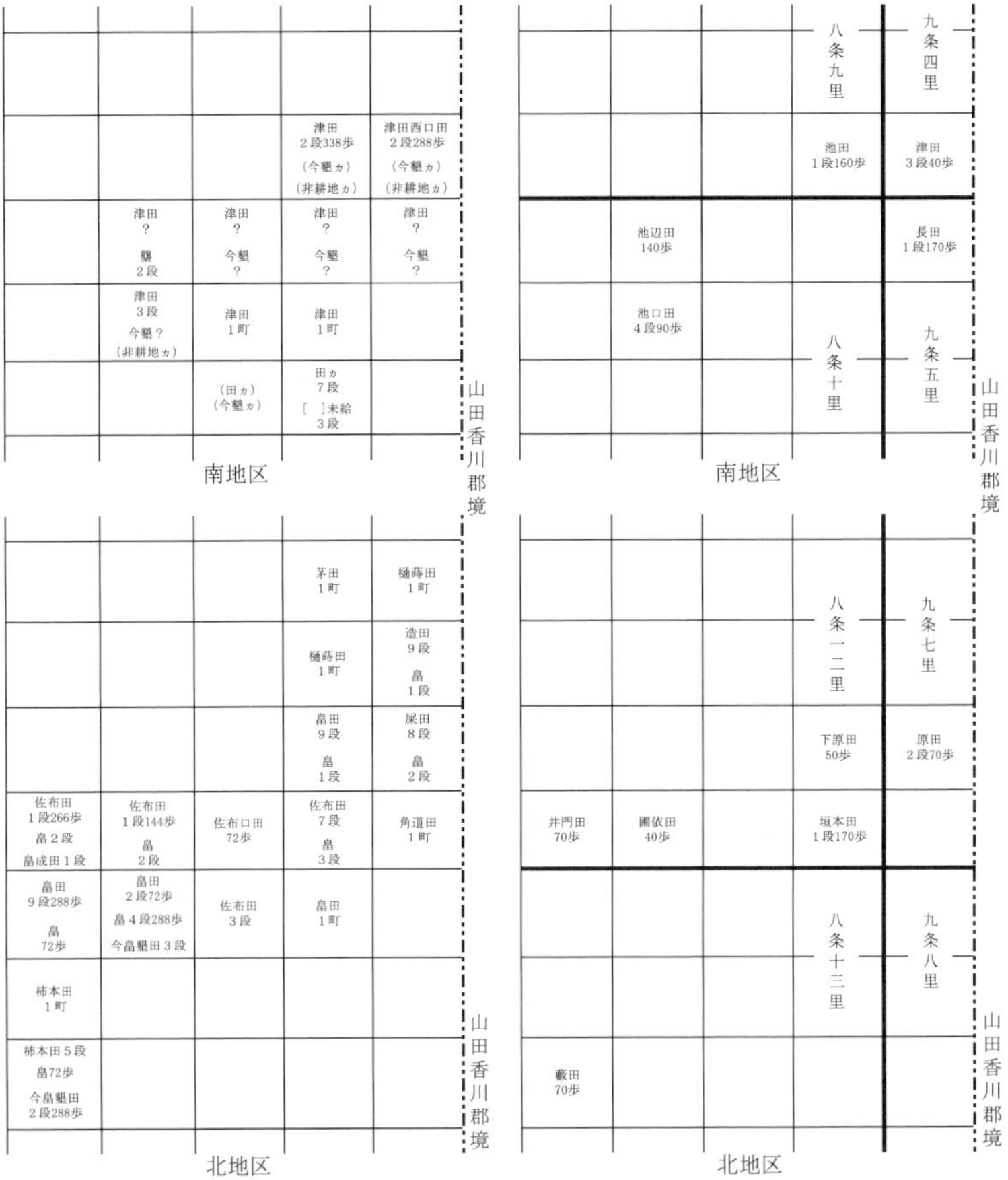

図21　山田郡田図の記載範囲と天平宝字年間の校出田との関係

左：天平七年讃岐山田郡田図記載の田畠など　右：天平宝字七年讃岐国山田郡弘福寺田内校出田注文記載の校出田

※山田郡田図記載の面積は町段歩へ変換したものを示した。？は面積不明。なお、カッコ内の推定は注（16）論文および（17）書による。

護二年の校田時に「前図券」をもとに天平宝字五年の班田図籍の変更を要求していた。そして最終的には東大寺の主張が採用され、墾田は東大寺へと返還されることになった。

ここで注目されるのは、墾田の東大寺への返還に際して、「前図券」が用いられていることである。「前図券」とは、越前占定した範囲とその内部の開発状況が記載された、東大寺が主体となって作成した図と券文である。これらは、越前国衙へ提出されたのちに国司署名や国印捺印がなされたものであり、占定範囲の領有が国家によって容認されていた事実を示すものでもあった。(60)

史料四に示した延暦十三年（七九四）五月十一日大和国弘福寺文書目録(61)は、僧綱の寺領調査に際して、弘福寺僧が寺内に保管されている文書や図を記載し僧綱へ提出したものである。(62)

史料四

合検収公文拾弐巻　又拾壱枚

「合」

、水陸田目録一巻〈二枚〉　和銅二年

〈踏官印〉

「（山背国久世郡田券文一）」□（巻）〈□（枚）□〉「（天平）」□□□（十五年）

〈□□□（踏国印）〉

（中略）

「合」

、、讃岐国田白図一巻〈副郡司牒二枚〉

「合」
、大和国高市郡田白図一巻〈延暦六年班田司案〉
「合」　「合」
、同郡寺廻田畠白図二枚　、〈一枚和銅五年官定〉
「合」
、〈一枚延暦十年郡案写〉
「合」
、同国山辺郡田白図一枚
「合」
、美濃国田白図二枚
、山背国田畠白図一枚
「合」
、河内国田白図一枚
「合」
、同国野地白図一枚
、別三論供田券文等一巻〈五枚〉
、二枚白紙、三枚　踏国印
、「寺縁起財帳一巻〈天平十九年〉」

延暦十三年五月十一日小都維那入位僧「隆信」
上座満位僧「覚崇」
寺主満位僧「徳安」
（中略）
検収僧綱使
威儀師「常耀」　従儀師「璟仙」
従儀師

ここには「讃岐国田白図一巻」として山田郡田図が記載されている。注目したいのは、山田郡田図を含む「白図」以外のいずれもが官印や僧綱印を捺された文書群であったという点である。(63) 私的な図である山田郡田図の目録への記載は、同図に記載されていた寺領の領有が国家によって容認されていたためではないかと考える。

また、この目録には、山田郡田図に「郡司牒二枚」が副えられていたことがわかる。「郡司牒二枚」は前出の山田郡司牒案あるいはその正文と天平宝字七年十月二十九日讃岐国山田郡弘福寺田内校出田注文であったと考えられる。こうした山田郡田図と「郡司牒二枚」のセットは、天平宝字年間において弘福寺が山田郡田図をもとに寺田の返還を主張していたことを示すものであった。

ここで留意されるのは、寺院によって占定した未開発地および新規開発田の領有が国家によって法的に許可されるのは、前述した天平二十一年四月一日以降であったということである。(64) しかし、弘福寺領は、少なくとも天平二十一年以前には存在していた。

このことは、天平二十一年四月一日以降の新規開発田である墾田と山田郡田図記載の「今墾」との性格の違いに反映されている。墾田は、国家が租を徴収する輸租田であった。それに対して、「今墾」は不輸租である寺田[65]と同等の扱いを受けていた。集計部の「□□《（直米）》并租者丙子年□《（不）》取」は、弘福寺が丙子年（天平八年）に直米と田租を収取できないことを示している。この記載は、同部分の田租や直米がそれ以降は寺側へ収納される予定であったことを想定させる。[66]

こうした新規開発田の性格の違いは、山田郡田図記載の弘福寺領が、天平二十一年の寺院墾田地許可を契機とする寺領とは異なるものであったことを示している。天平二十一年の寺院墾田地許可とは、あくまでも寺院が占定した野と輸租田である「墾田」の領有を、国家が許可したものであった。

三　国家による寺領把握の展開

八世紀初頭から中頃にかけての讃岐国山田郡弘福寺領は、田だけではなく畠や未開発地などを含み、「三宅」を中心としたまとまりをもつ空間構造であった。そして、それらは国家によって弘福寺の領有が容認されていた。こうした弘福寺による領有は、和銅二年（七〇九）弘福寺田記記載の寺田が山田郡田図記載の弘福寺領の一部を構成していたことなどをふまえるならば、讃岐国山田郡弘福寺領が施入された当初までさかのぼるものであると考えることができる。

そこで問題となるのは和銅二年の弘福寺田記の記載内容である。同田記には、讃岐国山田郡に存在する弘福寺が領有した寺田の田数のみが記載されているにすぎなかった。

このような田記の記載内容は、和銅二年段階における国家による寺領把握の状況を示しているのではないか。すなわち、国家は、所在国郡と田数のみを把握するにとどまっていたと考えられるのである。[67]

和銅六年四月十七日、国家は諸寺の田記に錯誤があることから田記の改正を命じる旨を出している[68]。また、同年十月八日に、今後、制限を越えた田野に関しては還公するとの旨を出している[69]。両者は一連の政策であり、田記に記載されている以上の諸寺による田野の領有実態に対処するものであった。このような政策の実施は、国家が寺領を把握できていないという状況を如実に示すものである。

注目したいのは、その後における班田の内容である。

このことは、山田郡田図の記載からわかる。前述したように、山田郡田図は、弘福寺が天平七年（七三五）の班田にもとづき作成した図であったと考えられる。

同図には、和銅二年の弘福寺田記記載の田数とほぼ同数の寺田が記載され、それらの位置が方格毎に示されていた。これは、寺田の位置が方格を基準として、国家に把握されていたことを示すものといえる。

また、「今墾」の集計にある「□□(直米)并租者丙子年□(不)取」の記載である。すでに指摘したように、同部分は、弘福寺が「今墾」からの丙子年（天平八年）分の田租や直米を収取できないことを示している。「今墾」については、天平七年の直前の開墾あるいはこれから開発する予定地を示すものであったと考えられる、新規開発田あるいは開発予定の許認可と、それにともなう弘福寺の収取に関する決定を行っていたことが推定される。

そして、寺田認定されなかった田を示す「［　］時除百五十［　］未給」の存在である。このような地点毎の寺田認定は、国家が班田において位置確認を含めた詳細な土地の調査を実施していたことを示すものである[70]。

こうした班田の内容は、和銅六年における国家による寺領把握の状況とは明らかに異なっている。これは国家が一町の方格網にもとづく班田を通じて寺田の認定を行い、それらの位置を把握していたことを示しているのではないかと考えられる。

以上、天平七年の山田郡田図の記載をもとに、班田時に行われた寺田の位置確認を含む国家の寺領把握の実態を示した。このような把握は、和銅二年における田数のみの把握とは質的に異なるものであった。

そこで注目されるのは班田図の存在である。班田図は六年毎に実施された班田の結果を記載した図である。班田図の規定は大宝令や養老令に存在しないものの、天平年間には作成されていたことがわかる。

天平神護二年（七六六）十二月五日伊賀国司解案には、「天平元年図」の存在が記載されている。[71]「天平元年図」は天平神護三年二月十一日民部省牒案にも、「天平元年十一年合二歳図」として、天平十一年図とともに記載されている。[72]天平元年図については、班田図を天平十四年以降に整備されたとする岸俊男が、天平二十年や天平勝宝六年（七五三）の国司に無視されていことを重視し、班田図としてそれほど整ったものではなかったと評価している。[73]しかし、天平元年図は天平宝字二年（七五八）や天平宝字五年には国司によって用いられており、必ずしも国司に無視された存在ではなかったことに留意する必要がある。

また、天平十年頃に成立した公式令文案条古記には、「田、謂田図也」とあり、官に保管する対象として「田図」の存在が記載されている。[74]公式令文案条が、四証図の永久保存を定めた弘仁十一年（八二〇）十二月二十六日の太政官符にも引用されていることからも、[75]この「田図」は班田図を指し示していると考えられる。公式令文案条古記の記述からは、班田図がこの時期までに田を管理するための土地台帳として位置づけられていたことがわかる。

以上のように、天平年間前半において班田図の存在を確認することができる。国家による寺領把握の変化は、こうした班田図の作成によってもたらされたのではないかと考えられる。山田郡田図の作成に際しても班田図が利用された可能性がある。

班田図の存在は、さらに国家による寺領把握を展開させていった。国家は、天平十四年以降になると、寺田に関して班田図を用いて徹底的な位置の把握を実施していった。この背景には、条里呼称の導入があった。[76] 条里呼称成立と班田図との関係についてはすでに岸俊男をはじめとして多くの指摘がある。[77] 天平十五年四月二十一日山背国久世郡弘福寺田数帳[78]などの寺田籍は国家が班田図と条里呼称を用いて寺田の位置を示したものであった。前述の天平宝字年間における国家による寺田校出も、条里呼称成立を契機として実施されたものであったと考えることができる。[79]

四　領有形態と国家

本章では、讃岐国山田郡弘福寺領の実態を検討し、それらに対する八世紀における国家による寺領把握の展開について明らかにした。

天平七年（七三五）の山田郡田図には、田・畠・三宅などからなる、一定の空間的な広がりをもった弘福寺領が描かれていた。そして、その起源は寺領が施入された七世紀後半までさかのぼるうるものであった。

国家は、そうした弘福寺領に対して、和銅二年（七〇九）に弘福寺田記を作成し、寺田の田数把握を行っていた。その後、田の位置確認を含めた把握を行っていった。天平七年の山田郡田図は、国家による寺領把握の変化を反映したものでもあった。そして、八世紀中頃に入り、国家による寺領把握は、さらに展開していった。

八世紀の弘福寺領に対する国家による寺領把握の展開は、班田図の整備が関わっており、班田図にもとづいた土地管理システムとも呼べる土地管理のあり方が成立していく過程と連動するものであったと考えられる。本章は、讃岐国山田郡弘福寺領の事例からこれらの点を示したが、このような寺領把握の展開は、弘福寺領と同様に起源が古い寺領にも想定されよう。

ところで、八世紀初頭から中頃にかけて国家は、弘福寺領の寺田について把握を行っていったが、寺田以外の土地領有に対してはどのような位置づけがなされていたのであろうか。天平二十一年以降に登場する野地占定を前提とする寺領については、古代荘園図や券文の作成を通じて、認定や把握が行われていたことを確認できるが、弘福寺領に関しては、そうした古代荘園図や券文が作成された痕跡はない。成立起源の古い寺院に関しては、天平十九年に寺院伽藍縁起資財帳が作成されていた。弘福寺の寺院伽藍縁起資財帳については現存していないが、延暦十三年（七九四）の大和国弘福寺文書目録には別筆で「寺縁起財帳一巻（天平十九年）」とあり、天平十九年に作成されていたことがわかる。寺院伽藍縁起資財帳は、大安寺伽藍縁起資財帳の末尾の記載からもわかるように[80]、左大臣宣を受けて、諸寺を管理する国の機関である僧綱へ命じられて作成されたものであり、各寺が作成した上で僧綱へ提出された[81]。

現存する寺院伽藍縁起資財帳をみると、そこには、八世紀以前にすでに存在していた寺田が田数のみ記載され、寺田以外の土地に関しては、薗地や山そして荘所などといった一部が記載されているにすぎなかった。寺院伽藍縁起資財帳の記載からは、寺田以外の土地領有のすべてが国家によって把握されていなかったことがうかがえる。

このような寺田以外の土地領有に対する国家による位置づけは、それらの領有根拠に曖昧な点があることを示しているのではないか。そのために、延暦十三年という八世紀末の段階において、寺領監察が実施されたと考えることができる。

注

（1）『大日本古文書』編年二、六二四〜六六二頁。
（2）『大日本古文書』編年二、五七八〜六二三頁。

（3）水野柳太郎「大安寺伽藍縁起并資財帳」『日本古代の寺院と史料』（吉川弘文館、一九九三年、初出一九五五・一九五七年）ほか。

（4）『続日本紀』天平十五年五月乙丑条ほか。

（5）石上英一「日本古代における所有の問題」（『律令国家と社会構造』（名著刊行会、一九九六年、初出一九八八年））ほか。

（6）吉田孝『律令国家と古代社会』（岩波書店、一九八三年）ほか。

（7）石上英一は、「初期荘園」も含めて古代日本における荘園を「古代荘園」とする。石上英一「古代荘園と荘園図」（金田章裕・石上英一・鎌田元一・栄原永遠男編『日本古代荘園図』（東京大学出版会、一九九六年））ほか。

（8）鷺森浩幸ａ『日本古代の王家・寺院と所領』（塙書房、二〇〇一年）。同ｂ「八世紀の荘園と国家の土地支配」（『条里制・古代都市研究』一八、二〇〇二年）。北村安裕『日本古代の大土地経営と社会』（同成社、二〇一五年）。

（9）中井一夫「地域研究」（『条里制の諸問題』Ⅰ（奈良国立文化財研究所、一九八一年））。広瀬和雄「畿内の条里地割」（『考古学ジャーナル』三一〇、一九八九年）、山川均「条里制と村落」（『歴史評論』五三八、一九九五年）ほか。

（10）班田収授法施行の前提に、条里地割による国家的開発を想定する説がある。石母田正『日本の古代国家』（岩波書店、一九七一年）ほか。しかし、この点については大町健などによって批判が示されている。大町健「古代村落と村落首長」（『日本古代の国家と在地首長制』（校倉書房、一九八六年））ほか参照。

（11）養老田令の本文は、井上光貞・関晃・土田直鎮・青木和夫校注『律令』（岩波書店、一九七六年）を参照した。

（12）古記は、大宝令を注釈したものであり、天平十年頃に作成されたことが指摘されている。井上光貞「日本律令の成立とその注釈書」（井上ほか前掲注（11）書収録）ほか参照。

（13）測量などの作業は縄張りなどにより行われた可能性が考えられる。宇野隆夫「考古学からみた日本生産流通史」（『日本史研究』三八〇、一九九四年）ほか。

（14）『大日本古文書』編年七、一〜三頁。

（15）このほか田記の存在は観世音寺や西琳寺でも確認される。田記については以下の研究がある。水野柳太郎「寺院縁起の成立」（水野前掲注（3）書収録、初出一九五六年）。松田和晃「和銅二年の『水陸田目録』をめぐって」（『古文書研究』二〇、一九八三年）。服部一隆「日本古代の『水田』と陸田」（『班田収授法の復原的研究』〔吉川弘文館、二〇一一年、初出一九九八年〕）ほか。

（16）石上英一「山田郡田図の史料学的分析」（『古代荘園史料の基礎的研究』上〔塙書房、一九九七年、初出一九九二年・一九九三年〕）。

（17）東京大学史料編纂所編『日本荘園絵図聚影』五上（東京大学出版会、二〇〇一年）収録。香川県多和文庫所蔵。現存図は、少なくとも近世期までは東寺に所蔵され、その後、個人蔵を経て明治期に多和文庫に所蔵されたことが指摘されている。石上前掲注（16）論文。

（18）現存図については、はやくより写しであるとする説が示されている。近年では、石上英一があらためて言及している。石上は、現存図の記載内容には信憑性があるとした上で、延暦十三年（七九四）五月十一日大和国弘福寺文書目録（後掲史料四）において山田郡田図が印のない「白図」と記載されていることから、私印である「弘福之寺」印が捺されている現存図を原本に忠実な写しであると推定する。また、現存図の作成時期を、「弘福之寺」印の作成時期推定などから、十一世紀後半から十二世紀後半の間に作成されたとしている。石上前掲注（16）論文。これに対して吉田敏弘は、上記の推定根拠が「弘福之寺」印の有無を中心とするものであり、作成時期を直接明示する史料が確認できないとし、詳細な描写を施した現存図が後世の写しとすることを疑問としている。吉田敏弘「条里図」（小山靖憲・下坂守・吉田敏弘編『中世荘園絵図大成』〔河出書房新社、一九九七年〕）。たしかに、「白図」は中野栄夫が指摘するように印がない図であったと考えられる。中野栄夫「『白紙』ついて」（井上光貞博士還暦記念会編『古代史論叢』中〔吉川弘文館、一九七八年〕）。しかし、大和国弘福寺文書目録では官印や僧綱印の有無のみが確認されている点に留意しなければならない。山田郡田図は官印や僧綱印が捺されていないために「白図」とされた可能性も否定できないのではないか。後述する図の記載内容や性格などをふまえると、現存図が原本そのものである可能性も含めて議論の余地が残されていると考える。

（19）虎尾俊哉「班田収授法の実施状況」（『班田収授法の研究』〔吉川弘文館、一九六一年〕）ほか。

(20) 前掲注(14)。包紙外題に「弘福寺領田畠流記」と記載されていることが示されている。なお、翻刻は石上前掲注(16)論文によった。

(21) 「[ ]夫十町[ ]在」については、福尾猛市郎の検討によって、人夫(百姓)の田が一一町存在したことを示した記載であることが推定される。福尾猛市郎「『讃岐国山田郡弘福寺領田図』考」(『日本史選集』〈福尾猛市郎先生古稀記念会、一九七九年、初出一九五七年〉)。

(22) 石上前掲注(16)論文。

(23) 高重進「讃岐国山田郷弘福寺領田」(『古代・中世の耕地と村落』〈大明堂、一九七五年、初出一九五四年〉)。

(24) 米倉二郎「庄園図の歴史地理的考察」(『広島大学文学部紀要』一二、一九五七年)。

(25) 『大日本古文書』編年五、四六〇～四六一頁。

(26) 福尾前掲注(21)論文。

(27) 石上英一は、米倉二郎が山田郡田図記載の「壟」の位置に比定した東光寺山(東岡寺山)を、近世絵図・明治期作成地籍図および聞き取り調査などにもとづき、位置誤認であると指摘する。その上で「壟」に比定できる微高地の存在を提示している。石上前掲注(16)論文。

(28) 金田章裕「讃岐国における条里プランの展開」(『古代日本の景観』〈吉川弘文館、一九九三年、初出一九八八年〉)。なお、通説比定案の北地区では発掘調査が行われている。高松市教育委員会編a『讃岐国弘福寺領の調査』(一九九二年)。同b『讃岐国弘福寺領の調査Ⅱ』(一九九九年)ほか参照。このほか讃岐国全体の条里プランの復原および条里呼称に関する研究は、長町博「讃岐平野の条里制(その一～その四)」(『香川の土地改良』一八六・一八七・一八九・一九九、一九七四年・一九七五年)。伊藤寿和「讃岐国における条里呼称法の整備過程」(『歴史地理学』一二〇、一九八三年)などがある。

(29) 木下晴一は「□田郡□郷船椅□」(山田郡林郷船椅里)の記載を南地区のみに関わる記載と推定する。木下晴一「弘福寺領讃岐国山田郡田図の比定地について」(『条里制古代都市研究』二三、二〇〇七年)。

(30) 香川県教育委員会編『木太本村遺跡』(一九九八年)。

(31)　福尾前掲注（21）論文。

(32)　石上英一は、現存図の調査をもとに図の詳細な記載内容について示している。石上前掲注（16）論文。図の記載内容に関しては、石上の調査成果に多くをよっている。

(33)　金田章裕a「弘福寺領讃岐国山田郡田図」（金田前掲注（28）書収録、初出一九九二年）。同b「弘福寺領讃岐国山田郡田図」（『古代荘園図と景観』〔東京大学出版会、一九九八年、初出一九九六年〕）。このほか、近年では、東京大学史料編纂所編『日本荘園絵図聚影』釈文編一古代（東京大学出版会、二〇〇七年）がある。

(34)　現在、山田郡田図は巻子形態である。この装丁は明治以降なされたものである。石上前掲注（16）論文。

(35)　欠損部分における文字などは石上英一による調査結果を参照にした。石上前掲注（16）論文。

(36)　なお、田令田長条義解には「即於町者、須得五百束也」とある。

(37)　「束」は、大安寺伽藍縁起資財帳などにも確認できる。前掲注（1）。

(38)　図の記載順序は、①方格線と郡界線、②土地利用の境界、③彩色による描写、④文字記載、⑤「弘福之印」押捺の順である。石上前掲注（16）論文。

(39)　金田前掲注（33）a論文。なお、図中における「壟」の面積表記は、「東代」ではなく「代」で記載される。石上英一は、「壟」において「代」の表記が用いられたのは、「東代」が用いられる田や畠と異なり耕地ではなかったためであると指摘する。石上前掲注（16）論文。

(40)　白緑は古代日本において修正などに用いられる。杉本一樹『正倉院の古文書』（至文堂、二〇〇三年）。

(41)　鷺森浩幸はこの部分も弘福寺領内であったと想定している。鷺森前掲注（8）b論文。

(42)　金田章裕は、土地利用表現のなかに方格毎に行われる面積測量をもとになされている箇所が確認できると指摘している。金田章裕前掲注（33）a論文。このほか山田郡田図の方格線については発掘事例との関係から大山真充の検討がある。大山真充「弘福寺領讃岐国山田郡田図の方格線」（佐伯有清先生古記記念会編『日本古代の社会と政治』〔吉川弘文館、一九九五年〕）。

(43) 福尾前掲注(21)論文。

(44) 弘福寺領の比定地付近の条里地割施工に関しては次の整理がある。大山真充「考古学と弘福寺領讃岐国山田郡田図」(『香川県埋蔵文化財センター研究紀要』I、一九九三年)。香川県教育委員会ほか編『空港跡地遺跡V』(二〇〇二年)。香川県埋蔵文化財センター編『空港跡地遺跡IX』(二〇〇七年)ほか。

(45) ただし、賃租料である直米の算出は、面積へ一定比率で課されたわけではない。一町に換算した直米比率は、地形や耕作条件によって異なっている。弘福寺による独自の調査が実施されていたと考えられる。

(46) 石上英一は、「今墾」の下の残画を「四」であるとし、「四」以降には一字から二字があり、続けて「束代」の文字が記載されていたとする。その上で、この部分を「今墾四十束代」であったとする。さらに「四十」は通常「卌」と記載されることから、この部分の記載を後筆であると推定している。石上前掲注(16)論文。また、金田章裕は「今墾」の下の残画を「田」と判断し、「今墾田八十九束代」と推定している。金田前掲注(33)b論文。しかし、写真図版をみる限り、同部分は単に「四束代」とみても問題ないのではないかと考える。

(47) 石上前掲注(16)論文。

(48) この部分について石上英一は、前回の検田(天平元年班田にともなう検田時に、荒廃などによって田から除外されたと推定している。石上前掲注(16)論文。

(49) 荘所については小口雅史「荘所の形態と在地支配をめぐる諸問題」(佐藤信・五味文彦編『土地と在地の世界をめぐる』(山川出版社、一九九六年))ほか参照。

(50) 石上英一は「畠成田」を「畠に成った田」と解し、畠が陸田あるいは水田化した「今畠墾田」と区別している。石上前掲注(16)論文。また鷺森浩幸は、両者を田から畠へ転作したものと推定している。鷺森浩幸「園の立地とその性格」(鷺森前掲注(8)a書収録)。しかし、「畠成田」「今畠墾田」は、「見畠」とは別に「田墾得」という項目に計上され、畠よりも高額な直米が設定されている。「見畠」などの畠とは明らかに区別された土地利用であった。図中における「畠成田」「今畠墾田」の位置は、畠が水田化したものと考えても問題はないと考える。なお、福尾猛市郎も畠から田への変更と推定している。

福尾前掲注（21）論文。
(51) 高橋学「高松平野の環境復原」（高松教育委員会編前掲注（28）a書収録）。木下前掲注（29）論文参照。
(52) ただし、「壟」では、田や畠以外の土地利用がなされていた可能性も想定される。
(53) 石上前掲注（16）論文。この点について金田章裕は、高額の直米率である田が小面積であることに注目し、この現象を微地形との関係から次のように説明している。一町の全域や大半に及ぶ田の場合については、微細微地形に規制された多様な条件を含んでいる可能性が高いために、一町平均の直米がほぼ五石程度になっていたとする。一方、小面積の場合には、基本微地形レベルの条件に対応することにくわえて、微細微地形レベルの条件においても恵まれた地点であったために高額になったとする。金田前掲注（33）a論文。
(54) 『図録東寺百合文書』（京都府立総合資料館、一九七〇年）収録。端裏書には「讃岐国牒一巻」と記載されている。なお、翻刻は石上前掲注（16）論文によった。
(55) 前掲注（25）。紙面には「山田郡印」が二二個捺されている。なお、翻刻は石上前掲注（16）論文によった。
(56) 『続日本紀』天平宝字四年正月癸未条。天平宝字四年一月二十一日には、七道の巡察使が任命されており、職務内容が「観察民俗、便即校田」であったことがわかる。
(57) 福尾前掲注（21）論文。
(58) 『大日本古文書』東南院文書二、一八六～二四四頁。
(59) 『続日本紀』天平勝宝元年四月甲午条。
(60) 天平宝字三年十二月三日越前国足羽郡糞置村開田地図は、その際に作成された図の一枚である。東京大学史料編纂所編『日本荘園絵図聚影』一下（東京大学出版会、一九九六年）収録。同図については本書第二章参照。
(61) 『平安遺文』一。端裏書には「弘福寺領田畠流記」とあり、本文には「弘福寺印」四三個が捺されていたとされる。なお、翻刻は石上前掲注（16）論文によった。
(62) 川尻秋生「『多度神宮寺資財帳』の作成目的」（『日本古代の格と資財帳』〈吉川弘文館、二〇〇三年、初出一九九八年〉）。

(63) 大和国弘福寺文書目録には「田畠白図」が記載されている。「田畠白図」の記載は、和銅二年の弘福寺田記において「陸田」が確認できる場所に限られる。このほかに、河内国の「野地白図一枚」が記載されている。同目録における記載形式を考慮すると、「野地白図」は山田郡田図と同様に弘福寺が作成した検注図であった可能性が想定される。内容は不明である。

(64) 未開発地の占定および新規開発田の認定手続きは和銅四年においてはじめて確認される。和銅四年の詔では、詳細は不明であるものの、王臣家などを対象とする新規開発にともなう未開発地の占定手続きが規定されている。『続日本紀』和銅四年十二月丙午条。その後、養老七年（七二三）における墾田（新規開発田）領有の期限などを規定した三世一身法（『続日本紀』養老七年四月辛亥条）や、天平十五年には占定や墾田の面積などを規定した墾田永年私財法が施行されることになる。しかし、これらはいずれも王臣家や百姓を対象としたものであり、寺院に関しては法的に認められていなかった。中林隆之「律令制的土地支配と寺家」（『日本史研究』三七四、一九九三年）ほか参照。

(65) 寺田の性格については、伊佐治康成「寺田と律令法をめぐる二つの問題」（『人文科学論集（学習院大学）』四、一九九五年）ほか参照。

(66) 「今墾」と寺田との関係については石上英一や鷺森浩幸が指摘している。石上前掲注（16）論文。鷺森浩幸「八世紀における寺院の所領とその認定」（鷺森前掲注（8）a書収録、初出一九九五年）。

(67) 弘福寺田記のなかには村名まで記載されたものもみられる。ただし、それらはいずれも、都が存在した大倭国（大和国）に限られている。なお、田記には「陸田」が記載されている。「陸田」は畠であるが「田」と同等の扱いを受けていたものであり、山田郡田図に記載されている畠とは性格が異なる。

(68) 『続日本記』和銅六年四月己酉条。なお、弘福寺関連文書を列記した延暦十三年（七九四）五月十一日大和国弘福寺文書目録（史料四）に和銅六年の田記は確認できない。

(69) 『続日本記』和銅六年十月戊戌条。同条には「数過格者、皆還収之」とあり、面積の規定があるものの、格によって寺院による田だけではない野の領有が認められていたことがわかる。

(70) 「畠成田」や「今畠墾田」は、畠が田として開発されたものであった。しかし、少なくとも山田郡田図が作成された段階において、寺田とは認められていなかった。一方で、「今墾」は、将来的（天平九年より）に田租が弘福寺へ収納されることが国家によって認められていた。このような違いには、開発以前の土地利用が関係しているのかもしれない。あるいは「畠成田」や「今畠墾田」に関しては、一時的な転作であった可能性もある。

（71）『大日本古文書』東南院文書二、九三～一〇一頁。

（72）『大日本古文書』東南院文書二、三五七～三六〇頁。天平十一年図の年紀である天平十一年は班田年ではないが、「十一」はあるいは班田年である天平七年の「七」の誤りである可能性が想定されている。山本行彦「国家的土地支配の特質と展開」（『歴史学研究』五七三、一九八七年）。

（73）岸俊男「班田図と条里制」（『日本古代籍帳の研究』〔塙書房、一九七三年、初出一九五九年〕）。

（74）この点については奥野中彦によってすでに指摘されている。奥野中彦「古代図籍制度論」（『荘園史と荘園絵図』〔東京堂出版、二〇一〇年、初出一九八九年〕）ほか。公式令文案条については鐘江宏之「公式令における『案』の保管について」（池田温編『日中律令制の諸相』〔東方書店、二〇〇二年〕）参照。

（75）『類聚三代格』一五。

（76）条里呼称の成立時期については岸前掲注（73）論文ほか参照。なお、条里呼称成立の背景について金田章裕は、養老七年（七二三）の三世一身法および天平十五年の墾田永年私財法施行以降に増加した墾田との関係を想定している。金田章裕「条里プランの完成・定着・崩壊プロセス」（『条里と村落の歴史地理学研究』〔大明堂、一九八五年、初出一九八〇年・一九八二年〕）ほか。班田図と条里呼称との関係については本書第七章において論じる。

（77）岸前掲注（73）論文ほか。

（78）『大日本古文書』編年二、三三五～三三七頁。山背国久世郡弘福寺田数帳は延暦十三年の大和国弘福寺文書目録にも記載されていたと推定されている、なお、同史料については鎌田元一による検討がある。鎌田元一「律令制的土地制度と田籍・田図」（『律令公民制の研究』〔塙書房、二〇〇一年、初出一九九六年〕）。

（79）天平宝字年間の寺田（および墾田）校出は、越中国・伊賀国などでも確認できる。前掲注（72）ほか。この時期における国家による班田図と条里呼称を用いた寺田の集中的な把握は一連の動きであったのではないかと考える。なお、天平宝字年間の校田作業については、近年、田中禎昭による研究がある。田中禎昭「『諸国校田』の展開過程」（野田嶺志編『地域のなかの古代史』〔岩田書院、二〇〇八年〕）。

(80) 前掲注（1）ほか。

(81) 大安寺伽藍縁起資財帳によれば、寺院伽藍縁起資財帳は、寺によって作成された後、僧綱へ出され、署名の記載や僧綱印の押捺がなされた上で寺へ返却されたことがわかる。ただし、寺院伽藍縁起資財帳は僧綱への提出後、さらに太政官などの中央政府あるいは国衙へも提出された可能性も想定される。このような経緯を経た寺院伽藍縁起資財帳は、証拠文書としての機能を有するものとして位置づけられたことがわかる。寺院伽藍縁起資財帳の評価については、単に寺院の財産目録ではなく、国家による寺院の資財の保証という側面があったことが指摘されている。この点については中林隆之「日本古代の寺院資財管理と檀越」（栄原永遠男編『日本古代の王権と社会』〔塙書房、二〇一〇年〕）参照。

第七章　班田図整備と土地表記

八世紀中頃の国家による土地政策の根幹を担った存在として班田図がある。班田図は、国家が六年毎に実施した班田の結果を示した図である。班田図自体は現存していないが、班田図の形態や表現内容については、八世紀中頃から九世紀初頭の班田図を原図として作成された大和国添下郡京北班田図[1]や山城国葛野郡班田図[2]をもとに想定されている[3]。班田図の存在は、国家による土地管理の基本台帳にとどまらず、前章までの検討で示したように、寺領の認定や把握の面でも、基準とされるものでもあった。

しかし、班田図の整備に関する記述は、大宝令や養老令をはじめとする法制史料のなかに確認することができない。そのため、班田図が、いつ頃から整備されたのかについては不明な点がある。また、班田図については、土地表記との関係についても検討しなければならない点が残されている。

そこで、本章は、班田図の整備時期や班田図と土地表記との関係に焦点をあて、班田図の整備過程や整備背景について検討する。そして、この検討を通じて、班田図にもとづく土地管理システムと呼べる、八世紀中頃における国家による土地管理のあり方がいかにして成立していったかを明らかにしていく。なお、班田図は、天平二十年（七四八）頃から、それまで同一年に行われていた校田と班田が別々の年に行われるようになり、それぞれ校田図と班田図が作成されるようになる。しかし、両者は、同じような型式を有していたことが推定されている[4]。断らない限り、ここではひとまず校田図と班田図を一括して班田図と呼ぶことにしたい。

一　班田図の整備時期に関する再検討

さて、班田図の整備時期については、前述のように、法制史料から直接明らかにすることはできない。そうしたなかで、岸俊男が条里制との関わりから班田図の整備時期について言及している(5)。岸は、班田収授法の施行にともなって条里制が整備されたとする従来の説に対して、条里呼称が天平十五年（七四三）四月二十一日山背国久世郡弘福寺田数帳(6)を初見史料とするものであり、条里呼称を完備した条里制が八世紀中頃以降に至って成立したと推定する。その際、条里呼称の成立を示す指標として班田図の存在に注目している。

図22には大和国添下郡京北班田図において班田図を原図とした三条・四条部分の条と里の呼称を示した。岸は、まず大和国添下郡京北班田図や山城国葛野郡班田図などから復原できる班田図が条里制の条毎に一巻を構成し、各巻にその条に属する里の図を先頭ら順次配列した「一条一巻」の形態であったことを指摘する。そして、こうした「一条一巻」の班田図の整備の前提には、条里呼称を完備した条里制の存在が不可欠であったとして、その整備時期を検討することで、条里制の整備時期が明らかになるとする。

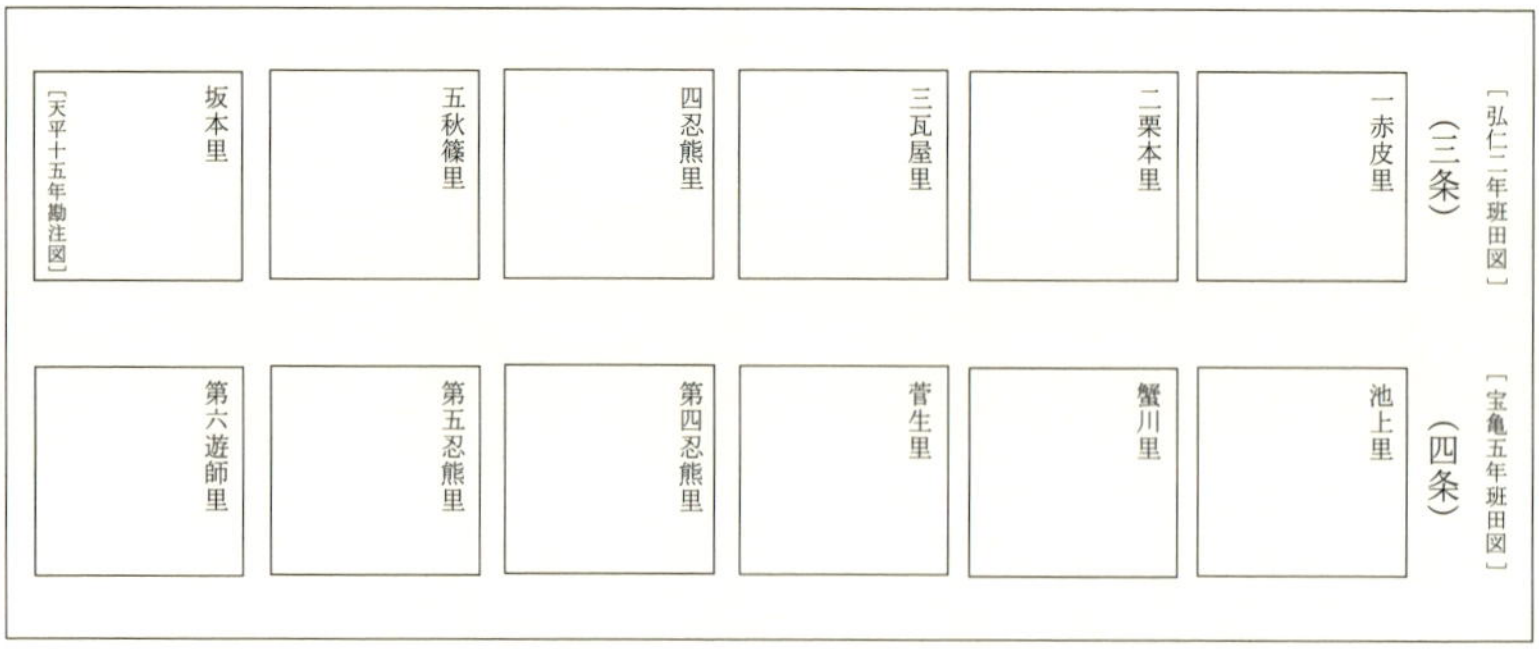

図22　大和国添下郡京北班田図に記載された条と里の呼称

次に、岸は、史料上における班田図に関する記述の検討を行い、大宝令や養老令に班田図の規定が確認できず、大宝令の注釈である天平十年頃作成の古記に班田図がふれられていないことを指摘する。[7] くわえて、天平神護三年（七六七）二月二十八日民部省牒案記載の班田に関係する図と考えられる「天平元年十一年合二歳図」が、[8] 天平二十年と天平勝宝六年（七五四）の国司などに無視されていることから、班田図としてはそれほど整ったものではなかったと評価する。

その上で、弘仁十一年（八二〇）十二月二十六日の太政官符[9]において、天平十四年班田図が永久保存の対象である四証図の筆頭とされていることを重視している。こうした天平十四年班田図の位置づけは、同年図が全国的に整備された班田図の最初であったためであり、条里呼称の成立と密接に関わって天平十四年に班田図が整備されたことを示しているとする。そして、以上のことから条里制の発展の上で、班田図の全国的な整備時期である天平十四年前後に画期があったと指摘している。

この岸説は、現在でも定説として広く支持されている。また、天平十五年五月二十七日の墾田永年私財法の施行[10]についても、班田図の整備や条里呼称の成立と一連の政策であったと考えられている。[11]

岸が指摘するように、班田図の全国的な整備は、天平十四年であったとみるべきであろう。[12] しかし、班田図の整備そのものについては、次に示す点から、再検討の余地が残されているのも事実である。まず、班田図に関する記述が古記に確認できるという点である。官に保管する帳簿類の規定である公式令文案条の古記には、田に関する図として「田図」の記載がある。公式令文案条は、四証図の永久保存を定めた弘仁十一年の太政官符にも引用されており、この「田図」は後世の班田図と関係するものであったといえる。[13]

次に、「天平元年十一年合二歳図」に対する評価である。史料一には、「天平元年十一年合二歳図」が記載された天平神護三年二月二十八日民部省牒案を示した。

史料一

民部省牒東大寺三綱所

伊賀国

合田壱町漆段陸拾伍歩

阿拝郡一町一百廿五歩

伊賀郡六段三百歩

右田、元公田、然百姓竏為已田墾、立券進寺、其時国司等不練勘検、券文判許、

加以、天平廿年勝宝六年計田国司等、不検天平元年十一年合二歳図、為百

姓墾田也、以後天平宝字二年、前国司守正六位上六人部連佐波麻呂、依先図勘収、

為公田也、天平宝字五年、巡察使石川豊麻呂所勘同之

（後略）

（なお、本章の史料凡例は以下の通りである。□は一字分欠損。〈　〉は細字。「　」は別筆。（　）は翻刻者・筆者注。）

岸は、「天平元年十一年合二歳図」が天平二十年と天平勝宝六年の国司などに無視されていたことを重視する。しかしその一方で、「天平元年十一年合二歳図」は、天平宝字二年（七五八）や天平宝字五年の検田時において国司によって用いられていた。[14] 八世紀中頃における班田や国司などによる検田の内容については、東大寺をめぐる政治情勢に留意する必要があり、天平二十年と天平勝宝六年における国司などによる利用状況のみから「天平元年十一年合二歳図」

を評価する点には問題がある。

「天平元年十一年合二歳図」のうち、天平十一年の図に関しては班田年に作成されたものではないが、天平元年の図は班田年に作成された図であった。[15] くわえて、天平元年の図は、天平神護二年十二月五日伊賀国司解案において「天平元年図」と表記されていた。[16] こうした班田年と図を組み合わせた表記は八世紀中頃以降の史料において班田図を指し示すものであった。[17] 少なくとも天平元年の図に関しては班田図であったとみられる。一方の天平十一年の図に関しては、「十二」が「七」の誤りであり、天平七年の班田図であったとする指摘もある。[18]

また、天平元年班田の内容からも、天平元年における班田図の存在がうかがえる。天平元年班田では、それまで実施されることがなかった口分田などの全面的収公と再班給が実施されている。[19] すでに指摘されているように、全面的収公と再班給は、口分田の散在化や王臣家などの良田集積を解消することを目的としたものであった。[20] こうした班田の実施には班田図が必要であったのではないか。

以上みてきたように、班田図は、天平年間前半には確認でき、官に保管されるべき図として位置づけられていたようである。こうした班田図と八世紀中頃以降の班田図との連続関係や整備状況については不明な点が残されているが、上記の史料からは、班田図の整備そのものは、天平十四年よりもさかのぼるものであったことが推定される。

さて、次に問題としたいのは、班田図と条里呼称との関係である。条里呼称が天平十四年以降に成立した土地表記であったとする岸の指摘は妥当なものといえる。

しかし、ここで留意したいのは、金田章裕が指摘しているように、条里呼称の導入時期には、全国的にみて国毎に差異があった可能性があるという点である。[21] したがって班田図の全国的整備と条里呼称との間には、時間的な差を想定する必要がある。[22]

この点については讃岐国の条里呼称の導入時期を検討した伊藤寿和の指摘が注目される。(23) 伊藤は、讃岐国の条里呼称が史料の検討や国司であった大伴犬養の経歴から天平宝字六年頃であるとした上で、同国の数詞による条里呼称の採用にあたって班田図の形態が考慮されたとする指摘をしている。

また吉田敏弘は、岸説が条里呼称を条里地割という実在の景観に対して付与された地番であるとするイメージから導き出されたものであり、このイメージは、条里地割の広範な施工が条里呼称成立以降であるとする近年の発掘成果(24)をふまえて再検討しなければならないとする。そして、条里呼称が天平十四年以降に班田図上において成立したとする説を提示している。(25)

吉田が指摘するように、岸説には八世紀中頃における広範な条里地割施工を前提に条里呼称が成立し、班田図がそれらを記録するために整備されたものであるとする想定があったといえる。しかし、発掘成果からも明らかなように、班田図の方格線のすべてが条里地割であったとはいえない。このことをふまえると、班田図の方格線については校田作業時に現地に設定された一町の方格網を示すものであったといえる。(26) したがって、条里呼称の成立に関しては、すでに整備されていた班田図上において成立したと考えるべきであろう。

しかし、班田図上における条里呼称の成立の問題については、伊藤と吉田によってすべてが説明されているわけではない。次節では、あらためて班田図と条里呼称との関係をみていきたい。

二　班田図と条里呼称との関係

1　条と里の呼称

そこでまず条と里の呼称についてみていくことにしたい。

条里呼称が成立した八世紀中頃以降の史料をみると、条と里の呼称は、以下に示す四つの記載型式に大きく分けることができる。

（イ）固有名詞里
（ロ）数詞条＋固有名詞里
（ハ）数詞条＋数詞＋固有名詞里
（ニ）数詞条＋数詞里(27)

こうした条と里の呼称の成立の前後関係については、すでに服部昌之や岸俊男、吉田敏弘などによる指摘がある。(28)そこでは、天平十五年（七四三）の山背国久世郡弘福寺田数帳記載の型式が（イ）であるのに対して、数詞をともなう型式がそれよりも遅れた天平二十年頃に伊賀国の史料などに現れること(29)や、数詞をともなう型式のなかには固有名詞に数詞をくわえた（ロ）が確認できることなどから、（イ）が先行して成立したことが推定されている。

たしかに、国内において（イ）から（ロ）へ編成されている事例は確認できる。山城国では、当初（イ）であったが、その後数詞の条呼称が付されて（ロ）になっていた(30)。また、（ロ）（ハ）のなかには、（イ）から編成されたことをうかがわせる事例もある。

しかし、条里呼称成立当初において条と里の呼称のすべてが、（イ）であったとするには問題がある。伊賀国では、条里呼称の記載が確認できる天平二十年から一貫して（ロ）であり、条里呼称が成立した当初から（ロ）であった可能性が高い。また、（ハ）の固有名詞による里名のなかには、数詞をともなわなければ単独で里の位置を示すことができないものがある。たとえば、図22に示した大和国添下郡京北班田図記載の三条四里および四条四里・五里の「忍熊里」や二条五里および三条五里の「秋篠里」などのような同じ名詞が複数の里にまたがって付けられたものである。同様な例は、八世紀中頃作成の大和国平群郡額田寺伽藍並条里図にも確認できる。[31] 同図によれば、平群郡の九条四里と一〇条四里には「額田里」が存在した。こうした事例は、数詞による条と里の呼称の導入後に再編されたというよりも、その地域に条里呼称が導入された当初からのものであった可能性がある。

以上のことをふまえると、条と里の呼称に関しては、当初から（イ）の型式であったものと数詞による条と里の呼称であったものが存在したといえる。[32] そして、（イ）のなかには、その後に数詞の条や里呼称が付されたものもあった。[33]

それでは、条と里の呼称はどのように成立し、また編成されたのであろうか。

条と里の呼称について岸は、大和国添下郡京北班田図などに記載された条と里の呼称の型式をもとに、条と里が対等な関係になく、里を横に連ねたものが条であり、条呼称が里を表記するための呼称であると指摘する。その上で、地域名としての（イ）の型式が設定された後に、条毎に「一条」「二条」の数詞が付けられ、条の一方から「一里」「二里」と数詞が付けられたとする。

吉田は、固有名詞による里名設定が先行したとする岸説を支持した上で、数詞による条と里の呼称が、地名による現地との対応関係とは異なる機能をもち、地名から派生した（イ）（ロ）（ハ）などにみられる固有名詞とは異なる原理で成立したとする。吉田が注目したのは、大和国添下郡京北班田図などから復原できる班田図が、右端に巻首に置く一条一巻の形態であり、班田図毎に「一条」「二条」と付され、巻首から左に向かって「一里」「二里」が付けられていた点である。そして、こうした班田図と条里呼称の一致は、数詞による条と里の呼称が、先行して整備されていた里を横に連ねた班田図上において成立したことを示していると指摘する。

数詞による条と里の呼称が班田図の形態と密接に関わって成立したものであったとする吉田の指摘は妥当であるといえる。また、（イ）（ロ）（ハ）の固有名詞は、地名から派生したと考えられるものが多く、数詞による条と里の呼称よりはるかに現地との対応関係が確認しやすかったのも事実である。

しかし、（イ）の型式に関しても、数詞による条と里の呼称と同様に班田図上において成立したと考える。（イ）の型式と数詞による条と里の呼称の違いは、班田図の形態と密接に関わった班田図上における成立の原理の違いに起因するものであったのではないか。

岸らが指摘しているように、八世紀中頃以降の班田図は一条一巻の形態であったが、それらには二つの形態が存在していたと考える。図23に示したように、一条毎に里を連ねて記載した巻子形態と里毎の班田図を個別に作成しそれらを一条毎にまとめた形態である。前者の形態は大和国添下郡京北班田図から想定できる。一方、後者の形態は山城国葛野郡班田図から想定できる。

九世紀初頭の班田図を原図として作成された山城国葛野郡班田図は、葛野郡の一・二条に属する九つの里を描いた図である。同図は一五紙から構成されており、里の区画が基本的に一紙毎に図化されている(34)。こうした形態は、原図とした班田図の形態に起因するものであったと考えることが可能である。このことは、里毎に田の総計や田種毎の集計が記載されていた点からわかる。山城国葛野郡班田図では、各条の田の総計や田種毎の集計を巻首にあたる部分に記載している。しかし、それとは別に里毎の図にも里における田の総計や田種毎の集計を記載したものが付属してい

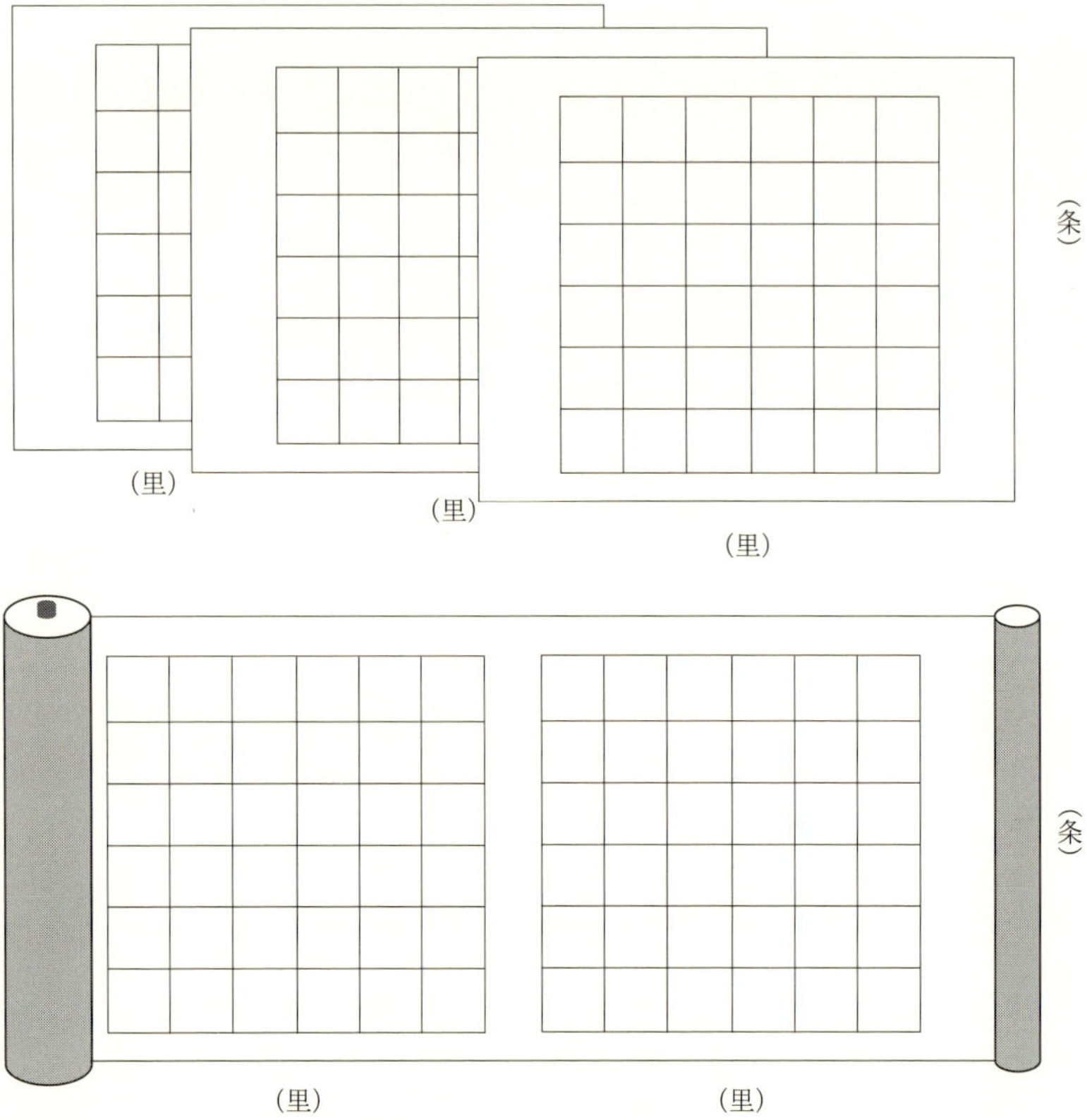

図 23　班田図の形態（推定）

上：条毎に里毎の班田図をまとめた形態。下：条毎に里を連ねて記載した巻子型式の形態。
※巻首、集計、方格内記載、年紀、署名などは省略した。なお、巻子型式の形態には、里と里の間を詰めたものもあったと想定される。

る。里毎の集計は四里分のみ現存しているが、本来はすべての図に付属していたと推定される(35)。こうした里毎の集計記載の存在は、山城国葛野郡班田図が原図とした班田図が、巻子形態ではなく、里毎に独立して作成されていたことを示しているのはないか。

　注目したいのは、大和国添下郡京北班田図が里と里の間を二重線によって表現し(36)、その箇所に部分的ではあるが里毎の田の総計を記載している点である(37)。こうした表現や記載の存在は、班田図の基本単位が里であり、さらに巻子形態の班田図自体が、一条毎にまとめられた里毎の班田図から成巻されたものであったことを強く示唆する。

したがって、一条一巻の班田図とは、本来、里毎の班田図を一条毎にまとめた形態であったと考えることができる。そして、このように当初の班田図の形態が復原できることで、条と里の呼称の成立についても班田図上でなされたことがわかる。すなわち、（イ）は、里毎の班田図の形態に即して付けられた名称であり、一方の数詞による条と里の呼称は、里毎の班田図を横に連ねたまとまり毎に付されたものであったと推定される。

2　坪　並

次に坪並についてみていくことにしたい。

坪並は、千鳥式と平行式の違いを問わず、一坪から六坪の進行方向と六坪から七坪への行替方向によって二つの型式に分類することができる(38)。たとえば、大和国では、一国内において千鳥式の二つの型式が確認できる。図24には大和国京南条里の坪並を示したが、下ツ道を挟んで左右対称になっている。京南条里の路西が里区画の右上隅に一坪を置く千鳥式であり、路東が里区画の左上隅に一坪を置く千鳥式である。両者は一坪から六坪が下方に進む点で同じであるが、六坪から七坪への行を替える方向が異なる。前者の型式の坪並をA型、後者の型式の坪並をB型と呼ぶことにしたい(39)。

千鳥式にみられる二つの型式の成立については、これまで平城京との関係が想定されてきた(40)。すなわち、上記の京南条里に北接する平城京の坊内呼称の配列が朱雀大路を挟んで左右対称であることから、それらをもとに二つの型式が成立したと考えられてきた。

36	25	24	13	12	1
35	26	23	14	11	2
34	27	22	15	10	3
33	28	21	16	9	4
32	29	20	17	8	5
31	30	19	18	7	6

A型（大和国京南条里路西）

1	12	13	24	25	36
2	11	14	23	26	35
3	10	15	22	27	34
4	9	16	21	28	33
5	8	17	20	29	32
6	7	18	19	30	31

B型（大和国京南条里路東）

図24　A・B型の坪並

たしかに、条呼称は条坊呼称の「条」から援用されたものであり[41]、また坪呼称についても当初「坊」と表記されていたことからも[42]、条里呼称と条坊呼称との密接な関係が想定される。また、条と里の呼称を含めた京南条里の条里呼称全体が平城京の影響下にあったことは否定できない。

しかし、舘野和己が指摘しているように、坪並そのものは、平城京の坊内呼称の配列を参照したとは考えられない[43]。坊内呼称は史料上において坪呼称よりも遅れて現れており、むしろ坪並をもとに坊内呼称の配列が成立したといえるのである。

また、従来の説明では、平行式の成立が説明されておらず、くわえてなぜ国毎に異なる坪並が採用されたかについても明らかになっていないという課題が残されている。

そうしたなかで、前述の吉田は「一条一巻」による班田図とA型の坪並の成立との関係を指摘している[44]。そこでは、大和国添下郡京北班田図や古代荘園図などから復原できる右端に巻首を置く「一条一巻」の班田図が、里の右上隅に一坪がくるA型の坪並を多く採用していることが注目されており、A型の坪並が縦書き文化に属する日本人の視習慣と関係し、「一条一巻」の班田図上において成立したことが示されている[45]。

しかし、問題になるのはＢ型の坪並である。吉田自身も留意しているように、右端に巻首を置いた「一条一巻」の班田図とした場合、Ｂ型の坪並の成立はどの位置に一坪の起点を置いても説明できないのである。吉田は、Ｂ型の坪並の成立をＡ型とは別の原理でなされたことを想定しているが、坪並は、Ｂ型を含めて同一の原理で成立したと考えられる。それは里毎の班田図上における坪並の成立である。

前述したように、一条一巻の班田図の形態は、本来、里毎の班田図を横に連ねた形態が原型であった。この形態は、必ずしも班田図の向きを固定するものではなかったと考えられる。

図25には、千鳥式のＡ・Ｂ型のそれぞれの一坪が里の右上隅にくるように向きを置き変えたものを示した。これをみると、二つの坪並が、一坪を里の右上隅に置いた場合、そこから下方に数える配列と、左に数える配列であったことがわかる。つまり、坪並は、里毎の班田図上においてある起点から数字を付けたものであったと考えられるのである。

前述した大和国では、左右対称である平城京の条坊呼称を意識し、里毎の班田図上においてＡ・Ｂ型を成立させたと考えられる。(46)また、その他の国においても、それぞれ里毎の班田図上で坪並を成立させていったのではないかといえる。(47)

以上みてきたように、条里呼称は里毎の班田図を前提に成立していたものであったことが推定されよう。そして、こうした里毎の班田図の存在は、条里呼称が成立する天平十四年以前の班田図が里毎の形態であったことを想定させる。

それでは、班田図の基本単位であった里とはいかなるものであったのであろうか。里については、中国の理想的な土地区画を示す井田制に起源を持ち、一町の方格の成立に際して重要な役割を担っていたものであったとする指摘が

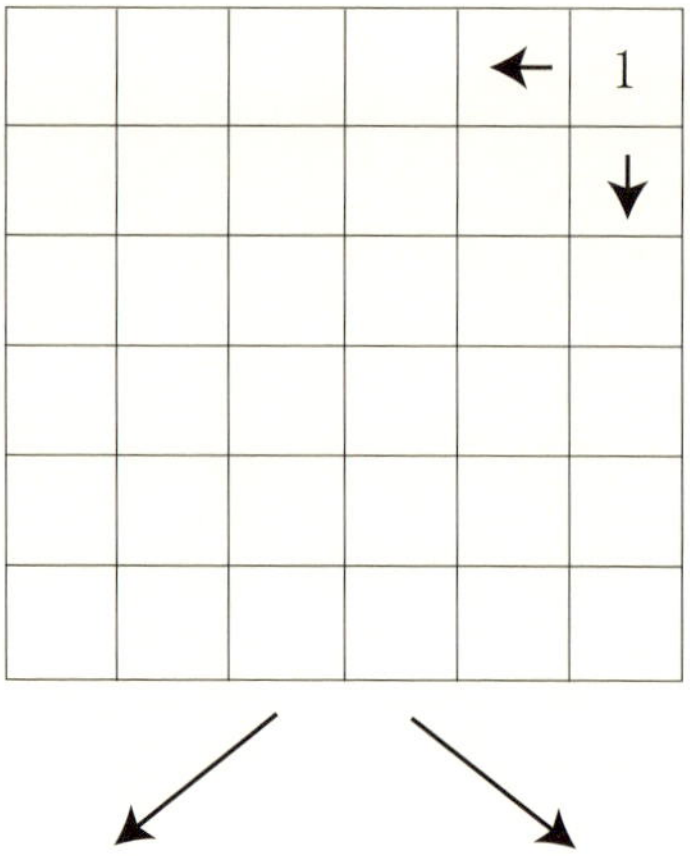

36	25	24	13	12	1
35	26	23	14	11	2
34	27	22	15	10	3
33	28	21	16	9	4
32	29	20	17	8	5
31	30	19	18	7	6

A型（千鳥式）

6	5	4	3	2	1
7	8	9	10	11	12
18	17	16	15	14	13
19	20	21	22	23	24
30	29	28	27	26	25
31	32	33	34	35	36

B型（千鳥式）

図 25　里区画と坪並

ある。[48]そこでは、井田制の一里を、三六分割することによって一町の方格が成立したことが推定されている。「町」の規定は、大宝令を選定するにあたって参照した唐令などに確認できないことから、日本独自に創出したものであった。班田図が里を単位として作成したのは、こうした「町」の創出と密接に関わった里の性格が関係していたのではないかとも考えられる。

　ところで、ここで問題になるのは、天平十四年以前における班田図は、どのようなまとまりを持っていたのかという点であろう。管理上の点からすれば、当然何らかのまとまりを有していたとみるべきである。

注目されるのが、天平七年（七三五）十二月十五日讃岐国山田郡田図の[49]「□田郡□郷船椅□」の記載である。これは「山田郡林郷船椅里」であると推定されている。[50]この「船椅里」は条里呼称ではなく、霊亀三年（七一七）から天平十二年まで施行されていた郷里制における里である。[51]郷里制の里は、戸数を基本とした人的単位として設定されたものであるが、山田郡田図においては明らかに場所を示す名称としても用いられていた。[52]このことは、同時期の班田図が郷里制下の里名をもとに管理されていたことを想定させるものである。

郷里制の里と条里呼称の里との関係ついては岸による指摘がある。[53]岸は国家が条里呼称の里を導入するにあたって、原理の異なる里が併存することの不合理が自覚され、天平十二年頃に廃止されたとする。

しかし、讃岐国山田郡田図にみられるような郷里制下の里の性格は、郷里制の里が条里呼称の里へと変容を遂げる移行段階を示しているのではないか。前に示した固有名詞の里名のなかには、郷里制下の里名との関係を想起させるものが多く存在していることもこうした可能性を高めるものであろう。条里呼称の固有名詞による里やさらには数詞による条と里の呼称の成立には、場所を示す役割を担いつつあった郷里制の里の再編という側面があったのではないかと考えたい。

三　土地管理システムの成立

1　班田図の整備以前

それでは、条里呼称成立以前において国家は、班田図を用いてどのような土地把握を行っていったのであろうか。

また、班田図上に条里呼称を成立させることによってどのように土地把握を展開させていったのであろうか。そこでまず班田図と条里呼称成立以前の土地表記との関係についてみていくことにしたい。

条里呼称成立以前の土地表記については金田章裕による指摘がある。[54] 金田が注目したのは、前出の天平七年（七三五）十二月十五日の讃岐国山田郡田図などの史料に記載されている[55]「津田」といった名称の存在である。金田は、それらを「小字地名的名称」と呼び、条里呼称成立以前における土地表記であったとする。

「小字地名的名称」の記載は、大和国添下郡京北班田図などの八世紀中頃以降の班田図を原図とした部分などに確認できる。「小字地名的名称」を記載した讃岐国山田郡田図が班田の内容を反映した図であったことをふまえると、[56]条里呼称成立以前の班田図に「小字地名的名称」が記載されていたことが想定される。また、「小字地名的名称」は、田に限定されており、この点からも班田に関わる名称であったと考えられる。

しかし、ここで留意したいのは、「小字地名的名称」と条里呼称の土地表記としての性格の違いである。図26には讃岐国山田郡田図記載の「小字地名的名称」と方格との関係を示したが、「小字地名的名称」のなかには、「津田」「佐布田」などのように複数の方格に広がりをみせているものがある。「小字地名的名称」は、方格毎に名称が付されていることから、方格を強く意識した名称であったことは間違いない。しかし、同一名称が複数の方格にまたがった「小字地名的名称」の存在は、「小字地名的名称」が条里呼称のような方格毎の土地を指し示す土地表記とは異なるものであったことを示している。[57]

また、「小字地名的名称」には、「畠」「造」などといった田の成立の由来を示す普通名詞が付されているものや「畠田」といった場所を隔てて同一の名称が存在しているものが確認できる。これは、「小字地名的名称」が特定の場所の位置を示すためのものではなかったことを示すものといえよう。

これらのことをふまえると、「小字地名的名称」は、班田図上で成立した条里呼称とは異なり、現地レベルで設定された土地表記であった可能性がある。ただし、具体的な場所を示す機能よりも、むしろ耕作単位や水利そして地形などといった田のまとまりを示す機能に重点が置かれていたものであったのではないか(58)。

そして、このことは、本来の班田図の役割を考える上でも重要な点である。つまり、当初、土地の位置を示す目的のために班田図は作成されていなかったことを想定させるのである。

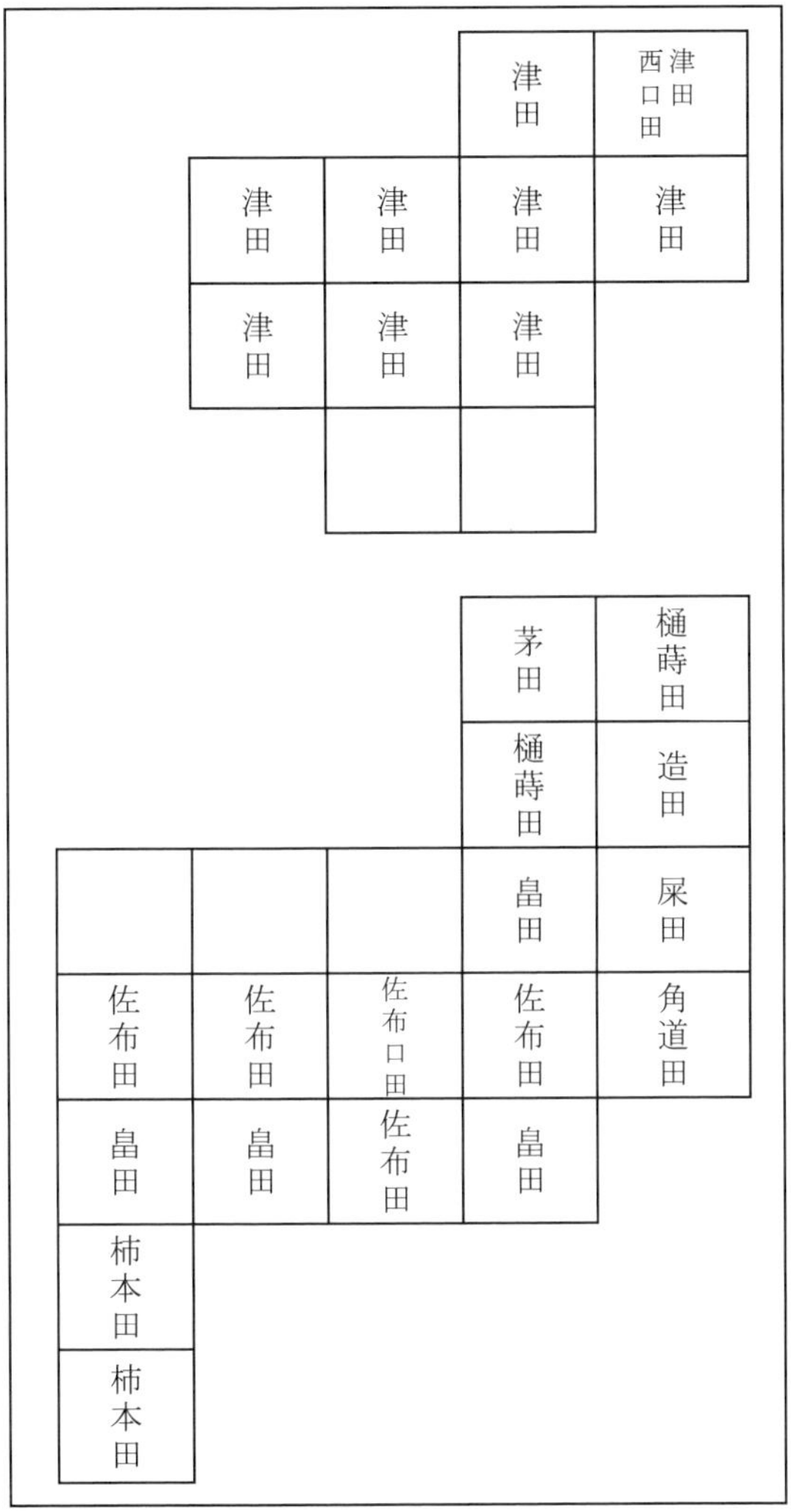

図26　讃岐国山田郡田図記載の「小字地名的名称」

それでは班田図はどのような目的のために作成されはじめたのであろうか。ここで想起されるのは八世紀中頃以降の班田図がはたしていたもう一つの機能、すなわち田の総計や田種毎の集計である。

八世紀中頃以降の班田図には、巻首部分や里毎に田の総計や田種毎の集計が記載されていた。こうした田の面積の集計は、班田図上において一町の方格をもとになされていたと考えられる。

養老二年（七一八）に編纂された養老田令の規定によれば、班田において国司は、あらかじめ「簿」を作成した上で、それをもとに田の班給を行っていた[59]。こうした作業は、大宝令にもほぼ同様な規定を復元できることから、大宝令施行当初からのものであったことがわかる。この「簿」については、口分田の授給人数と田積を記載した帳簿であったと想定されている[60]。そして、「簿」の作成のためには、戸籍の存在にくわえて田積の調査が必要であった。班田図は、本来、班田の行程のなかで、田積を算出する際に作成された図を原型とするものであったのではないか。

2　四至の導入

さて、土地台帳としての班田図の登場を考える上で注目したいのが四至の存在である。

養老令の田令口分条には「具録町段及四至」とあり、班田終了後において班給した田の町段と四至を記載することが規定されている。ただし、四至に関する記述は、大宝令にはなく、養老令においてはじめて追加されたものであったと考えられる[61]。

こうした養老令における四至の規定については唐令の規定を参照にしたものであったと推定される。唐令を明瞭に引き継ぐ北宋天聖令田令の不行唐令一四条のなかには、官人の永業田申請における、「具録頃畝四至」という規定の存在が確認できる[62]。また、唐においては、実際に四至による土地表示がなされていた[63]。

養老令自体は天平勝宝九歳（七五七）頃に施行されたものであるが、(64) 同令の施行以前において四至による土地表示はすでに導入されていた。(65) そのことは、史料二に示す天平十五年（七四三）四月二十二日山背国久世郡弘福寺田数帳の存在からわかる。条里呼称の初見史料でもある同史料には、条里呼称のあとに寺田の四至が記載されている。(66)

史料二

□(弘)福寺　川原寺　□□(天平)□(十)四年　歳次壬午

合田壱拾町弐伯参拾捌歩　　久世郡

　荒廃田肆町壱段参伯参拾壱歩

定田伍町捌段貳伯陸拾□(染)□(歩)

（中略）

路里十七口利田二段七十二歩上中北、十九日佐田一段二百十六歩上中

東、廿川原寺田九段二百卌三歩荒八段三百十五歩　定二百八十八歩上中、

東南角〈東列栗郷戸主□□□□□(広)　庭田同郷戸主並栗臣族手巻田同郷戸
　　〈主山背忌寸□(真)□□(田同)□　郷戸主日下部連広足田同郷戸主並栗臣族〉

〈君田南西同郷戸主六人部連小坂田薬師寺田圃同郷戸主並栗臣族嶋足田同〉
〈郷戸主並栗臣豊前田北圃秉田同郷戸主並栗臣族手巻田〉

（後略）

山背国久世郡弘福寺田数帳は、すでに指摘されているように、天平十四年班田の際に作成された寺田籍から弘福寺の寺田部分を抜き出したものであった。(67) したがって、班田の結果を四至によって表示する方法が少なくとも天平十四

年にはなされていたことは確実である。

注目したいのは、山背国久世郡弘福寺田数帳にみられる四至の表示方法である。八世紀中頃以降の史料において、屋・家・山などや都城内の土地を表記する四至は、地物や地名などが用いられている例を多く確認できる。(68)しかし、同史料における四至は、地物や地名ではなく、「東列栗郷戸主□□□□□(広)庭田同郷戸主並栗臣族手巻田」などといった人名（戸主名）が付された田で表記されていた。

こうした四至の表示方法は、班田図の記載情報をもとになされていたと考えられる。大和国添下郡京北班田図によれば、八世紀中頃以降の班田図には、方格内に口分田のほかに乗田、墾田、寺田、神田、家（宅）、野、山などの地目が記載され、口分田や墾田などにはそれぞれ田主名や面積が記載されていた。(69)また、九世紀初頭の班田図を原図として山城国葛野郡班田図には、班田図の方格内には田毎に「西」「東」といった、一町方格内における田の所在を示した方付が記載されていた。(70)史料二にも、「北」「東」といった方付がみられる。

天平十四年以前において四至を記載する史料を現在のところ確認することはできない。そのため、班田図をもとにした四至による土地表記の成立時期については確実なことはいえない。班田図の記載情報にもとづく四至の登場は、前述した天平元年班田における田の全面的収公そして再班給の原因でもあった、口分田の散在化や王臣家による良田集積などが関係しているのかもしれない。

また、次のような山川藪沢の領有に関する国家による土地政策の変化も考慮される。

大宝令施行直後には王臣家などによる山川藪沢の領有によって、百姓の経営地が妨げられるといった事態が生じていた。(71)これに対して国家は、慶雲三年（七〇六）に一部を除き土地の領有を禁止する旨を出していた。

こうした事態はその後も問題となっていた。このことは、和銅四年（七一一）十二月六日の詔の内容からわかる。(72)

ここで注目したいのは、この時、国家が田の新規開発だけでなく、さらにその前提としての野地の領有を認めていたと考えられる点である。そこには、「宜経国司、然後聴官処分」という手続きを経ることによって領有を認める旨が示されている。具体的な内容は不明といわざるをえないが、国家は、開発を前提とした土地の領有を認定し、領有者毎に土地の面積や位置を把握することで、王臣家などによる無秩序な土地領有を抑制しようとしたことがうかがえる。

このように、大宝令施行直後においては、王臣家などによる山川藪沢の領有に関する問題が顕在化していたことがわかる。国家は、この問題に対して山川藪沢の領有の禁制から限定的な山川藪沢の領有そして新規の開発田の領有容認へと政策を展開していったといえる。

そして、養老七年（七二三）には新規開発やそれにともなう野地占定を許可した三世一身法が出されている[73]。三世一身法は、新規の開発であることを条件とし、また「旧溝地」と「新造溝地」のいずれを利用したかによって、一身（終身）と三世という開発後の領有期限に違いを設定していた。そして、期限のすぎた開発田に関しては、いずれも公田にするという規定を設けていた。三世一身法自体は全文が伝わっていないが[74]、こうした同法の規定の内容は、土地の位置確認を必要とするものであったと考えられる[75]。

3　条里呼称の成立

以上、条里呼称成立以前の班田図と土地表記との関係をみてきたが、八世紀初頭の国家は、土地を巡る社会的情勢の変化のなかで班田図を整備し、それにもとづく土地把握を行っていったことが想定される。天平十四年（七四二）における班田図の全国的な整備にはこのような背景があったと考える。

天平十四年以降に成立した条里呼称は、そうした土地把握の質を高めたものであったといえる。このことを端的に示しているのが、史料二の山背国久世郡弘福寺田数帳である。ここでは、四至による寺田全体の範囲が示されるとともに、条里呼称による方格毎の寺田表示がなされている。四至は領域を示すという面では優れた土地表記であったが、土地の位置を表記するにあたって煩雑になる場合があった。一方で、条里呼称は、班田図の記載と直接対応する土地表記であり、土地の位置を統一的な座標によって表記することを可能にするものであった。

そして、条里呼称を用いることで国家は、それまで他の土地利用と区別していなかった田の位置を個別に表示していった。条里呼称がとくに田の位置表示に用いられていたことは、天平宝字三年（七五九）十二月三日の越中国諸図の記載が明確に示している。これらの図では、田が存在する方格のみに条里呼称が付されている例を多く確認できる。なかでも、天平宝字三年と神護景雲元年（七六七）十一月十六日の両年にそれぞれ作成された伊加流岐（伊加留岐村）と大藪（大荊村）を対象とした図の記載からは、条里呼称が新規に開発された田に付されていった過程がわかる。天平宝字三年作成図では記載範囲すべてが野であり条里呼称が付されていなかったが、神護景雲元年作成図では開発された田に条里呼称が付されていた。(77)

また、条里呼称が記載された班田図はそれ自体の機能を向上させた。前述したように、条里呼称成立以前の班田図には土地表記として「小字地名的名称」のみが記載されているにすぎず、班田図毎の名称も付されていなかったと推定される。こうした班田図の地図としての脆弱な側面は、班田図をもとにした現地との対応関係の確認作業に支障をきたすものであったと考えられる。条里呼称は土地台帳としての班田図の役割を決定づけたといえる。

このように、国家は条里呼称を成立させることで、土地把握の方法を進化させていった。国家は、八世紀中頃以降に班田図をもとづいた新たな土地把握を実施していくことになる。すなわち、条里呼称による田の把握と四至による土地の領域的な把握である。そして、こうした土地表記を整備をともなって、班田図にもとづく土地管理システムが成立した。天平十五年の墾田永年私財法施行や天平二十一年における墾田地許可[78]などの諸政策は、班田図にもとづく国家による土地管理システムの成立を受けて実施された。また、券文や古代荘園図も、そうした土地管理システムの成立と連動し、作成されていったといえる。

注

（1）東京大学史料編纂所編『日本荘園絵図聚影』三（東京大学出版会、一九八八年）収録。

（2）東京大学史料編纂所編a『日本荘園絵図聚影』二（東京大学出版会、一九九二年）および同b『日本荘園絵図聚影』五下（東京大学出版会、二〇〇二年）収録。

（3）岸俊男「班田図と条里制」（『日本古代籍帳の研究』塙書房、一九七三年、初出一九五九年）。宮本救a「山城国葛野郡班田図」（『律令田制と班田図』吉川弘文館、一九九八年、初出一九五九年・一九八一年・一九八二年）。同b「『山城国葛野郡班田図』補説」（『日本歴史』六一一、一九九九年）ほか。

（4）弥永貞三「班田手続と校班田図」（『日本古代の政治と史料』高科書店、一九八八年、初出一九七九年）。

（5）岸前掲注（3）論文。

（6）『大日本古文書』編年二、三三五〜三三七頁。

（7）古記については、井上光貞「日本律令の成立とその注釈書」（井上光貞・関晃・土田直鎮・青木和夫校注『律令』岩波書店、一九七六年）ほか参照。

（8）『大日本古文書』東南院文書二、三五七〜三六〇頁。

（9）『類聚三代格』一五。

（10）『続日本紀』天平十五年五月乙丑条ほか。

（11）吉田孝『律令国家と古代社会』（岩波書店、一九八三年）ほか。

（12）宮本救は、天平十四年班田図が翌年施行の墾田永年私財法施行以前の状況を示す図であったことを四証図選定の理由として挙げている。宮本救「四証図について」（宮本前掲注（3）a書収録、初出一九七〇年）。また、河内祥輔は、そのことにくわえて班田収授の構造自体の問題から四証図選定について言及している。河内祥輔「大宝令班田収授制度考」（『史学雑誌』八六―三、一九七七年）。
（13）奥野中彦「古代図籍制度論」（『荘園史と荘園絵図』〔東京堂出版、二〇一〇年、初出一九八九年〕）ほか。
（14）藤井一二「初期荘園の耕地と農民」（『初期荘園史の研究』〔塙書房、一九八六年、初出一九八三年〕）ほか参照。
（15）『続日本紀』天平元年三月癸丑条。
（16）『大日本古文書』東南院文書三、九三～一〇一頁。
（17）たとえば、天長二年（八二五）十一月十二日尾張国検川原寺田帳記載の「天平十四年勝宝七歳宝亀四年無図延暦五年十九年弘仁十二年図」は各年の班田図であった（『平安遺文』五一）。このほか、延喜五年（九〇五）九月十日因幡国高庭荘検田帳案などにも確認できる（『平安遺文』一九三）。天平神護二年十二月五日伊賀国司解案には「天平〈廿年〉勝宝六年校図」といった年と校図を組み合わせる表記があるが、両図はそれぞれ天平二十年と天平勝宝六年の校田図を示している。
（18）山本行彦「国家的土地支配の特質と展開」（『歴史学研究』五七三、一九八七年）ほか。
（19）『続日本紀』天平元年三月癸丑条ほか。
（20）虎尾俊哉「班田収授法の実施状況」（『班田収授法の研究』〔吉川弘文館、一九六一年〕）。宮本救「律令制的土地制度」（宮本前掲注（3）a書収録、初出一九七三年）。
（21）金田章裕「条里プランの完成・定着・崩壊プロセス」（『条里と村落の歴史地理学研究』〔大明堂、一九八五年、初出一九八〇年・一九八二年〕）。
（22）ただし、金田は、岸が示した条里呼称と班田図との関係を考慮し、班田図の整備も国ごとに時間的な差異があったのではないかと推定している。金田章裕「律令の条里プランと荘園図」（『古代荘園図と景観』〔東京大学出版会、一九九八年、初出一九九六年〕）。

(23) 伊藤寿和「讃岐国における条里呼称法の整備過程」(『歴史地理学』一二〇、一九八三年)。
(24) 中井一夫「地域研究」(『条里制の諸問題』Ⅰ〔奈良国立文化財研究所、一九八一年〕)。広瀬和雄「畿内の条里地割」(『考古学ジャーナル』三一〇、一九八九年)。山川均「条里制と村落」(『歴史評論』五三八、一九九五年)ほか。
(25) 吉田敏弘「田図と条里呼称法」(『國學院大學大學院紀要』三六、二〇〇五年)。
(26) なお、岸自身もこの点については、古代荘園図記載の地目などの検討から、方格線が必ずしも条里地割を示したものではないとする見解に修正している。岸俊男「条里制に関する若干の提説」(『日本古代宮都の研究』〔岩波書店、一九八八年、初出一九八五年〕)。
(27) 固有名詞による条の存在も確認できる。康平元年(一〇五八)十一月二十二日大和国竹林寺解案(『平安遺文』九一一)ほか。また、天平勝宝二年(七五〇)五月二十六日出挙銭解記載の「式上郡十三條卅六走田一町」のように数詞条のみの記載も散見される(『大日本古文書』編年三、四〇五頁)ほか。伊藤寿和は、里呼称の欠落を条里呼称成立間もない時期における混乱・戸惑いであったとする。伊藤寿和「『条里呼称法』と『条坊呼称法』の導入・整備過程に関する基礎的研究」(『日本女子大学紀要(文学部)』六〇、二〇一一年)ほか。
(28) 服部昌之「条里の分布と構成」(『律令国家の歴史地理学的研究』〔大明堂、一九八三年、初出一九八二年〕)。岸前掲注(26)論文。吉田前掲注(25)論文。
(29) 天平二十年十一月十九日小治田藤麻呂解案(『大日本古文書』東南院文書二、八五~八八頁)。ところで、(二)の型式を記載した史料として小治田藤麻呂解案よりも古い年紀をもつ天平二十年二月十一日弘福寺三綱牒(『大日本古文書』編年三、四一~四八頁)が存在している。しかし、同史料については偽文書の疑いが指摘されている。福山敏男「かわらでら」(『日本歴史大辞典』〔河出書房新社、一九七〇年〕)ほか。
(30) 山城国における(ロ)の初見は延暦十九年(八〇〇)六月二十一日山城国紀伊郡司解(『平安遺文』一八)である。また、延久四年(一〇七二)十一月日弘福寺山城国荘田注進状案には、天平十四年の山背国久世郡弘福寺田数帳に記載された固有名詞里に数詞の条がくわえられている。同史料については石上英一「弘福寺文書の基礎的考察」(『古代荘園史料の基礎的研究』上（東京大学出版会、一九九七年、初出一九八七年））参照。ただし、山城国では貞観五年（八八三）九月二日民部省勘文案（『平安遺文』一二六）のように九世紀において数詞の条呼称をともなわない史料が確認できる。

（31）東京大学史料編纂所編前掲注（1）書収録。

（32）越前国では、天平宝字八年（七六四）二月九日越前国公験（『大日本古文書』東南院文書二、一六五～一六七頁）では（ハ）の型式であったが、延暦十五年五月四日越前国坂井郡符（『平安遺文』一三）では（ニ）となっている。（ハ）の型式のなかには（ニ）の型式へ編成されたものが確認できる。一方で、当初より（ニ）の型式を採用していたと考えられる近江国では、弘仁十一年（八二〇）十二月五日近江国蚊野郷墾田売券（『平安遺文』四七）にみられるように（ハ）の型式で表記する場合もあった。

（33）鹿の子遺跡から出した、八世紀後半頃と推定される漆紙文書によれば、常陸国では、（イ）の型式であったことがわかる。茨城県教育財団『常磐自動車道関係埋蔵文化財発掘調査報告書』五（一九八三年）。石岡市教育委員会『鹿の子遺跡発掘調査報告　第三次』（一九八七年）ほか。また、和泉国では、十世紀において（イ）の型式が確認できる。延喜二十二年（九二二）和泉国大鳥郡神社流記帳（『平安遺文』二一八）。ただし、（イ）の型式については、数詞による条の呼称の省略であったとする指摘がある。伊藤前掲注（27）論文。

（34）ただし、二条曽根西里は同条古社里の裏面に記載されている。また、小山田里は二紙を継いで記載されている。

（35）山城国葛野郡班田図については宮本救の詳細な検討がある。宮本前掲注（3）a・b論文参照。

（36）同様な表現は大和国平群郡額田寺伽藍并条里図などにもみられる。この点については金田章裕による指摘がある。金田章裕「田図・古代荘園図における条里プランの表現」（『古代日本の景観』〔吉川弘文館、一九九三年、初出一九八六年〕）。

（37）里毎の田の集計記載は、三条二里と同四里に確認できる。

（38）坪並の二つの型式については服部昌之がすでに言及している。服部は条・里呼称も含めた一条一巻班田図として甲型・乙型の二つの型式を想定している。服部昌之「『条里の図的研究』補説」（『人文研究』三八―七、一九八六年）。

（39）A型の平行式は近江国で確認できる。足利健亮「近江の条里」（藤岡謙二郎編『びわ湖周遊』〔ナカニシヤ出版、一九八〇年〕）ほか。なお、越中国では、都城の「四行八門」に近似する「一行一」からはじまり「六行六」で終わる特殊な平行式が採用されている。天平宝字三年（七五九）十一月十四日の越中国射水郡鳴戸開田地図（東京大学史料編纂所編『日本荘園絵図聚影』一上〔東京大学出版会、一九九五年〕収録）ほか参照。この坪並は平行式のB型に分類できる。

（40）関野貞「平城京及大内裏考」（『東京帝国大学紀要』工科三、一九〇七年）ほか。

（41）岸前掲注（26）論文。

（42）伊藤寿和「近江国の『町』地名をめぐって」（『歴史地理学紀要』三一、一九八九年）ほか。播磨国では、「里」の代わりに「坊」を用いる例が確認できる。延喜八年（九〇八）正月二十五日播磨国某荘別当解（『平安遺文』一九八）。

（43）舘野和己「平城京その後」（門脇禎二編『日本古代国家の展開』上巻〔思文閣出版、一九九五年〕）。

（44）吉田前掲注（25）論文。

（45）伊藤寿和も讃岐国における条里呼称の導入において、班田図の形態を意識して右上隅に一坪を置いたのではないかと指摘している。伊藤前掲注（23）論文。

（46）大和国では京東条里と京北条里がそれぞれB型とA型の配列であり、朱雀大路—下津道を挟んで西側がA型、東側がB型である。大和国の坪並については橿原考古学研究所編『大和国条里復原図』（一九八〇年）参照。

（47）各国における条里呼称の導入については、班田使や巡察使が関与していた可能性が指摘されている。服部前掲注（28）論文。伊藤前掲注（23）論文。

（48）吉田孝「町代制と条里制」（『山梨大学歴史学論集』一二、一九七六年）。千田稔「飛鳥の地割と尺度」（『古代日本の歴史地理学的研究』〔岩波書店、一九九一年、初出一九八年〕）ほか参照。ところで、里に関しては、金田章裕が和銅六年（七一三）二月一九日の格（『続日本紀』和銅六年二月甲午条）による高麗尺から唐尺へ変更と関わって成立したと推定している。金田章裕「条里呼称法の起源と特性」（金田前掲注（21）書収録、初出一九八三年）。

（49）東京大学史料編纂所編『日本荘園絵図聚影』五上（東京大学出版会、二〇〇一年）収録。

（50）石上英一「山田郡田図の史料学的分析」（石上前掲注（30）書収録、初出一九九二年・一九九三年）。

(51) 岸俊男「古代村落と郷里制」(岸前掲注(3)書収録、初出一九五一年)ほか。
(52) この点については荒井秀規の指摘がある。荒井秀規「領域区画としての国・評(郡)・里(郷)の成立」(奈良文化財研究所編『古代地方行政単位の成立と在地社会』〔二〇〇九年〕)。
(53) 岸前掲注(26)論文。
(54) 金田前掲注(21)論文。
(55) 東京大学史料編纂所編前掲注(49)書収録。
(56) 讃岐国山田郡田図については本書第六章にて検討した。
(57) 八世紀中頃以降の「小字地名的名称」には「足原田」などといった名称が多く確認できる。また、「小字地名的名称」は名称自体が変更されるものもあった。たとえば、天平宝字三年(七五九)十二月三日と天平神護二年(七六六)十月二十一日の越前国足羽郡糞置村開田地図(いずれも東京大学史料編纂所編『日本荘園絵図聚影』一下〔東京大学出版会、一九九六年〕収録)では、同じ場所を示した「小字地名的名称」が「冬岐田」から「動谷田」「岡本田」へと名称を変えていた。これらは条里呼称成立にともなう現象とも考えられるが、「小字地名的名称」の性格の一端を示すものといえる。
(58) 金田章裕は、「小字地名的名称」が土地表示のほかに輸租・輸地子田であることを示していたと指摘している。金田章裕「奈良時代の土地管理と小字地名的名称」(金田前掲注(22)書収録、初出一九九五年)ほか。しかし、この点については、鷺森浩幸が指摘しているように、不輸租田である寺田に「小字地名的名称」が付されている例が確認できることからも従うことができない。鷺森浩幸「八世紀の荘園と国家の土地支配」(『条里制・古代都市研究』一八、二〇〇二年)。
(59) 班田作業については養老田令班田条に「京国官司、預校勘造簿」とある。この「預校勘造簿」は古記に引用されていることから、大宝令も同様の内容であったと推定される。
(60) 弥永前掲注(4)論文ほか。古記では「預校勘簿造」の「簿」を「田文」としている。
(61) 古記には「具録町段」のみが引用されている。また、大宝令施行下の和銅二年(七〇九)十月二十五日の田記の写しである弘福寺田畠流記写には、寺田の面積のみが記載されている。『大日本古文書』編年七、一~三頁。四至に関する規定については服部一隆「班田収授法の成立とその意義」（『班田収授法の復原的研究』〔吉川弘文館、二〇一二年、初出二〇〇七年〕）ほか参照。

(62) 天一閣博物館・中国社会科学院歴史研究所天聖令整理課題組校証『天一閣蔵明鈔本天聖令校証附唐令復原研究』上・下（中華書局、二〇〇六年）。

(63) 金田前掲注（48）論文。

(64) 『続日本紀』天平勝宝九歳五月丁卯条。中田薫「養老令の施行期に就て」（『法制史論集』第一巻〔岩波書店、一九二六年、初出一九〇五年〕）ほか参照。

(65) 養老令は施行以前における単行法令施行が指摘されている。この点については井上前掲注（7）論文ほか参照。

(66) 前掲注（6）。同史料の翻刻は鎌田元一による校訂によった。鎌田元一「律令制的土地制度と田籍・田図」（『律令公民制の研究』〔塙書房、二〇〇一年、初出一九九六年〕）。

(67) 鎌田前掲注（66）論文。

(68) たとえば、天平宝字四年（七五七）十一月十八日東大寺三綱牒案には、家などの四至が、「東小道　南小道　西限谷　北限道」と記載されている（『大日本古文書』東南院文書三、一六～一七頁）。また、天平勝宝八歳（七五六）六月十二日孝謙天皇東大寺宮宅田園勅入案には、平城京内における宮宅と田園の四至が「東少道　南大道　西少道并葛木寺　北少道并大安寺園」と記載されている（『大日本古文書』編年四、一一八～一二一頁）。

(69) このほか班田図には道や水路などが線表現によって記載されていたと推定される。岸前掲注（3）論文ほか。四至における道や水路も班田図の記載をもとになされていたと考えられる。

(70) なお、唐における四至のなかには人名を示すものがみられる。これは戸籍の記載をもとになされていたものである。山本達郎「敦煌地方における均田制末期の田土の四至記載に関する考察（一）」（東方学会編『東方学論集』〔東方学会、一九七二年〕）ほか。

(71) 『続日本紀』慶雲三年三月丁巳条および慶雲三年三月一四詔（『類聚三代格』一五）。「但氏々祖墓及百姓宅辺、栽樹為林、

并周二三十許歩、不在禁限」とあり、先祖の墓や百姓宅の周辺に限ってはわずかに領有が認められていた。
(72)『続日本紀』和銅四年十二月丙午条。
(73)『続日本紀』養老七年四月辛亥条。
(74)三世一身法については羽田稔「三世一身法について」(『ヒストリア』三〇、一九六一年)参照。
(75)天平神護二年(七六六)十月二十一日越前国司解記載の越前国丹生郡椿原村には、三世一身法施行下である天平三年(七三一)において、佐味公入麻呂の占定が越前国司から判行を得ていたことが記載されている。国司による判行は、野地占定に関する申請書類に国司署名などがくわえられた券文であったと考えられるものである。こうした券文には、占定者や占定された野地の面積の情報にくわえて土地表示がなされていた可能性がある。天平神護二年十月二十一日越前国司解(『大日本古文書』東南院文書二、一八七〜二四四頁)。
(76)東京大学史料編纂所編前掲注(39)書収録。
(77)天平宝字八年(七六四)二月九日越前国司公験(『大日本古文書』編年五、四七六〜四七七頁)の「十八足原　未開」などのように、条里呼称が未開発地に付されている例や、天平宝字三年十一月十四日越中国射水郡須加開田地図(東京大学史料編纂所編前掲注(39)書収録)記載の「東大葦原里五行与六行堺畔」のように条里呼称が四至の記載対象になる例も確認される。これは条里呼称が班田図に直接記載されたものであることが関係している。こうした表記は八世紀後半以降、条里呼称が定着していくにつれて次第に増えていくことになる。
(78)『続日本紀』天平勝宝元年四月甲午条ほか。

終章　結論ならびに見通し

本書はこれまで、八世紀における寺領のあり方に関わる諸問題を検討してきた。ここでは、各章の検討結果から導き出せる知見をあらためて整理し、その上で寺領のあり方についての本書における結論さらには見通しを示したい。

第一章「古代荘園図に描かれた東大寺領」では、図の表現内容や作成過程そして作成契機を整理し、野地占定系と非野地占定系といった二つの東大寺領古代荘園図の違いを示した。その上で、それぞれが描く野地占定を前提とする寺領と国家による占定・開発を前提とする寺領のあり方について検討した。野地占定系荘園図では田以外の地目なでも野地に関する情報が明記されていたのに対して、非野地占定系荘園図では田以外の地目に関する情報省略がみられた。また、非野地占定系荘園図は、施入時あるいは施入前に国司・郡司によって作成されていたが、野地占定系荘園図は、いずれも占定や施入以後に作成されており、さらに二つの作成契機が想定される。①校田年や班田年とは無関係に東大寺関係者が主体となって作成されたものと、②校田年あるいは班田年に国司が主体となって作成されたものである。①は、②に先行し、占定範囲の画定を含む領有認定に関わるものであった。一方で②は、校出された東大寺墾田を改正する目的のために作成されたものであり、さらに、占定範囲の内外に存在した公田および百姓墾田などを相替・買得などによって東大寺墾田へと変更した結果を示すものでもあった。こうした古代荘園図のあり方の違いは、図が記載する寺領において領有形態に質的な違いが存在していたことを明示するものであるといえる。

第二章「越前国足羽郡糞置村開田地図における山の表現とその特質」では、野地占定系荘園図である、二枚の越前国足羽郡糞置村開田地図の表現内容や作成過程そして作成契機の関係が明確になった。糞置村では天平宝字三年（七五九）と天平神護二年（七六六）に図が作成されていた。ところが、両図においては山の表現が異なっていた。これは作成過程や作成契機の違いに起因するものであった。天平宝字三年図は、東大寺関係者が作成主体となり、校田年に先立って占定範囲や開発状況を国衙へ申請する際に用いられた図であった。そのため、山の表現も、そうした目的と関わり、占定範囲や地勢の表示に重点が置かれるものであった。しかし、図は短期間で作成されたものであり、詳細な現地調査が行われなかった。図の作成は、国衙保管の班田図をもとになされたと考えられる。それに対して天平神護二年図は、天平宝字五年の班田で口分田とされた寺田を改正した結果を示すことを目的として、校田年に国司が主体で作成した図であり、校田作業にもとづくものであった。山の表現は、地勢の表示にくわえて、校田時に国司が現地に設定した一町の方格網の位置を正確に表示するために、図上の方格線と対応関係を明示していた。

第三章「阿波国名方郡東大寺領と国家による認定・把握」では、阿波国名方郡東大寺領の検討から、八世紀中頃における野地占定を前提とした寺領の認定手続きとその内容が明らかになった。阿波国名方郡東大寺領は新嶋・枚方・大豆の三地区からなる。新嶋地区に関わるとして、天平勝宝八歳（七五六）の阿波国名方郡新嶋荘券が現存する。八世紀中頃において、新規に開発された水田（墾田）および畠（阿波国では墾田と同等の位置づけ）は、班田図に登録されることで、その領有の認定がなされていた。しかし、新嶋荘券の存在は、それとは別に、占定後数年を経たのち、東大寺側の申請を受けて、国司によって占定範囲を含む寺領の認定が行われていたことを示すものであった。同種の券文として、越中国東大寺領に関する天平宝字三年（七五九）作成券文がある。また、枚方地区に関しては天平宝字二年の阿波国名方郡新嶋荘図（枚方地図）が現存する。同図は端書き部分に「国司図案」とあり、「国司図」と呼ばれる図の案文であったことがわかる。「国司図」の名称は国司が署名をくわえた図に由来すると考えられる。越中国でも券文に図が添付されており、「国司図」は枚方地区の券文に添付された図であったといえる。そして、天平宝字二年における「国司図」の案文作成は、翌々年に迫った校田に先立って、占定範囲や面積などを国衙へ再度確認するためのものであったと推定される。くわえて、大豆地区に関する史料として、八世紀中頃作成と推定される阿波国名方郡大豆処図が現存する。大豆処図は、券文などの作成に際して大豆地区の面積や開発状況を調査した結果を示す図であったと考えられる。

第四章「摂津国嶋上郡水成瀬絵図の機能」では、非野地占定系荘園図である摂津国嶋上郡水成瀬絵図の特質を示した。水成瀬絵図は、天平勝宝八歳（七五八）に東大寺へ土地（水成瀬）を勅施入する際に作成された。その作成主体は当該郡である嶋上郡の郡司であり、そして図には郡司の署名にくわえて摂津国司の署名や摂津国印の押捺がなされたものであった。水成瀬に関しては、施入時において水成瀬絵図とは別に、同じ過程を経て作成された文図が存在した。文図は現存しないが、関連史料の検討から、東大寺に施入された土地のなかで田のみを対象とし、その位置や面積を表現していたものと考えられる。それに対して、水成瀬絵図は、施入地が山や川などによって囲まれていた場所に位置し、田・畠・屋・倉からなる実態であることを表現するものであった。作成者である郡司は、田のみを記載する文図とは別に水成瀬絵図を作成することで、施入地が一定のまとまりをもつ領域であることを示していた。

第五章「八世紀中頃の古代荘園図作成と班田図」では、八世紀中頃における古代荘園図作成と国家による土地政策の基本台帳であった班田図との関係が明らかになった。野地占定系荘園図では、図上の方格線に沿って設定された境界線が多く存在していた。また、図の天地などに一定の基準が見出せた。これは、班田図を基図あるいはその存在を前提に図が作成されていたためであった。その一方で、非野地占定系荘園図である水成瀬絵図では、境界線が図上の方格線と無関係に設定されており、方格線を無視した山の表現が存在していた。こうした表現内容は、施入地が班田図の作成されていなかった地域に設定されたことに起因すると考えられる。また、同じ非野地占定系荘園図である近江国犬上郡水沼村および犬上郡・愛智郡覇流村墾田地図に関しても、方格線に規制されない、山の表現や池の表現が存在しており、班田図に必ずしも依拠しない作成原理を想定させるものであった。こうした古代荘園図と班田図との関係の違いは、それぞれの古代荘園図が対象とした寺領に対する国家による位置づけ、さらには寺領の領有形態の違いを反映したものであると考えることができる。以上の事例は、東大寺領を対象とした古代荘園図であったが、八世紀中頃においては、東大寺領以外にも古代荘園図が作成されていた。現存するものとして、六世紀以来の額田部氏の土地領有を起源にもつ額田寺領を描いた大和国平群郡額田寺伽藍並条里図がある。同図は寺領認定に関わって作成されたものであり、八世紀以前に起源をもつ同寺領において、八世紀中頃段階に領域性の確保が図られていたことを示している。また、図に班田図の記載型式が色濃く反映されていた。これは、八世紀以前に起源をもつ寺領に対する領有認定に際して、班田図の存在が関わっていたことを示すものであった。

第六章「讃岐国山田郡弘福寺領の実態と国家」における検討からは、讃岐国山田郡弘福寺領の実態や八世紀の国家による寺領把握が進展していった過程が明らかになった。讃岐国山田郡弘福寺領に関しては、和銅二年（七〇九）の弘福寺田記と天平七年（七三五）の讃岐国山田郡田図そして天平宝字四年（七六〇）校田に関する史料がある。これらの史料の検討からは次の点が指摘しうる。讃岐国山田郡弘福寺領は、田・畠・三宅からなる一定の領域性をもつものであり、その起源は七世紀にさかのぼるものであった。同寺領に対して国家は、八世紀初頭において校田作業にもとづき、寺田の面積把握のみを行っていたが、八世紀中頃までに、そうした寺田の位置について把握を行っていった。また、寺領内においては、水田の新規開発や畠の水田化が進展していた。国家はそれらの田についても把握していった。そして、こうした国家による寺領把握の展開は、班田図の整備が関わり、班田図にもとづいた土地管理システムの成立と連動するものであった。

第七章「班田図整備と土地表記」では、八世紀における国家による土地管理システムの成立過程を示した。通説では、天平十四年（七四二）の条里呼称の成立を受けて班田図が整備されたとしてきたが、班田図の形態と条里呼称の型式を再検討した結果、条里呼称が班田図上において天平十四年以降に成立したものであったことを明らかにした。当初国家は、一町の方格網にもとづく校田作業によって、田の把握を行っていた。その際に班田実施を補助する図として班田図の原型が作成されていたと考えられる。その後、それらを土地台帳として整備していったといえる。そこでは、班田図をもとに田の位置情報の確認が行われ、班田図の記載情報をもとにした四至によって、田の位置が表記された。また、墾田領有やそれにともなう野地占定がなされるようになると、班田図の記載情報にもとづく四至による土地表記は、田だけではなく、占定された野地などを含む田以外の地目へも及んでいった。そして、国家は、天平十四年以降に、条里呼称にもとづく田の位置情報の確認・表記を行う土地管理システムを成立させていった。

以上に示した各章で得た知見をふまえた上で、八世紀における寺領のあり方について考えてみたい。

まず、八世紀中頃の野地占定を前提とする東大寺領では、占定後において東大寺関係者が、券文や古代荘園図の作成・提出を通じて占定範囲の画定を含む領有認定を求め、領域性の確保を図っていた。この背景には、占定した野地があくまでも開発予定地という点でのみ領有が認められていたこと、占定範囲内に東大寺以外の田が存在する場合があったことが考えられる。しかし、このような過程を経て領有認定がなされたものの、領域性は確保されたとはいえなかった。このことは、東大寺墾田（阿波国では新規開発の畠も含む）が校出されるといった事態や、寺領認定に用いられた古代荘園図の案文作成および利用からもうかがえる。その後、改正・相替・買得などによる寺領の再編が行われたが、そうした再編も領域性の確保に関わる問題を解消することを目的とした行為であった。

また、野地占定を前提とする東大寺領の古代荘園図からは、領有形態の特質を抽出することができる。それらは班田図を基図あるいはその存在を前提とするものであった。こうした古代荘園図と班田図の関係は、野地占定を前提とする寺領が班田図をもとにした班田制の文脈のなかで位置づけられていたことを示している。また、東大寺が班田図の存在をふまえなければ、領域性の主張をできなかったことを意味している。

それに対して、国家による占定・開発を前提とする東大寺領は、同じ東大寺領であっても、野地占定を前提とする東大寺領と異なる領有形態であったことがわかる。その特徴は、古代荘園図のあり方にみてとれる。古代荘園図には田以外の地目の省略がみられた。また、古代荘園図は施入時あるいは施入前に作成されており、班田図の存在を意識しない作成原理が想定されるものであった。こうした古代荘園図のあり方は、国家による占定・開発を前提とする寺領が領域性を確保されたものであり、班田図をもとにした班田制とは切り離されて設定された存在であったことを示すものであった。

このように、東大寺領の検討からは、領域性という点において領有形態が質的に異なるタイプの寺領の存在が抽出できる。

ところで、これらの寺領は、いずれも班田図が整備された八世紀中頃以降に施入ないし占定されたものであり、班田図にもとづく土地管理システムが成立して以降に出現したものであった。しかし、寺領（のちの寺領に相当するものも含む）は、八世紀中頃以前からすでに存在しており、そのなかには六・七世紀まで起源がさかのぼるものも存在していた。そうした領有形態は、八世紀中頃以降に施入ないし占定された寺領のいずれとも異なっていたといえる。

このことは、国家による寺領把握の展開とその内容からうかがえる。

讃岐国山田郡弘福寺領の検討からは、八世紀初頭から中頃にかけての国家が、校田や班田を通じて、既存の寺田（陸田を含む）を対象に、把握内容を段階的に深化させていったことがわかる。国家は、天平十九年（七四七）に官大寺を対象として寺院伽藍縁起資財帳を作成・提出させていたが、そこには、八世紀中頃以前に起源がさかのぼる寺田に関して面積のみが記載されていた。こうした寺院伽藍縁起資財帳の記載は、同時期における国家による寺領把握のあり方が反映されたものであると考えられる。

ここで留意したいのは、八世紀中頃以前に起源がさかのぼる寺領のなかに、寺田以外の地目が存在していたという点である。これらは校田や班田の対象外であった。つまり、同時期における国家は、寺領のなかで寺田のみを取り上げて、それらを集中的に把握していたといえる。

しかし、寺領把握の内容に関しては、次第に変化していった。天平宝字四年（七六〇）の校田において、野地占定を前提とする東大寺領では墾田の校出がなされていたが、讃岐国山田郡弘福寺領でも新規開発された田の校出がなされていた。そして、それらは寺領内において畠が水田化された場所であった。また、『続日本紀』の神護景雲二年（七六八）九月辛巳条によれば、大宝三年（七〇三）に施入された「薗地」を起源とする筑前国上座郡観世音寺領では、天平神護二年（七六六）に寺墾田と園地が校出されていた。こうした校出は、班田図にもとづく土地管理システムの成立によって、既存の寺田以外の土地における利用が制限され、寺領の領有形態に変化が生じていたことを示している。

大和国平群郡額田寺領においては、八世紀中頃という時期に領有認定がなされていた。周辺に公田や他領が密集し、また寺辺寺領という特殊なケースであったという点を考慮する必要があるものの、この事例もまた、班田図にもとづく土地管理システムの成立と関わるものであったと考えられる。

このように、八世紀中頃以前からすでに存在する寺領は、班田図の整備以降において寺領の領域性に関して変化が生じていた。これは、班田図整備以前に寺領が設定されたことに起因していると考えられる。

注目したいのは、和銅二年弘福寺田記に記載された弘福寺領の田数である。讃岐国山田郡弘福寺領をはじめとして、その多くは稲の収穫量を示す「代」との関係が想定されるものであった。これは、寺田が一定の代数を目安に施入され、その後に場所が割り振られたことを示唆するものであった。

また、讃岐国山田郡弘福寺領は、山田郡と香川郡の郡境に面して立地し、くわえて、二つの地区から構成されていた。郡の中心部ではなくかつ分散した形態を有していたのは、郡内における余剰の田が寺田として割り振られたことに起因するのではないかと考える。

そして、畠などといった寺田以外の地目の立地をみると、それらのほとんどが寺田に囲まれた場所あるいは寺田の縁辺に立地していることがわかる。これは、寺田が施入され、寺田に付随するかたちで畠などの領有が容認されたことをうかがわせる。このような寺領が成立したのは、地域のまとまりがある程度考慮されたためであったと考えることができる。地域のまとまりをもった寺領の形態は、大和国平群郡額田寺領においても確認できる。同寺領は、額田丘陵を中心に展開していた。また、寺院伽藍縁起資財帳記載の寺領のなかにも地域のまとまりをもった寺領が存在している。

このような土地領有が許容されたのは、それらが寺領のいまだ成立していなかった七世紀以前における土地領有の基本型の一つであったからではないかと考える。すなわち、豪族などによる土地領有のあり方である。大和国平群郡額田寺領からは、そうした土地領有のあり方の一端を垣間みることができる。七世紀以降、大化改新や天武・持統朝における土地政策などを経て、土地領有のあり方そのものは、寺院や王臣家などによる土地領有として姿を変え、後代に温存・継承されていったといえる。そして、八世紀中頃以降に登場する寺領にも引き継がれていった。東大寺領水成瀬や水沼村・覇流村といった、国家による占定・開発を前提とする寺領は、田が個別に施入されるのではなく、地域のまとまりをもった土地の施入であった。また、野地占定を前提とする寺領も、前代からの土地領有のあり方に少なからず影響を受けたものであったといえよう。

本書では、古代荘園図の分析を軸に、八世紀における寺領のあり方についてみてきた。その結果、以上に述べてきたように、質的に異なる寺領の領有形態がうかびあがった。古代荘園図に関しては、本書で示してきたように、作成過程などにおいて国家が関与するものがほとんどであり、その性格も一様ではなかった点に留意する必要がある。そのため、八世紀における寺領のあり方についても、それらをふまえた上で、古代荘園図から抽出しうる点を言及するにとどめた。本書でも、一部でふれたが、土地利用や経営実態については、さらに検討していく課題が残されている。また、本書で対象としなかったが、八世紀における寺領には、山や浜などから構成される寺領、買得や施入を契機とする田のみから構成される寺領などが存在した。これらについても、本書で示した結論や見通しをもとに検討を進めることで、新たな知見が得られるといえる。それにより、ミヤケ・タドコロなどの存在も含めた、古代日本における土地領有の様相についての理解が深められると考えている。

初出一覧

序章　研究史ならびに本書の論点（新稿）
第一章　古代荘園図に描かれた東大寺領（新稿）
第二章　越前国足羽郡糞置村開田地図における山の表現とその特質（「越前国足羽郡糞置村開田地図における山の表現とその特質」『人文地理』五六―一、二〇〇四年）を加筆・訂正。
第三章　阿波国名方郡東大寺領と国家による認定・把握（「古代国家による寺院荘園の認定と土地把握―阿波国名方郡東大寺荘園の検討から―」『歴史地理学』五〇―五、二〇〇八年）を加筆・訂正。
第四章　摂津国嶋上郡水成瀬絵図の機能（「古代荘園図の機能―水成瀬絵図の検討を中心に―」『ヒストリア』二〇五、二〇〇七年）を加筆・訂正。
第五章　八世紀中頃の古代荘園図作成と班田図（新稿）
第六章　讃岐国山田郡弘福寺領の実態と国家（「八世紀の寺院による土地領有と国家―讃岐国山田郡弘福寺領の実態と国家の土地把握―」『国立歴史民俗博物館研究報告』一七五、二〇一三年）を加筆・訂正。
第七章　班田図整備と土地表記（新稿）
終章　結論ならびに見通し（新稿）

あとがき

本書は、平成二十一年九月に総合研究大学院大学より博士（文学）を授与された学位請求論文を原型として、その後の研究成果をくわえたものである。論文の審査をしていただいた、井原今朝男先生、仁藤敦史先生、青山宏夫先生、伊藤寿和先生、加藤友康先生に厚く御礼申し上げます。また、研究を進めていく過程で、多くの方々に御指導や御助言をたまわった。深く感謝申し上げたい。

私が歴史地理学や古地図の研究分野に足を踏み入れるきっかけとなったのは、國學院大學文学部史学科の二年時に参加した、吉田敏弘先生ならびに地理学研究室主催の中世骨寺村絵図現地調査（岩手県一関市本寺地区）である。同大学の史学科には、漠然と歴史のことを学びたいという気持ちで入学したものの、大学の授業にあまり興味をもてなかった。そうしたなかで、友人が参加するという調査の話を聞き、その調査に遊び半分で参加した。当初は古地図に描かれた場所を探検するという軽い気持ちであったが、調査が進むにつれて、次第に古地図やそこに描かれた荘園の世界に魅せられていった。現地踏査や聞き取り調査、そして深夜までつづく議論などは、私にとってすべてが新鮮であり、楽しい経験であった。その後、毎年のように行われる同調査やその他の地理学研究室関連調査に数多く参加させていただいた。

こうした経緯から私は、三年時に歴史地理学ゼミを選択した。そして、古代日本の荘園を考えるためにも不可欠な問題である、条里について取り組んだ。ゼミでは吉田先生や林和生先生に御指導をたまわった。吉田先生には、学部二年時以来、ゼミや個人指導の場を通じて、歴史地理学および古地図研究の醍醐味や問題意識、さらには研究に対する姿勢について御示教いただいた。その教えは、今日における私の研究の礎となっている。林先生には、自らの専門分野ばかりに目がいきがちな私へ、様々な歴史地理学の諸問題に取りかかるきっかけを与えていただいた。同大学の兼任講師となった現在でも、両先生には大変お世話になっている。くわえて、学部時代に、故服部昌之先生の授業を受けることができたことも、古代日本の空間や景観に関する歴史地理学研究を専門にしようと思う気持ちをより強いものとさせた。一年あまりというわずかな期間であったが、服部先生には、条里、班田図、古代荘園図、歴史的地域などについて多くの示唆を受けた。

専修大学大学院修士課程では、松尾容孝先生、上原秀明先生、米田巖先生をはじめとする地理学専攻の先生方から御指導をたまわった。修士課程時代は、基礎から地理学を学ぶことができた有意義な日々となった。とくに松尾先生には、研究指導を通じて、歴史地理学にとどまらない地理学の魅力を教えていただいた。また、他専攻であるにもかかわらず、日本古代史の荒木敏夫先生には、大学院ゼミに参加させていただき、日本古代史についての基礎を学ぶ機会をいただいた。そして、荒木先生やゼミの先輩・仲間を通じて、歴史学研究会の日本古代史部会に参加することができ、日本古代史研究と向き合う貴重な場を得た。

博士課程は国立歴史民俗博物館に併設する総合研究大学院大学文化科学研究科日本歴史研究専攻に進み、青山先生の御指導をたまわった。青山先生には、研究指導にくわえて、国立歴史民俗博物館の共同研究や古地図調査に参加する機会をいただき、歴史地理学の研究視座や前近代に作成された地図に関する知見を得させていただいている。歩みの遅い私が、研究を続けてこられたのも青山先生によるところが大きい。あわせて、国立歴史民俗博物館では、多くの先生方から御指導をたまわった。故阿部義平先生には考古学研究と向き合うきっかけを、井原先生、高橋一樹先生、仁藤先生、吉岡眞之先生をはじめとする日本古代史および日本中世史の先生方には、論文作成において指導の労をとっていただいた。そして、篠原徹先生には、研究という枠を越えて様々な議論をさせていただいたとともに、他方で民俗学や人類学の研究について貴重なお話をしていただいた。山本光正先生には、近世史の立場からの御助言をたまわり、現在でも研究の視野をひろげるきっかけをいただいている。また本書の出版にあたり、出版社の紹介をしていただいた。

本書に収録した論文の多くは、現地調査にもとづいている。福井県福井市二上・帆谷・太田町をはじめとした調査地の方々には、御指導をたまわり、あわせて調査先の教育委員会や埋蔵文化財センターなどの関係諸機関の方々には、史資料の閲覧や利用において様々な便宜をはかっていただいた。調査地で得た知見は、論文執筆や研究を進めていく上でかけがえのない財産となった。

また、川名禎氏、橋村修氏をはじめとする國學院大學の先輩方やゼミ関係者、さらには服部一隆氏、十川陽一氏、岡村一幸氏、加藤征治氏、辰巳唯人氏をはじめとする学会や国立歴史民俗博物館などで出会った方々には、数えきれぬほどの御助言や議論の場を得ている。このほかにも、あえてお名前を記すことはしないが多くの方々との出会いや交流によって研究が支えられている。

本書は、こうした多くの方々の学恩を受けて、できあがった成果である。本書の内容がどれだけ報いられるかは甚だ心許ないが、本書の出版を機に、今後、さらに研究を進展していくことでお返しできればと思う次第である。

そして、出版を引き受けていただいた株式会社同成社の山脇洋亮氏、佐藤涼子氏にも、この場を借りて御礼申し上げます。とくに佐藤氏には、出版に向けて何度となく相談に乗っていただき、時には励ましを受けるなど、大変お世話になりました。また、山田隆氏をはじめとする皆様には、編集や校正において御面倒をおかけしました。深く感謝申し上げます。

なお、本書は、平成二十八年度科学研究費補助金（研究成果公開促進費）「学術図書」（課題番号16HP5110）を得て出版されるものである。出版にあたり、お世話になった関係機関ならびに関係各位に対し、御礼申し上げます。

今、本書を書き終えようとしている私の手元には、博士論文をまとめようとしていたときに古書店の店先で偶然見つけ買い求めた、色あせた一冊の学術雑誌がある。昭和八年（一九三三）に発刊されたこの雑誌には、歴史地理学研究のさきがけの一つとなった、米倉二郎「律令時代初期の村落」という論文が掲載されている。すでに内容を知っていた同論文であったが、購入後の電車の中で読み直していくうちに、歴史地理学の視座やダイナミックな論理展開の面白さをあらためて実感したことを覚えている。また、この雑誌には、ある歴史学者の旧蔵であったことを示す書き込みがあり、同論文の随所にその人の手によると思われる傍線が丹念に引かれていた。古代日本における村落の問題に取り組んだ論文の内容や歴史地理学の問題意識が、学問分野の垣根を超えて共有されていたことを感じ得ずにはいられなかった。博士論文作成時の思い出がつまるこの雑誌は、本書を書き上げるにあたっても道標となった。そして、これからの自分に課せられた研究を進めていく上で多くの示唆を与えてくれている。

最後に私事ではあるが、歴史や地理に興味をもつきっかけをつくってくれた亡祖父、孫の成長を楽しみにしてくれた亡祖母、そして学問の道に進むことを許し、常に支えてくれている父母にあらためて感謝し、本書を捧げたいと思います。

平成二十八年冬

三河　雅弘

古代寺院《こだいじいん》の土地領有《とちりょうゆう》と荘園図《しょうえんず》

■著者略歴■
三河雅弘（みかわ　まさひろ）
1976年　千葉県に生まれる
　　　　茨城県で育つ
1999年　國學院大學文学部史学科卒業
2001年　専修大学大学院文学研究科修士課程修了
2009年　総合研究大学院大学文化科学研究科博士後期課程修了
　　　　博士（文学）（総合研究大学院大学）
現　在、國學院大學兼任講師、専修大学兼任講師、国立歴史民俗博物館資料整理等補助員
主要論文
「班田図と古代荘園図の役割」（『歴史地理学』52-1、2010年）。
「明治地籍図の集成的研究」（『国立歴史民俗博物館研究報告』163、2011年）（共著）。
「ライデンに所在するシーボルト関係地図資料について」（青山宏夫編『オランダ・ドイツに所在するシーボルト関係地図資料』国立歴史民俗博物館、2016年）（共著）。

2017年 2 月10日発行

著　者　三 河 雅 弘
発行者　山脇由紀子
印　刷　三報社印刷㈱
製　本　協栄製本㈱

発行所　東京都千代田区飯田橋4-4-8
（〒102-0072）東京中央ビル
TEL 03-3239-1467　振替 00140-0-20618
㈱ 同 成 社

ISBN978-4-88621-753-0 C3021